二十一世纪"双一流"建设系列精品规划教材

初级会计学

（第五版）

主　编　余海宗

西南财经大学出版社

中国　成都

图书在版编目(CIP)数据

初级会计学/余海宗主编.--5版.--成都:西南财经大学
出版社,2024.7.--ISBN 978-7-5504-6295-3

Ⅰ.F230

中国国家版本馆 CIP 数据核字第 2024TR9476 号

初级会计学(第五版)

CHUJI KUAIJIXUE

主编　余海宗

策划编辑:杨婧颖

责任编辑:向小英

责任校对:杜显钰

封面设计:墨创文化　张姗姗

责任印制:朱曼丽

出版发行	西南财经大学出版社(四川省成都市光华村街55号)
网　址	http://cbs.swufe.edu.cn
电子邮件	bookcj@swufe.edu.cn
邮政编码	610074
电　话	028-87353785
照　排	四川胜翔数码印务设计有限公司
印　刷	郫县犀浦印刷厂
成品尺寸	185 mm×260 mm
印　张	15.625
字　数	327千字
版　次	2024年7月第5版
印　次	2024年7月第1次印刷
印　数	1—2000册
书　号	ISBN 978-7-5504-6295-3
定　价	39.80元

第五版前言

　　为了更好地反映近年来国际会计准则和我国会计改革发展的最新成果，把握学科发展动态和前沿信息，以及将习近平总书记"坚持中国特色社会主义教育发展道路，培养德智体美劳全面发展的社会主义建设者和接班人"的教育思想融入教材之中，把"立德树人"这一根本任务落实到教材每个章节之中，我们对《初级会计学》教材进行了修订。本次修订除了订正、补漏之外，仍然保留了第一版、第二版、第三版、第四版教材的基本框架，系统阐述会计确认、计量、记录和报告的基本原理和基本方法；每章增加了课程思政的内容并同时修改相应的思考题，将"诚信为本，立德树人"的价值观融入每个章节之中；将财会监督的内容纳入教材之中，对会计的作用进行了改写，根据新的《会计人员职业道德规范》和《会计法》（2024修正）修改了会计职业道德和会计法相关的内容。本次修订由余海宗教授、夏常源副教授、何娜博士完成。博士生叶颖孜、赵人桦、万润松参加了部分章节内容的初稿写作。由于编者能力有限，书中疏漏与缺陷总是难免的，恳请专家和读者批评指正，以便进一步修改和完善。

编　者

2024 年 7 月

前　言

经济越发展，会计越重要。初级会计学是高等财经院校会计专业的专业基础课和非会计专业的公共基础课。为了满足高等院校会计教学和成人自考自学的需要，我们根据《中华人民共和国会计法》《企业会计准则》和《企业会计制度》，并结合新修订的《中华人民共和国公司法》和 2006 年新颁布的《企业会计准则——基本准则》等，编写了这本《初级会计学》教材。

本书的主要内容是阐述会计核算的基本理论、基础知识和基本技能，其中又主要侧重于说明会计的确认、计量、记录和报告的基本原理和基本方法。在本教材中，我们力求做到：①体现我国《企业会计准则》和《企业会计制度》的基本规定；②尽量与国际会计惯例接轨，按国际通行的会计理论阐述会计核算的基本原理和方法；③按会计教学的基本规律安排教材结构和内容，做到由浅入深、简明扼要、通俗易懂。

本书由西南财经大学会计学院余海宗教授主编，负责拟定编写大纲、设计体例和确定本书结构，并负责全书总纂。

本书具体分工如下：第一章由余海宗教授编写，第二章、第三章、第四章、第七章由焦薇教授编写，第五章、第六章由唐国琼副教授编写，第八章由干晓谦副教授编写，第九章由邓倩博士编写。

由于编者水平有限，加之编写时间仓促，书中缺点和不足之处在所难免，恳请广大读者和同行批评指正。

编　者

2006 年 2 月

目 录

第一章 总论 ……………………………………………………… (1)

    第一节 会计的基本概念 ………………………………………… (1)

    第二节 会计对象和会计要素 …………………………………… (7)

    第三节 会计的职能和目标 ……………………………………… (14)

    第四节 会计核算的基本前提和会计信息质量要求 …………… (18)

    第五节 会计确认与计量 ………………………………………… (24)

第二章 会计方法 ………………………………………………… (28)

    第一节 会计方法体系 …………………………………………… (29)

    第二节 会计科目与账户 ………………………………………… (31)

    第三节 复式记账 ………………………………………………… (44)

    第四节 会计循环 ………………………………………………… (51)

第三章 企业主要经济业务的核算 ……………………………… (68)

    第一节 企业的主要经济业务 …………………………………… (69)

    第二节 资金筹集业务核算 ……………………………………… (70)

    第三节 采购业务核算 …………………………………………… (77)

    第四节 生产业务核算 …………………………………………… (84)

    第五节 销售业务核算 …………………………………………… (97)

    第六节 财务成果业务核算 ……………………………………… (108)

第四章 期末账项调整 …………………………………………… (121)

    第一节 会计分期与会计基础 …………………………………… (122)

    第二节 收入的账项调整 ………………………………………… (126)

    第三节 费用的账项调整 ………………………………………… (129)

第五章　会计凭证与会计账簿 …………………………………………………（136）

　　第一节　会计凭证 …………………………………………………………（137）

　　第二节　会计账簿 …………………………………………………………（153）

第六章　财产清查 ………………………………………………………………（170）

　　第一节　财产清查概述 ……………………………………………………（170）

　　第二节　财产清查的方法 …………………………………………………（173）

　　第三节　财产清查结果的处理 ……………………………………………（177）

第七章　财务报表 ………………………………………………………………（182）

　　第一节　财务报表 …………………………………………………………（183）

　　第二节　资产负债表 ………………………………………………………（187）

　　第三节　利润表 ……………………………………………………………（194）

　　第四节　现金流量表 ………………………………………………………（199）

　　第五节　所有者权益变动表 ………………………………………………（202）

　　第六节　财务报表分析 ……………………………………………………（206）

第八章　会计核算组织程序 ……………………………………………………（216）

　　第一节　会计核算组织程序概述 …………………………………………（216）

　　第二节　记账凭证账务处理程序 …………………………………………（217）

　　第三节　科目汇总表账务处理程序 ………………………………………（219）

　　第四节　汇总记账凭证账务处理程序 ……………………………………（220）

　　第五节　日记总账账务处理程序 …………………………………………（221）

　　第六节　多栏式日记账账务处理程序 ……………………………………（222）

第九章　会计规范体系与会计工作组织 ………………………………………（224）

　　第一节　会计规范体系 ……………………………………………………（225）

　　第二节　会计机构 …………………………………………………………（233）

　　第三节　会计人员 …………………………………………………………（235）

　　第四节　会计职业道德 ……………………………………………………（237）

参考文献 …………………………………………………………………………（241）

初级会计学

第一章
总 论

- -

课程思政：

1. 树立正确的价值观，敬畏会计在人类历史发展长河中参与治国安邦和理财致用的贡献，传承中国会计文化。

2. 增强受托责任意识，培育经世济民、报效祖国的情怀。

3. 明确唯有诚信、客观、公正、科学、专业才是会计学科不断发展壮大的不竭源泉。

4. 财会监督是党和国家监督体系的重要组成部分。

5. 培养平衡即美的哲学思想，欣赏会计的平衡之美（资产永远等于权益）。

学习目标与要求：

1. 了解会计的含义及其特点；

2. 了解会计目标与会计对象；

3. 掌握会计要素的定义及基本特点；

4. 掌握会计核算的基本前提和会计信息质量要求；

5. 熟悉会计确认的标准和计量属性。

第一节　会计的基本概念

要学习和研究会计这门学科，做好会计核算和会计管理工作，首先应当了解什么是会计。会计作为人类管理经济的一项实践活动历史悠久。人类早在原始社会末期就有了会计活动，人们为了管好物质资料的生产及其分配，就在生产时间之外附带地对生产过程的耗费和所得进行了简单的计量和记录。当社会生产力发展到一定阶段，会计才逐渐从生产职能中分离出来，形成一种专职的、独立的管理经济活动的工作。随着社会生产的不断发展，会计经历了不断完善和发展的历史过程，从简单的计量和记录活动发展成为具有丰富内涵的现代会计。就会计的基本概念来说，我们不仅要了解会计的过去，更重要的是要了解会计的现在和预测会计的未来，从而科学、准确地阐明会计的概念。

一、会计的产生与发展

会计是经济管理的重要组成部分，它是适应社会生产的发展和经济管理的需要而产生和发展的。

会计是在社会生产实践中产生的。物质资料的生产，是人类社会赖以生存和发展的基础。进行生产活动，一方面要创造物质财富，取得一定的劳动成果；另一方面又要发生劳动消耗，消耗一定的人力和物力。在任何社会中，人们进行生产活动，总是力求以尽可能少的劳动消耗，取得尽可能多的劳动成果，也就是要少投入、多产出，做到所得大于所费，提高经济效益。为了达到这一目的，人们要不断改进生产技术，加强对生产过程的管理，要分析生产过程，决定生产目标，并按预期目标控制生产过程。因此，人们在进行生产活动时，就需要对劳动耗费和劳动成果进行记录和计算，并将发生的劳动耗费和取得的劳动成果加以比较和分析，以便获得有关生产过程和结果的经济信息，据以总结过去、了解现状和安排未来。会计就是适应社会生产的这种需要而产生的。

会计的起源很早。据史料记载，公元前一千年左右，世界文明古国，如古巴比伦、古埃及、古印度、中国，已有简单的经济计算和记录。在远古的印度公社中，已经有一个农业记账员，在那里，簿记已经独立为一个公社官员的专职。[1] 在我国，"会计"一词最早见于《周礼》。我国周王朝时期，经济文化已经相当繁荣发达，计量和记录也发展到了很高的水平。当时设有"司会"这一官职，掌管国家和地方的"百物财用"。在人类社会的早期，会计只是生产职能的附带部分，即在生产时间之外附带地把收支、支付日等等记载下来[2]，有的单个商品生产甚至仅仅用头脑记账。只有当社会生产力发展到一定水平，出现了剩余产品，出现了社会分工和私有制，特别是商品经济有了一定的发展以后，会计才逐渐从生产职能中分离出来，成为特殊的、专门委托的当事人的独立的职能。[3] 奴隶社会和封建社会时期，各级官府为了管理他们通过贡赋租税等手段占有的钱粮、财物，逐步建立和完善了政府部门的会计。官厅会计便成为我国古代会计的中心。随着明清时期手工业和商业的发展，民间会计才逐步形成并达到一定的水平。关于"会"和"计"两字的含义，清代学者焦循在《孟子正义》一书中做了脍炙人口的解释："零星算之为计，总合算之为会"，即既要进行连续的个别核算，又要进行定期的综合核算。虽然这种简单的字面解释无法表述近代会计的全部内容，但毕竟还是概括了会计核算方面的基本特征。

近代会计是商品经济发展的产物，一般认为起始于 15 世纪末。在 12～15 世纪期间，地中海沿岸某些城市如意大利的热那亚、威尼斯、佛罗伦萨等的商业、金融

---

[1] 马克思，恩格斯．马克思恩格斯全集：第 24 卷 [M]．北京，人民出版社，1972：151.
[2] 马克思，恩格斯．马克思恩格斯全集：第 24 卷 [M]．北京，人民出版社，1972：151.
[3] 马克思，恩格斯．马克思恩格斯全集：第 24 卷 [M]．北京，人民出版社，1972：151.

业和手工业有了很快的发展，并随着海上贸易达到了相当的繁荣，出现了广泛的信用交易，出现了大型企业经营的合伙形式及委托代理关系。这时，人们需要详细记录债权债务关系，合理分配合伙经营的利润，具体反映受托商人的业务收支情况，取得有关社会化生产的广泛的经济信息，因而就迫切要求改变简单的单式簿记，建立能完整、系统记录经济业务的科学簿记系统。为适应这种要求，一种新的记账方法——复式记账法诞生了。1494 年，意大利数学家卢卡·帕乔利（Luca Pacioli）的《算术、几何、比与比例概要》一书在威尼斯出版，书中专设了一篇《簿记论》，第一次系统地介绍了复式记账法中借贷记账法的原理及其具体应用，还对为什么需要这一方法进行了精辟的论述。《簿记论》的问世，标志着近代会计的开始。从此，卢卡·帕乔利被称为"现代会计之父"，而 1494 年被视为会计发展史上的重要里程碑。复式记账法从 12 世纪的"佛罗伦萨式"，经过"热那亚式"和"威尼斯式"，经历了三百年左右的时间逐步形成和完善起来，被誉为"人类智慧的绝妙创造"（德国诗人歌德的诗句）。近代会计是在资本主义萌芽时期形成的。随着资本主义社会中商品经济的发展，生产日益社会化，生产规模日趋扩大，企业内部组织结构更为复杂，会计的理论、方法和技术也有了很大的发展。特别是第二次世界大战以后，由于科学技术突飞猛进，商品经济更加发达，管理理论日新月异，管理手段不断更新，使会计的理论、方法和技术更加完善。市场竞争的加剧、经营决策的加强，导致会计从传统的事后记账、算账、报账向事前预测、参与决策转化；政府和社会公众要求改进会计实务，加强理论指导，促使公认会计原则逐步形成，会计工作日益规范化；电子计算机引进会计领域，导致会计方法发生重大变化；国际性经济交往的广泛开展，使会计超越了国家的界限，成为"国际通用的商业语言"，现代会计出现了前所未有的繁荣。

　　在我国，尽管会计有着漫长的历史，但由于封建社会的长期存在，会计经历了一个长期的缓慢的发展过程。唐宋以后，曾先后出现过"四柱结算法""龙门账""四脚账"等比较科学的会计方法，其至有了复式记账的雏形，但在 19 世纪中叶以前，始终没有完备的复式记账法，会计的面貌变化不大。19 世纪中叶以后，我国沦为半殖民地半封建国家，帝国主义列强把持我国的海关、铁路、邮政等部门，于是，以借贷复式记账法为主要内容的"西式会计"传入我国，此时，我国会计学家也致力于"西式会计"的传播。这对改革中式簿记，推行近代会计，促进我国会计的发展起到了一定的作用。这是我国近代会计史上的第一次变革。中华人民共和国成立以后，我国实行了高度集中的计划经济体制，引进了与此相适应的苏联会计模式。苏联会计模式的引入是对旧中国会计制度和方法的变革，我国会计在原有基础上也有了一定程度的提高，这是我国近代会计史上的第二次变革。改革开放以后，开始了我国近代会计史上的第三次变革，并于 1992 年进入高潮。为了适应建立社会主义市场经济体制和完善企业经营机制的需要，为了适应全方位的对外开放的需要，我国制定和实施了《企业会计准则》，突破了原有的会计核算模式，建立了反映市场经济特点和企业自主经营要求的科学的会计体系，并向国际会计惯例靠拢。经过 10 多年的改革和发展，2006 年 2 月我国颁布了与国际会计趋同的新准则，从此，我国会计进入了一个新的发展时期。

会计产生和发展的历史进程表明，任何社会要发展经济都离不开会计，经济越发展，生产力水平越高，生产规模越大，人们对经济管理的要求就越高，会计也就越重要。会计正是随着社会经济的发展和科学技术的进步而不断发展变化的。正如马克思在《资本论》中所指出的："过程越是按社会的规模进行，越是失去纯粹个人的性质，作为对过程的控制和观念总结的簿记就越是必要；因此，簿记对资本主义生产，比对手工业和农民的分散生产更为必要，对公有生产，比对资本主义生产更为必要。"①

二、现代会计的概念

（一）会计定义

长期以来，中外会计学者对现代会计的概念进行了深入广泛的研究，提出了各种观点，认识尚未统一。关于会计的定义，具有代表性的有以下五种观点：

（1）管理工具论。这种观点把会计理解为一种管理工具或方法。按照这种观点，会计被定义为：会计是反映和监督社会生产过程的一种方法，是管理经济的一种工具。

（2）艺术论。这种观点把会计理解为科学、技巧和经验相结合的艺术。按照这种观点，会计被定义为：会计是用货币形式，对具有或至少部分具有财务特征的交易事项，予以记录、分类、汇总，并解释由此产生的结果的一门艺术。

（3）应用技术论。在美国会计师协会的章程中，把会计定义为"以货币为计量单位，系统而有效地记录、分类和汇总仅限于财务性质方面的交易和事项的过程，以及解释其结果的一种应用技术"。

（4）管理活动论。这种观点把会计理解为一项管理活动（即会计工作）。按照这种观点，会计被定义为：会计是经济管理的重要组成部分，它是以货币计量为主要形式，采用专门方法，对经济活动进行核算和监督的一种管理活动。

（5）信息系统论。这种观点把会计理解为提供信息以供决策的一个信息系统。按照这种观点，会计被定义为：会计是旨在提高微观经济效益，加强经济管理而在企业（或行政事业单位）范围内建立的一个以提供财务信息为主的经济信息系统。

（二）会计的本质

由于人们对会计本质的认识不同，便出现了许多会计定义。从上面的定义我们可以得出会计的五种认识：会计是一种管理工具或方法；会计是一门科学、技巧和经验相结合的艺术；会计是一种应用技术；会计是一项管理活动；会计是一种信息

---

① 马克思，恩格斯．马克思恩格斯全集：第 24 卷 [M]．北京，人民出版社，1972：152.

系统。其中，比较具有影响力的是会计信息系统论和管理活动论。

（1）会计信息系统论。信息系统论认为会计是一个经济信息系统，它主要通过提供客观而科学的信息，为管理提供咨询服务，起到决策支持的作用；并且认为，技术性是会计的本质属性，信息本身是无所谓阶级性或社会性的。因此，信息系统论是一种技术观点，它的前提条件是：会计是一种方法或者技术。它认为会计学的研究任务是揭示会计这一经济信息系统的规律性，探讨数据处理和信息加工的科学方法。

（2）会计管理活动论。管理活动论认为会计是一项经济管理活动或者认为会计是人们管理生产过程的一种社会活动。因此，它认为把会计看作管理经济的一种工具，是不全面的，因为会计本身就具有管理的职能，是人们从事管理的一种活动；它认为把会计仅仅当作提供经济信息的一种方法或技术，也是不科学的。管理活动论还认为，会计的本质属性是双重的——社会性和技术性相结合。管理活动论的前提条件是会计是一项管理工作，这是一种社会会计的观点。

信息系统论和管理活动论是关于会计本质的两大基本观点。信息系统论强调会计是一个经济信息系统，同时它也承认会计是经济管理系统的一个重要组成部分。管理活动论强调会计是一项经济管理活动，但它也承认会计信息系统的存在。两大观点虽然立足点不一样，但并不是相互冲突的。

科学的概念是对客观事物或现象的本质属性的理论反映，会计的概念是对会计的本质属性的理论反映，包括会计的本质、职能、方法和目的。我们认为，会计的本质是一种经济管理活动，其基本职能是进行核算和监督，其方法是通过专门方法提供以财务信息为主的经济信息，其目的在于提高经济效益。基于这样的认识，我们可以把会计定义为：会计是旨在提高经济效益，主要运用货币形式，采用专门方法和程序提供以财务信息为主的经济信息，对经济活动进行核算和监督的一种管理活动。

应当指出，会计的概念是一个有待于继续研究和探讨的会计理论问题。关于会计的概念，在中外会计学界从来没有统一过，可以预言，将来还会出现各种新的会计定义。

三、会计的特点

会计作为一种管理活动，是经济管理的重要组成部分，它与其他经济管理活动相比，具有以下特点：

（一）以货币作为主要计量单位

现代会计是与商品经济紧密联系在一起的，在商品经济条件下，货币是商品的一般等价物，是衡量一般商品价值的共同尺度，具有价值尺度的职能。为了全面、综合地反映经济活动，客观上需要一种统一的计量单位作为会计核算的计量尺度。会计之所以以货币作为主要计量单位，是因为只有采用货币量度，才能按统一的、同样的表现形式来综合反映各种不同的经济活动，取得经济管理所必需的各种综合核算资料，从而全面说明各种错综复杂的经济活动的过程和结果。当然，在会计核算中也会用到实物量度和劳动量度，但即使对于各项经济活动已按实物量度或劳动量度进行计量和记录，最后仍必须运用货币量度加以综合反映。也就是说，货币量度是会计的最主要计量尺度，会计所进行的管理是一种价值管理。

（二）以凭证作为主要依据

为了能如实地反映经济活动的真实情况，各单位每发生一项经济业务，都必须取得或填制合法的书面凭证，在凭证中记载经济业务的过程和应确定的经济责任。会计必须根据合法的凭证，才能对各项经济业务进行计量和记录；如果没有合法的凭证，会计就不能做任何正式的计量和记录。也就是说，会计的任何计量与记录都是有凭有据的，这是会计的又一特点。

（三）以一系列专门方法作为手段

为了能正确反映和有效监督各单位的经济活动，会计运用了一系列科学的专门方法，对经济活动过程进行连续、系统、全面的计量、记录、分析和检查。会计所运用的一系列专门方法相互联系、互相配合、各有所用，构成一套完整的反映和监督经济活动过程和结果的方法体系，这种方法体系是会计所特有的，是其他经济管理活动（如生产管理、质量管理等）所不具有的。

（四）会计核算具有完整性、连续性和系统性

为了全面反映和监督经济活动的过程和结果，会计核算的记录必须是完整的、连续的和系统的，也就是说，对属于会计对象的全部经济活动都必须毫不遗漏地加以记录，使其具有完整性；对各项经济活动还应按其发生的时间顺序不间断地进行记录，使其具有连续性；对各项经济活动既要进行相互联系的记录，还要进行必要的科学分类，使其具有系统性。

（五）以价值管理作为基本内容

由于会计特有的管理对象决定了其必须以价值管理作为基本内容，这是会计和其他管理活动（如生产管理、质量管理、销售管理等）相区别的地方。所有的会计活动如会计核算、会计控制、会计分析、会计检查以及会计预测与决策等，都是以价值管理作为基本内容。

（六）以提高经济效益作为终极目标

从一个企业来讲，一切经济工作都围绕着提高经济效益这一目标，以经济管理作为基本内容的会计当然与经济效益有着特殊的关系。讲求经济效益是会计产生的客观依据，讲求经济效益也是促进会计发展的基本动力。人们从事追求经济效益的活动是会计进行价值管理的核心内容，亦是人们提供与使用会计信息的目的。因此，会计是以提高经济效益作为终极目标的。

第二节 会计对象和会计要素

一、会计对象的一般含义

会计对象是指会计所反映和监督的内容。

会计作为一种管理活动总是在各个企业或行政事业单位内进行的，一切企业或行政事业单位都是运用会计管理经济活动的基本环节。但是，由于各个单位的经济活动的性质和内容不同，会计的具体对象也不完全相同。为了能准确地把握各个单位会计的具体对象，应首先明确会计对象的一般含义。

马克思关于会计是对"过程的控制和观念总结"的论述，是对会计对象一般含义的高度概括。"过程"是会计所反映和监督的内容，这里所说的"过程"，指的是社会再生产过程。社会再生产过程由生产、分配、交换和消费四个环节构成，包括多种多样的经济活动。由于会计的主要特点是以货币作为主要计量单位，因而会计并不能反映和监督再生产过程中所有的经济活动，而只能反映和监督再生产过程中能用货币表现的各项经济活动。在商品经济条件下，再生产过程不仅表现为物资运动过程，而且还表现为价值运动过程。再生产过程中发生的、能够用货币表现的经济活动，表现为再生产过程的资金运动。各个企业、非营利组织是从事社会再生产活动的基层单位，它们共同进行着社会再生产过程，虽然这些单位所进行的经济活动的性质和内容有所不同，但是它们的活动都不同程度地与再生产过程的生产、交换、分配和消费环节有关，都是社会再生产过程的组成部分，因此，它们在会计对象的内涵上又有着共同点，都反映和监督商品经济中的价值运动。

基于上述分析，从一般意义上讲，会计对象就是社会再生产过程中的资金运动。社会再生产过程的社会总资金运动由各个个别资金运动所构成，社会再生产过程中的个别资金运动是在微观（企业和非营利组织）范围内进行的，因此，各个企业和非营利组织的会计具体对象就是社会再生产过程中的个别资金运动。

典型的现代会计是在企业范围内进行的会计，即企业会计。企业会计的对象就是企业的经营资金运动。为了进一步说明社会再生产过程中的个别资金运动，明确各个企业和非营利组织的会计具体对象，下面以企业经营资金运动为例，进行分析说明。

二、企业的经营资金运动

企业的经营资金按其运动的表现形态，可分为静态表现和动态表现。下面以工业企业为例，来说明企业经营资金的表现形态。

（一）企业经营资金的静态表现

在社会主义市场经济体制下，企业为了进行生产经营活动，必须拥有或控制一

7

定数额的经济资源作为生产经营的物质基础。企业所拥有或控制的能以货币计量的经济资源，就是企业的资产，如厂房、机器设备、原材料、在产品、产成品及货币资金等，它们是企业经营资金的存在形态，分布或占用在生产经营过程的不同方面。企业从事生产经营活动所必需的资产，均有一定的来源，其来源渠道主要有投资者投入的资金和从债权人借入的资金。投资者投入企业的资金是通过国家投资、各方集资或者发行股票等方式筹集而取得的。投资者投入的资本形成所有者权益。企业从债权人借入的资金，主要是向银行或非银行金融机构取得的借款，以及在结算过程中临时吸收的各种应付款项。企业向债权人借入的资金形成企业的负债。

经营资金的静态表现是指资金运动在截至某一时点的表现状态。从任何一个时点来看，企业的经营资金总是处于相对静止状态中，当资金处于相对静止状态时，经营资金就表现为既相互联系又相互制约的两个方面：一方面是资产，表明资金在经营过程中的存在形态；另一方面是负债和所有者权益，表明资金的来源渠道，以及债权人和投资者对企业资产的权益。资产、负债和所有者权益三者的关系是：资产=负债+所有者权益。

（二）企业经营资金的动态表现

企业作为社会主义市场经济的商品生产者和经营单位，除进行产品生产活动以外，为了取得生产所必需的劳动对象、销售所生产的产品、实现生产过程中所创造的产品价值，还必须按照等价交换的原则，进行同生产有关的购销活动。因此，企业的生产经营过程分为供应、生产和销售三个阶段。企业的经营资金在企业的生产经营过程中，随着供应、生产和销售过程的进行，不断地改变其形态，表现为资金的循环与周转。

供应过程是生产的准备过程。在这个过程中，为了保证生产的正常进行，企业需要用货币资金购买并储备材料物资等劳动对象，同时，随着采购活动的进行，资金则从货币资金形态转化为储备资金形态。

生产过程既是产品的制造过程，也是资产的耗费过程。在这个过程中，劳动者运用劳动资料作用于劳动对象，生产出产品，于是既转移了劳动资料、劳动对象的价值，又创造了新的价值。在这个过程中，资金要发生两次价值形态的变化：随着劳动对象的耗费，资金从储备资金形态转化为生产资金形态；随着劳动资料的耗费，固定资金以折旧的形式部分地转化为生产资金形态；随着劳动者活劳动的耗费，货币资金以支付薪酬的形式转化为生产资金形态；当产品制成后，资金又从生产资金形态转化为成品资金形态。

销售过程是产品价值的实现过程。在这一过程中，企业通过市场将产品销售出去，取得销售收入并收回货款，资金由成品资金形态转化为货币资金形态。

由此可见，企业的经营资金在生产经营过程中，从货币资金出发，依次经过供应、生产和销售过程，分别表现为储备资金、生产资金、成品资金等不同形态，最后又回到货币资金形态，这一资金的运动变化过程就是资金的循环。资金周而复始地不断循环，就是资金的周转。另外，企业也会有一部分资金由于某种原因退出经营过程，不再参加企业资金的周转，如偿还借款、上缴税金、向投资者分配利润等。

企业经营资金的运动过程，如果从资金形态的变换来看，是资金的循环与周转过程；如果从资金价值量的变化来看，是资金的耗费与收回过程。企业在生产经营过程中发生的各种耗费，就是企业的费用，表现为资金的耗费，这些耗费有的形成产品生产成本，有的形成期间费用（如管理费用、财务费用和销售费用）；企业通过销售产品或提供劳务来实现收入，收取货币资金，表现为资金的收回。企业收回的资金首先用于补偿耗费的资金，即用企业取得的收入补偿企业发生的费用。收入减去各种费用后的余额，就是企业实现的净利润。企业实现的净利润再按财务制度的规定进行分配，即一部分用于提取盈余公积，以留存收益的形式留给企业继续参加资金周转；一部分分配给投资者，退出企业的资金周转；未分配的利润可用于以后年度进行分配，在未再分配前，继续参加资金周转。

企业经营资金的运动过程如图 1-1 所示：

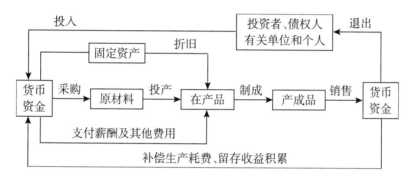

图 1-1 企业经营资金的循环与周转

综上所述，企业会计的对象就是企业的经营资金运动，其静态表现形式为企业某一特定日期的资产、负债和所有者权益三个要素，以及它们之间的相互关系；其动态表现形式为企业一定期间内的收入、费用和利润三个要素，以及它们之间的相互关系。

三、会计对象的具体内容

会计对象的具体内容是各个会计要素。

会计要素是指对会计对象进行的基本分类，它是会计对象具体的、基本的构成要素。将会计对象划分为各个会计要素，不仅有利于根据各个要素的性质和特点分别制定对其进行确认、计量、记录和报告的标准和方法，而且可以为合理建立账户体系和设计财务报表提供理论依据。我国《企业会计准则——基本准则》将会计要素划分为资产、负债、所有者权益、收入、费用和利润六个会计要素。

（一）资产、负债与所有者权益

1. 资产

资产是指过去的交易或者事项形成的、由企业拥有或者控制的、预期会给企业带来经济利益的资源。资产是企业从事生产经营活动的物质基础，并以各种具体形态分布或占用在生产经营过程的不同方面。作为一项企业资产，它通常应该具备以下基本特征：

（1）资产是由过去的交易、事项形成的。资产必须是现实的，而不能是预期的。资产的成因是资产存在和计价的基础。未来的、尚未发生的事项的可能后果不能确认为资产，也没有可靠的计量依据。

（2）资产是企业拥有或者控制的资源。企业拥有资产，就能够排他性地从资产中获得经济利益。有些资产虽然不为企业拥有，但是企业能够支配这些资产，因此同样能够排他性地从资产中获得经济利益。例如，企业以融资租赁方式租入的固定资产等。

（3）资产能够以货币进行计量。如果不能以货币进行计量，就失去了会计反映的基础，也就无法将其作为会计要素进行确认。

（4）资产预期能够直接或间接地给企业带来经济利益。所谓经济利益，是指直接或间接地流入企业的现金或现金等价物。资产导致经济利益流入企业的方式多种多样，比如，单独或与其他资产组合为企业带来经济利益，以资产交换其他资产，以资产偿还债务等。

资产按其流动性可分为流动资产和非流动资产（或称长期资产）。流动资产是指在一年或者超过一年的一个营业周期内变现或耗用的资产，包括库存现金、银行存款、交易性金融资产、应收及预付款项、存货等；非流动资产是指不符合流动资产确认条件的资产，包括长期股权投资、固定资产、无形资产、长期待摊费用和其他长期资产等。

2. 负债

负债是指过去的交易或者事项形成的、预期会导致经济利益流出企业的现实义务。负债是企业筹措资金的重要渠道。作为一项企业负债，它通常应该具备以下基本特征：

（1）负债是企业承担的现实义务，也就是说负债作为企业的一种义务，是由过去的交易或事项形成的现在已经承担的义务。如，银行借款是因为企业接受了银行贷款而形成的，如果企业没有接受银行贷款，则不会发生银行借款这项负债。未来经济业务可能产生的债务，如签订订购材料合同，就不能作为企业的负债。

（2）负债能够以货币进行计量。有一部分负债因为有固定的偿付金额，所以可以用货币进行计量；也有一部分负债，虽无确切的金额，但可以用货币进行合理的估计和计量，如预计负债等。

（3）负债需要以企业的资产或劳务进行清偿。负债从本质上讲是企业的一项经济责任，它代表企业未来经济利益的流出，导致企业未来经济资源的减少。

负债按其流动性，可以分为流动负债和非流动负债（或称长期负债）。流动负债是指将在一年或者超过一年的一个营业周期内偿还的债务，包括短期借款、应付票据、应付账款、应付职工薪酬、应交税费、应付股利等；非流动负债是指不满足流动负债确认条件的债务，包括长期借款、应付债券和长期应付款等。

3. 所有者权益

所有者权益是指企业资产扣除负债后由所有者享有的剩余权益。公司的所有者权益又称股东权益，其金额为资产减去负债后的余额。所有者权益具有以下特征：

（1）除非发生减资、清算，企业不需要偿还所有者权益。

（2）企业清算时，只有在清偿完所有的负债后，所有者权益才返还给所有者。

（3）所有者凭借所有者权益能够参与企业利润的分配。

所有者权益通常包括实收资本（或者股本）、资本公积、盈余公积和未分配利润等。实收资本是指投资者按照企业章程或合同、协议的约定，实际投入企业的资本。投入资本是指投资人实际投入企业经营活动的各种财产物资；资本公积是指在筹集资本过程中所取得的由投入资本引起的各种增值项目，包括资本（股本）溢价、其他资本公积等；盈余公积是指企业按规定从税后利润中提取的积累资金；未分配利润是指企业留待以后年度分配的利润。所有者权益在数量上等于企业的全部资产减去全部负债后的余额，即净资产的数额。

4. 资产、负债、所有者权益三者之间的关系

企业要从事生产经营活动，必须具备一定的物质资源，表现为货币资金、厂房场地、机器设备等，形成企业的资产，在会计上以货币计量的形式加以确认。企业所拥有的这些资产，一部分属于债权人拥有的权益，在会计要素上表现为负债；另一部分属于所有者拥有的权益，在会计要素上表现为所有者权益。也就是说，资产表明企业所拥有的资源有多少，负债和所有者权益则表明企业所拥有的资源的权属。资产、负债和所有者权益实质上是同一价值运动的两个方面。从数量上讲，资产总额必然等于负债和所有者权益总额。企业经济活动的发生，只是在数量上影响企业资产总额与负债和所有者权益总额的同时增减变化，并不能破坏资产、负债和所有者权益之间的内在平衡关系：

资产＝负债＋所有者权益

这一会计等式表明了会计主体在某一特定时点所拥有的各种资源。债权人和投资者对企业资产要求权的基本情况，以及资产、负债和所有者权益之间的基本关系，是编制资产负债表的基础。此外，这一会计等式还是会计复式记账、会计核算和编制财务报表的基础。在这一会计等式的基础上，才能运用复式记账法，记录某一会计主体资金的来龙去脉，反映会计主体的资产、负债和所有者权益情况，并通过编制资产负债表提供有关企业财务状况的信息。

（二）收入、费用和利润

1. 收入

收入是指企业在日常活动中形成的、会导致所有者权益增加的、与所有者投入资本无关的经济利益的总流入，包括主营业务收入和其他业务收入。收入不包括为第三方或者客户代收的款项。主营业务收入是企业为完成其经营目标而从事的日常活动的主要项目的收入，如工业企业的产品销售收入、施工企业的工程价款收入等；其他业务收入是指由企业主营业务以外的业务所带来的收入，如工业企业的销售材料收入、包装物出租收入、技术转让费收入、提供运输劳务的收入等。

收入的基本特征如下：

（1）收入是从企业的日常活动中产生的，而不是偶发的交易或事项中产生的。所谓日常活动是企业为完成其经营目标而从事的经常性活动，以及与此相关的其他活动，如工业企业制造和生产产品，金融企业从事贷款活动。有些交易或事项虽然也能为企业带来经济利益，但由于不属于企业的日常活动，所以，其流入的经济利益不属于收入而是利得，如工业企业出售固定资产净收益。

（2）收入能引起企业所有者权益的增加。收入是企业经济利益的总流入，主要表现为企业资产的增加，或负债的减少，或两者兼而有之，最终导致企业净资产的增加。例如，企业销售商品而获得的产品销售收入，会增加企业的货币资金或者是应收账款；再如，企业销售商品的收入，可抵减企业负债，如抵减预收账款、应付账款等。

（3）收入只包括本企业经济利益的流入，而不包括为第三方或客户代收的款项。企业为第三方或客户代收的款项，如增值税、代收的利息等，一方面增加企业资产，另一方面增加企业负债，因此，其不能增加企业的所有者权益，也不属于本企业的经济利益，不能作为本企业的收入。

2. 费用

费用是指企业在日常活动发生的、会导致所有者权益减少的、与向所有者分配利润无关的经济利益的总流出。费用与收入是相对应的概念，也可以说是企业为取得收入而付出的代价。费用有多种表现形式，但其本质是资产的转化形式，是企业资产的耗费。按其是否归属于产品成本，可分为产品费用和期间费用。产品费用是指为产品生产所发生的、应计入产品成本的费用，包括为生产产品而发生的直接材料、直接工资等直接费用和各生产单位（车间、分厂）为管理和组织生产而发生的各项间接费用；期间费用是指与产品生产无直接关系、属于某一时期的费用，包括管理费用、销售费用和财务费用等。期间费用不计入产品成本，而直接计入当期损益。

费用通常具备以下特征：

（1）费用是企业在日常活动中发生的经济利益的流出。如工业企业采购原材料而发生的经济利益的流出。有些交易或事项虽然也能够使企业发生经济利益的流出，但由于不属于企业的日常活动，所以，其流出的经济利益不属于费用而是损失，如工业企业出售固定资产的净损失。

（2）费用的发生代表企业在一定会计期间内经济利益的减少，具体表现为资产的减少，或负债的增加，或两者兼而有之。费用的发生形式多种多样，既可以表现为资产的减少，如生产耗费会减少原材料的库存，生产设备的磨损会形成固定资产的损耗；也可以表现为负债的增加，如支付人工报酬会导致应付职工薪酬的增加；还可能是两者的组合，如发生费用，支付部分现金，同时承担部分债务。

（3）费用会导致企业所有者权益的减少。一般说来，收入最终会导致所有者权益的增加，而费用则会导致所有者权益的减少。例如，以银行存款偿还贷款，虽然有现金流出，但由于并未减少企业所有者权益，因此不是一项费用。

3. 利润

利润是指企业在一定期间内的经营成果，是衡量企业经营业绩的重要指标。利润包括收入减去费用后的净额和直接计入当期利润①的利得和损失等。

收入减去费用后的净额反映的是企业日常活动的业绩。直接计入当期利润的利得是指由企业非日常活动所形成的、应计入当期损益、会导致所有者权益增加的、与所有者投入资本无关的经济利益的流入，如罚款收入。直接计入当期利润的损失是指由企业非日常活动所发生的、应计入当期损益、会导致所有者权益减少的、与向所有者分配利润无关的经济利益的流出，如罚款支出、自然灾害发生的损失。

4. 收入、费用、利润三者之间的关系

利润既包括企业在日常活动中形成的经营成果，又包括企业在日常活动以外的其他活动中形成的经营成果，如直接计入当期利润的利得与损失等。收入、费用仅与企业的日常活动有关。也就是说，收入不包括处置固定资产净收入、与企业日常活动无关的政府补贴收入等，费用不包括处置固定资产净损失、自然灾害损失等。所以，收入减去费用，并经过调整后，才等于利润。在不考虑调整因素（比如利得和损失、补贴收入等）的情况下，收入减去费用等于利润，用公式表示如下：

收入－费用＝利润

这一会计等式表明了某一会计主体在一定期间内的经营成果与该期间内收入和费用的关系，是编制利润表的基础。

---

① 我国《企业会计准则——基本准则》规定，利得与损失一部分直接计入所有者权益，如债务重组利得；利得与损失一部分直接计入当期利润。

第三节 会计的职能和目标

一、会计的职能

会计的职能是指会计本身所固有的功能，它说明了会计在管理经济中所具有的功能或能够发挥的作用。

会计作为管理经济的一种活动，是通过会计的职能来实现的。会计的职能是会计本身所客观具有的，而且是随着会计的发展而发展的。一般认为，反映和监督是会计的两项基本职能。

（一）会计的反映职能

会计的反映职能主要是指通过确认、计量、记录和报告，从数量方面反映企业和其他单位已经发生或已经完成的各项经济活动的情况，它是会计最基本的职能。记账、算账和报账是会计执行反映职能的主要形式，所以，会计的反映职能也可称作会计的核算职能。

会计的反映职能不仅仅包括对经济活动进行的事后反映，还应包括对未来的经济活动进行的事前反映。为了在经济管理中加强预见性和计划性，会计还要对企业和各个单位的经济前景进行预测，参与生产经营计划的制订，为经营决策提供有用的经济信息。

（二）会计的监督职能

会计的监督职能主要是指利用会计反映所提供的经济信息对企业和其他单位的经济活动进行控制和指导。会计监督的核心就是通过干预经济活动，使之符合国家有关法律、法规和制度的规定，同时对每项经济活动的合理性、有效性进行审查、控制、分析和检查。

会计监督贯穿于经济活动的全过程，包括事前监督、事中监督和事后监督。事前监督主要是指在参与编制各项计划和费用预算时，依据国家的有关法律、法规和制度，对未来经济活动的可行性、合理性和合法性进行审查；事中监督主要是指在日常会计工作中，对已发现的问题提出建议，促使有关部门采取措施，调整经济活动；事后监督主要是指对已经发生或者已经完成的经济活动的合理性、合法性和有效性进行检查、分析、考核和评价。

会计的反映职能和监督职能是密切相连、相辅相成的。对经济活动进行会计反映的过程，也是实施会计监督的过程。会计反映是执行会计监督的前提，没有会计反映所提供的数据资料，会计监督就没有客观依据；如果只有会计反映而不进行会计监督，会计反映就失去了存在的意义。

（三）会计的参与决策职能

会计的反映职能和监督职能是会计最基本的职能，它体现了会计的本质特征。

随着经济的发展和会计活动范围的不断扩大，会计的职能也在不断发展。会计的参与决策职能正是会计职能发展的产物。这是因为，现代会计是经济管理活动的一个组成部分，而决策是管理的重要职能，因此，会计理所当然地具有决策职能。所谓决策职能，就是指从可供选择的各种备选方案中选出最优方案。会计的参与决策职能则是指利用会计反映所提供的信息，帮助企业决策者从各种生产经营方案中选取最优方案。企业用货币来计量经济活动的特点，使其能把生产经营活动各个方面的问题综合地反映在会计信息上，因此，会计参与经营决策是一项重要职能。

我们认为，从会计的本质特征来看，目前会计所具有的参与决策的职能，是从反映和监督两项基本职能所派生出来的，不属于会计的基本职能。

二、会计的目标

一般认为，会计目标是指会计活动应达到的境地或标准。会计目标指明了会计实践活动的目的与方向，也明确了会计在经济管理活动中的使命，成为会计发展的导向。

（一）关于会计目标的两大观点

从理论上讲，关于会计目标的确认有两大观点，即受托责任观与决策有用观。

1. 受托责任观

受托责任观认为，会计的目标在于控制企业的经济活动，以完成企业对受托人的受托责任。也就是说，在现代社会中，任何个人和单位，接受了委托人提供的经济资源，就应该负有受托责任，以最大的努力来运用和管理委托人交付的各种经济资源，确保它们得到保值和增值，从而完成委托人的托付。

在受托责任观下，企业具有以下受托责任：①合理、有效地管理与应用受托资源，确保受托资源的保值、增值；②如实向委托方报告受托责任的履行过程和结果。

为完成企业的受托责任，会计应具有下列目标：①会计要对日常经济活动进行确认、计量、记录和汇总，并定期向委托人报告相关可靠的财务会计信息和其他经济信息；②会计要对整个经济活动过程进行预测、决策和监控，要更加积极地参与企业经营管理活动，以帮助企业管理层更好地完成受托责任。

2. 决策有用观

决策有用观认为，会计的目标就是为了向信息使用者提供对他们的决策有用的信息。决策有用观是在证券市场日益扩大化和规范化的历史背景下形成的。随着市场经济的发展，投资者进行投资决策，需要有大量可靠且相关的会计信息，在这种投资者对会计信息需求的作用下，于是出现了会计决策有用观。

在决策有用观下，会计目标至少应该包括以下内容：①会计应该向谁提供会计信息。也就是说，会计信息使用者有哪些。一般而言，政府、与企业有经济利益关系的外部单位或个人以及企业内部经营管理层均应是会计信息的使用者。②会计应该提供什么样的会计信息。概括而言，会计应该提供对信息使用者决策有用的会计信息。具体来说，会计应该提供有助于国家进行宏观调控的信息，提供有助于外部利益关系人进行投资、信贷或其他决策的信息，提供有助于有关内部经营管理者加强企业经营管理的信息。③会计应该怎样提供会计信息。会计应该通过确认、计量、记录和汇总整理形成各种会计信息，然后以财务报告的形式向信息使用者提供会计信息。

受托责任观和决策有用观分别从不同的角度阐述了会计目标。受托责任观主要从受托责任关系这一角度论述了会计应该向委托人报告受托责任的履行结果。而决策有用观则强调会计应该向所有信息使用者提供决策有用的信息，而不仅仅是委托人或者企业所有者。

我国《企业会计准则——基本准则》规定："财务会计报告的目标是向财务会计报告使用者提供与企业财务状况、经营业绩和现金流量等有关的会计信息，反映管理层受托责任的履行情况，有助于财务报告使用者作出经济决策。"因此可以看出，我国企业的会计目标倾向于两者的结合。

（二）会计信息的使用者

会计信息的使用者主要包括投资者、债权人、政府及相关机构、企业管理人员、职工和社会公众。

投资者主要关注投资的内在风险和报酬，即通过会计信息了解企业的盈利能力、资本结构、利润分配政策等等，以便决定是否需要对企业进行投资和抽回投资。

债权人主要关注其提供给企业的资金是否安全，能否按期收回债权，即通过会计信息了解企业的偿债能力、债务构成，以便决定是否通过债权的形式向企业提供资金。

政府及相关机构主要关注国家资源的分配和运用情况、有关经济政策的执行情况，即通过会计信息了解经济活动的合理性和合法性，国家政策的执行情况，资源的运用情况、分配情况，以便制定有关的宏观经济政策，统计国民收入、国内生产总值等指标。

企业管理人员主要关注企业的财务状况、经营业绩和现金流量，即通过会计信息了解企业的财务状况、经营成果和现金流量，以便进行生产决策和经营管理决策。

企业职工主要关注企业为其提供就业机会的稳定性、劳动报酬和福利情况，即通过会计信息了解企业的财务状况、经营情况。

社会公众主要关注企业的兴衰及其发展情况，即通过会计信息了解企业现状和未来发展趋势，以便为其投资决策提供信息。

会计信息使用者是多种多样的，其对会计信息的需求也是多种多样的，会计不可能满足其所有需要，只能满足其通用需求。上述会计信息使用者的通用需求可以概括为：财务状况、经营成果和现金流量。因此，会计的具体目标可以归纳为：通过提供有关财务状况、经营成果和现金流量等方面的信息，满足会计信息使用者的通用需要。

三、会计的作用

习近平总书记在十九届中央纪委四次全会上指出，要完善党和国家监督体系，以党内监督为主导，推动人大监督、民主监督、行政监督、司法监督、审计监督、财会监督、统计监督、群众监督、舆论监督有机贯通、相互协调。首次将财会监督①明确为党和国家监督体系的重要组成部分，对会计在中国式现代化建设的新时期发挥更大的作用提出了更高的要求，极大地丰富了对会计监督职能作用的认识。

会计产生于经济的需要，经济越发展，会计越重要，正如马克思所说："过程越是按社会的规模进行，越是失去纯粹个人的性质，作为对过程的控制和观念总结的簿记就越是必要"。

具体来说，会计的宏观作用体现在：

（1）有利于国家治理体系完善。会计天然具有国家治理效应，一方面，依法治国是实现国家治理现代化的核心，会计制度、会计准则体系本身就是法律法规制度的一部分，会计法律法规的健全可以被理解为国家制度层面的完善；另一方面，会计作为经济、财政的基础，通过会计活动能够直接作用于各类组织的经济决策和市场判断，从微观到宏观，最终影响到国家治理体系的完善。

（2）有利于满足信息使用者共同的财务信息需求。会计具有通用价值和公共特性，会计的社会效应首先表现为会计信息使用者的社会需要性。一方面，会计信息使用者包括投资者、债权人、管理层、政府部门以及中介机构等众多社会参与者，即会计的服务对象社会覆盖面广；另一方面，作为一种社会沟通语言，会计对社会的经济成果进行连续的、有序的、系统的价值分配和再分配，有助于兼顾社会的公平与效率，实现社会和谐与进步。

（3）有利于资本市场的健康发展。资本市场是反映国民经济的晴雨表，会计通过作用于资本市场实现其经济效应。资本的流动需要高质量的会计信息以消除市场信息的不对称，因此高质量的会计信息披露在一定程度上能够促进资源的优化配置和资本市场的健康发展。

会计的微观作用体现在：

（1）有助于公司治理结构完善。会计在公司治理中的作用不可忽视，通过监督、评估和报告等多种方式，保障企业运作的透明性和合规性，同时提供决策信息和改善建议，帮助企业提升治理水平和运营效率。会计信息披露可以有效地解决外部投资者和企业管理者之间的信息不对称问题，投资者则通过会计信息来监督企业的日常运行情况，为投资者提供保障。

（2）有助于进一步加强企业内部监督。企业要加强对本企业经济业务、财务管

---

① 财会监督是依据《预算法》《会计法》《审计法》《注册会计师法》等财会法律规定，对财政行为、会计行为及财务行为开展监管活动的统称。

理、会计行为的日常监督，结合实际建立权责清晰、约束有力的内部财会监督机制和内部控制体系。企业主要负责人是企业财会监督工作第一责任人，对本企业财会工作和财会资料的真实性、完整性负责，企业应明确承担财会监督职责的机构或人员。财会人员要加强自我约束，遵守职业道德，拒绝办理或按照职权纠正违反法律法规规定的财会事项，有权检举各类违法违规行为。

（3）有助于构建人与人之间信任的纽带。"诚信"是做人之本，"诚信"更是会计人的执业之本。诚实守信是会计职业道德的重要内容，作为会计人员要诚恳老实，有信无欺，"诚"字当作工作的第一要求，真实反映、正确记录、认真履行会计的基本职能，会计凭证、会计账簿是最好的证据。凡是有经济活动的地方，就有会计工作，就有会计人员，就有诚实守信。因此会计对于加强全社会信用体系建设、构建人与人之间信任的纽带至关重要。

（4）有助于企业进行分配考核。财务数据是企业战略、经营目标落地的结果，企业是否实现了公司战略、达到了经营目标，受托人是否履行了受托责任，员工的绩效考核、奖金发放是否公平合理等都需要财务数据来进行评价。

第四节　会计核算的基本前提和会计信息质量要求

一、会计核算的基本前提

会计作为人类管理经济的一项实践活动，处在极为复杂并且变化不定的商品经济环境之中，存在许多不确定的因素。为了正常进行会计核算工作，会计人员有必要对会计活动所处的经济环境做出合理的判断和假设，规定会计活动赖以存在的基本前提条件。

会计核算的基本前提是指对会计核算所处的时间、空间环境所做的合理设定。会计核算的基本前提是会计人员在长期的会计实践中逐步认识和归纳总结形成的，它是进行会计核算的必要前提条件，是企业和其他单位确定会计核算对象、选择会计程序和方法的重要依据。目前，在会计学中，一般将会计核算的基本前提称为会计假设或会计假定。会计核算的基本前提包括：会计主体、持续经营、会计分期、货币计量①。

（一）会计主体

会计主体，又称会计实体，会计个体，是指会计活动为之服务的特定单位或组织，它规定了会计活动的空间范围。

---

① 我国会计准则和实务中，习惯将会计主体、持续经营、会计分期和货币计量称为会计假设，权责发生制称为会计基础。会计基础在本书第四章第一节中阐述。

提出会计主体这一前提条件，是为了把一个会计主体的经济业务与其他会计主体的经济活动区分开来，把会计主体本身的经济活动与主体所有者的经济活动区分开来。也就是说，会计所反映和监督的只能是某个特定主体本身的经济活动，而不是其他会计主体的经济活动，也不是其主体所有者的经济活动。

会计主体不同于法律主体。一般来说，法律主体往往是会计主体，而构成会计主体的并不一定都是法人。会计主体应是有能力拥有经济资源、承担经济义务、实行独立核算的特定单位或组织。会计主体可以是法人，如企业或事业单位、也可以是非法人，如合伙经营组织；可以是一个企业，也可以是企业中的内部单位或企业中的一个特定部分，如企业的分公司、企业设立的事业部；可以是单个企业，也可以是几个企业组成的联营公司或企业集团。

典型的会计主体是企业，我国《企业会计准则——基本准则》规定，"企业应当对其本身发生的交易或者事项进行确认、计量和报告"。也就是说，企业会计只核算企业主体本身的生产经营活动，而不核算企业的投资者或所有者的经济活动，也不核算其他企业或其他经济主体的经济活动，只有这样，才能正确反映会计主体的财务状况、经营成果和现金流量，提供有用的会计信息。

（二）持续经营

持续经营是指在可预见的将来，企业将会按当前的规模和状态继续经营下去，不会停业，也不会大规模削减业务。在持续经营前提下，会计核算应当以企业持续、正常的生产经营活动为前提。

提出持续经营这一前提条件，主要是为了解决资产估价、费用分配等会计问题，因为企业是否持续经营，在会计原则、会计方法的选择上有很大的差别。在持续经营的前提下，企业所拥有的资产将在正常的经营过程中被耗用、售出或转让，所承担的债务将依照正常经营条件下所规定的偿还条件予以清偿。企业应在持续经营前提的基础上，设计和选择会计处理方法，例如，对固定资产应按原始价值入账，固定资产的价值应按其使用年限分期摊入成本，应付账款可按原来的规定条件进行偿还，等等。如果没有持续经营这一前提，则要考虑企业的清算因素，在清算条件下，固定资产的价值必须按实际变现价值计算，资产价值也不能按使用年限分期摊入成本，应付账款等各种负债必须按资产变现后的实际负担能力进行清偿。由此可见，只有在持续经营的前提下，会计核算所使用的会计处理方法和程序才能保持稳定和一致，企业的会计记录和财务报表才能真实可靠。

由于持续经营是根据企业发展的一般情况所做的假定，而任何企业都存在破产、清算的风险，也就是说，企业不能持续经营的可能性总是存在的。为此，需要企业定期对其持续经营的基本前提做出分析和判断。如果判断企业不会持续经营，就应当改变会计核算的原则与方法，并在企业财务会计报告中做相应披露。

（三）会计分期

会计分期又称会计期间，是指将一个企业持续不断的经营活动划分为若干个相等的期间，分期提供企业有关财务状况、经营成果和现金流量的会计信息。

从理论上说，企业在持续经营的情况下，其经营成果要等到企业的全部经营活动最终结束后才能准确计算，但会计信息的使用者需要及时取得有关会计信息，因此，这就需要会计人员人为地将企业持续不断的经营活动划分为若干个相等的期间，分期反映企业的财务状况、经营成果和现金流量，这种人为划分的期间就是会计期间。企业通常以1年作为划分会计期间的标准，以1年作为会计期间的，称为会计年度。我国《企业会计准则——基本准则》规定，"企业应当划分会计期间，分期结算账目和编制财务报表。会计期间分为年度和中期，中期指短于一个完整的会计年度的报告期间"，中期包括半年度、季度和月度等。年度和中期的起讫日期采用公历日期。

（四）货币计量

货币计量是指会计主体在会计核算过程中以货币作为计量单位，计量、记录和报告会计主体的生产经营活动。

在会计核算过程中之所以选择货币作为计量单位，是由货币本身的属性所决定的。货币是商品的一般等价物，是衡量一般商品价值的共同尺度，具有价值尺度的职能。而其他的计量单位，如重量、长度、容积、台、件等，只能从一个侧面反映企业的生产经营活动，无法在量上进行汇总和比较，不便于管理和会计计量。所以，为了全面反映企业的生产经营、业务收支等情况，会计核算就必然选择货币作为计量单位，以货币形式来反映企业生产经营活动的全过程。

根据货币计量假设，会计核算和监督的内容只限于能够用货币计量的企业经济活动，而不包括不能用货币计量的企业经济活动；采用统一的货币计量尺度，也有不利之处，因为影响企业财务状况和经营成果的因素，并不是都能用货币来计量的，如企业经营战略、技术开发能力、顾客满意度，等等。为了弥补货币计量的局限性，要求企业采用一些非货币指标作为财务报表的补充。

货币计量实际上是对经济活动进行货币估价，而货币估价的习惯做法是以历史成本计价。采用历史成本计价，就必须假定货币本身的价值稳定不变，或者变动的幅度不大，可以忽略不计。也就是说货币计量前提实际上还包括另一个重要前提，即币值稳定前提。企业要在正常的会计处理程序和账户记录及财务报表中，不考虑货币币值变动的影响。

我国《企业会计准则第19号——外币折算》规定，会计核算通常应选择人民币作为记账本位币。业务收支以外币为主的企业，也可以选定某种外币作为记账本位币，但编制的财务报表应当折算为人民币来反映。我国在境外设立的企业，通常用当地的币种进行日常会计核算，但向国内编报财务报表时，应当折算为人民币。

上述会计核算的基本前提，具有相互依存、相互补充的关系。会计主体确立了会计核算的空间范围，持续经营与会计分期确立了会计核算的时间长度，而货币计量为会计核算提供了必要的手段。没有会计主体，就不会有持续经营；没有持续经营，就不会有会计分期；没有货币计量，就不会有现代会计。

二、会计信息质量要求

会计的基本任务就是为包括所有者在内的各方提供决策所需要的信息，会计信息质量的高低是评价会计工作成败的标准。我国《企业会计准则——基本准则》规定，评价会计信息质量的标准主要有客观性、可比性、相关性、及时性、明晰性、谨慎性、重要性和实质重于形式。

1. 客观性

客观性是指会计核算必须以实际发生的交易或事项为依据，如实反映企业的财务状况、经营成果和现金流量。客观性是对会计工作的基本要求。会计工作提供信息的目的是满足会计信息使用者的决策需要，因此，就应做到内容真实、数字准确、资料可靠。在会计核算工作中坚持客观性，就应当在确认会计事项时必须以实际的交易或事项为依据；会计所计量、记录和报告的对象必须是真实的经济业务，不得伪造；会计提供的财务报告必须如实反映情况，不得掩饰；会计信息应当能够经受验证，以核实其是否真实。

如果企业的会计核算不是以实际的交易或事项为依据，没有如实反映企业的财务状况、经营成果和现金流量，会计工作就失去了存在的意义，甚至会误导会计信息使用者，导致决策的失误。

2. 可比性

可比性是指企业的会计核算必须按照规定的会计处理方法来进行，会计指标应当口径一致、相互可比。可比性要求不同企业发生的相同或者相似的交易或者事项，都应当采用规定的会计政策，确保会计信息口径一致，相互可比。同一企业不同时期发生的相同或者相似的交易或者事项，应当采用一致的会计政策，不得随意变更。确需变更的，应当在财务报表附注中说明。会计处理方法的统一是保证会计信息可比的基础。不同的企业可能处于不同行业、不同地区，经济业务发生于不同时点，为了保证会计信息能够满足决策的需要，便于比较不同企业的财务状况、经营成果和现金流量，企业应当遵循可比性的要求。

在会计核算中坚持可比性，既可以提高会计信息的相关性，又可以制约和防止会计主体通过会计处理方法和程序的变更在会计核算中弄虚作假，从而保证会计核算的客观性。

3. 相关性

相关性是指企业提供的会计信息应当能够反映企业的财务状况、经营成果和现金流量，有助于会计信息使用者对企业过去、现在或者未来的情况作出评价或者预测。信息的价值在于其与决策相关，有助于决策。相关的会计信息能够有助于会计信息使用者评价过去的决策，证实或修正某些预测，从而具有反馈价值；有助于会计信息使用者做出预测、做出决策，从而具有预测价值。在会计核算中坚持相关性，就要求在收集、加工、处理和提供会计信息的过程中，要充分考虑各种与企业有利害关系的会计信息使用者对会计信息的不同需要，确保企业内外各有关方面对会计信息的相关需要。对于有特定用途的会计信息，不一定都要通过财务报告来提供，可以采取其他形式加以提供。

如果会计信息提供以后，没有满足会计信息使用者的需要，对会计信息使用者的决策没有什么作用，就不具有相关性。

4. 及时性

及时性是指企业的会计核算应当及时进行，不得提前或延后。及时性要求会计核算工作必须讲求时效，在信息的使用者需要时，及时将会计信息提供给他们。即使是客观、可比、相关的会计信息，如果不及时提供，对会计信息使用者也没有任何意义，甚至可能误导会计信息使用者。在会计核算中坚持及时性，一是要求会计人员及时收集会计信息，就是说在经济业务发生后，会计人员要及时收集整理各种原始凭证；二是要及时对会计信息进行加工处理，即在收集各种原始凭证后，会计人员要及时编制记账凭证、登记账簿和编制财务报表；三是及时传递会计信息，即将编制的财务报表通过报送或公告的形式及时传递给财务报表的使用者。在市场瞬息万变、竞争日趋激烈的市场经济条件下，会计核算坚持及时性，显得尤其重要。

5. 明晰性

明晰性是指会计记录和报告必须清晰明了，便于理解和利用。明晰性要求会计核算所提供的信息清晰明了、易于理解，便于会计信息的使用者准确、完整地把握会计信息所要说明的内容，从而更好地加以利用。

6. 谨慎性

谨慎性是指企业在会计核算时应当保持应有的谨慎，对企业可能发生的损失和费用做出合理预计。谨慎性又称稳健性，它要求会计人员在处理会计信息时，应合理预计可能发生的损失和费用，但不预计可能实现的收益。在市场经济条件下，企业经营活动充满风险和不确定性，例如，企业的固定资产由于技术进步而提前报废，应收账款由于债务人破产、死亡等原因而无法收回等。为了避免企业在损失发生时正常经营受到严重影响，就有必要对可能发生的损失和费用做出合理预计，如在会计核算中采用加速折旧法、提取坏账准备等，以增强企业承担经营风险的能力。在会计核算中坚持谨慎性，要求企业在面临不确定因素的情况下做出职业判断时，应当保持必要的谨慎，充分估计到各种风险和损失，既不高估资产和收益，也不低估负债和费用。但需要注意的是，谨慎性并不意味着企业可以任意设置各种秘密准备，否则，就属于滥用谨慎性，应按照重大会计差错的要求进行相应的会计处理。

7. 重要性

重要性是指在会计核算中对交易或事项应当区别其重要程度，采用不同的会计程序与会计处理方法。按照重要性的要求，对于相对重要的会计事项，应分别核算、分项反映，力求全面准确，并在会计报告中予以充分、准确地披露；对于次要的会计事项，在不影响会计信息真实性和不至于误导会计信息使用者的前提下，可适当简化处理，在账户和会计报告中合并反映。

衡量会计事项的重要性并无统一的标准，应视企业生产特点、管理要求及具体情况而定。一般来说，应当从质和量两个方面进行分析。从性质方面来说，当某一事项有可能对决策产生一定影响时，就属于重要项目；从数量方面来说，当某一项目的数量达到一定规模时，就有可能对决策产生影响。在实际工作中，企业应该根据具体情况，将质和量两个因素结合起来进行重要性判断。

8. 实质重于形式

实质重于形式是指企业应当按照交易或事项的经济实质进行会计核算，而不应当仅仅以它们的法律形式作为会计核算的依据。实质重于形式体现了对经济实质的尊重，能够保证会计核算信息与客观经济事实相符。它要求企业在会计核算过程中，注重交易和事项的经济实质，而不必完全拘泥于其外在形式。比如，融资租入的固定资产，在租期未满以前，从法律形式上讲，所有权并没有转移给承租人，但是从经济实质上讲，与该项固定资产相关的收益和风险已经转移给承租人，因此，承租人应将其视为自有的固定资产。

如果企业的会计核算仅仅按照交易或事项的法律形式来进行，而其法律形式又没有恰当反映其经济实质和经济现实，那么，其最终结果不仅不利于会计信息使用者的决策，反而会误导会计信息使用者。

三、社会环境与会计核算基本前提和会计信息质量要求的关系

从上述对会计的基本前提和会计信息质量要求的分析可见，会计活动是在一定的空间范围和时间范围内，运用一定的计量手段进行的，即会计是在一定的社会环境中进行的。会计核算的基本前提是对会计所处社会环境的空间范围、时间范围和计量方法手段所做的客观判断和限定。对会计活动空间范围的限定，就是会计主体假定；对会计活动的时间范围无限延续的限定，就是持续经营假定；对会计活动的时间范围划分为若干期间的限定，就是会计分期假定；对会计计量手段和方法的限定，就是货币计量和权责发生制假定。会计核算的基本前提是进行会计活动的必要前提条件，以会计核算的基本前提为基础进行的会计核算存在着一般规律，对会计核算的一般规律进行概括和总结，就形成了会计工作必须共同遵守的一般原则——会计信息质量要求。在会计活动中要用会计信息质量要求来指导会计的确认和计量，以及会计信息的生成与传递，以保证会计信息达到一定的质量标准要求。

第五节　会计确认与计量

一、会计确认

会计确认是指将某一项目作为资产、负债、收入、费用等正式地记录并列入会计主体资产负债表或利润表的过程。

会计确认涉及以文字和金额表述一个项目，并将该金额包括在资产负债表或利润表的总额中，某一项目能否作为会计要素列入资产负债表或利润表，除了要满足会计要素的定义以外，还应当满足以下两项基本确认条件：①与该项目有关的经济利益很可能流入或流出企业；②与该项目有关的经济利益能够可靠地计量。只有在满足会计要素定义的同时，还满足以上两项确认条件时，企业才能加以确认。

（一）与该项目有关的经济利益很可能流入或流出企业

这里讲的"很可能"，是指发生的可能性超过50%的概率。对于资产而言，其预期会给企业带来经济利益，只表明其资产的一般特征，如果要记录并列入会计主体的资产负债表，还应评价与其有关的经济利益流入企业可能性的大小；对于负债而言，其预期会导致经济利益流出企业，只表明其具备负债的一般特征，如果要记录并列入会计主体的资产负债表，还应评价与其有关的经济利益流出企业可能性的大小。如果可能性较小，则从谨慎性出发，不应将其加以确认，一项资产只有当其很可能给企业带来经济利益时才能予以确认；一项负债只有当其很可能导致利益流出企业时才能予以确认。在会计实务中，如何判断一项资产是否很可能给企业带来经济利益，或一项负债是否很可能导致经济利益流出企业，需要会计人员进行职业判断。

比如，对于公司因销售业务而形成的应收款项而言，如果公司所销售的商品完全满足合同要求同时没有其他例外情况发生，公司能够在未来某一时日完全收回款项。也就是说，公司因销售业务而形成的应收款项所包含的经济利益很可能流入企业，满足会计要素确认的第一个条件。再如，对于公司因购买业务而形成的应付款项而言，如果公司所购买的商品完全满足合同要求，同时没有其他例外情况发生，公司能够在合同规定的未来某一时日履行其所承担的义务，支付这笔款项。也就是说，公司因购买业务而形成的应付款项所包含的经济利益很可能流出企业，满足会计要素确认的第一个条件。

（二）与该项目有关的经济利益能够可靠地计量

货币计量是会计的基本假设之一，如果与某项目有关的经济利益能够可靠地计量，并同时满足会计要素确认的其他条件，就应该在财务报表中加以确认；否则，企业不应加以确认。也就是说，如果与资产或负债有关的经济利益不能够可靠地计量，就无法在资产负债表中作为资产或负债予以列报；如果与收入或费用有关的经济利益不能够可靠地计量，就无法在利润表中作为收入或费用予以列报。

需要注意的是，在考虑会计要素确认条件时要求与该项目有关的经济利益能够可靠地计量，并不意味着不需要进行估计。比如，某公司涉及一起诉讼案，根据以往类似诉讼案的审判结果判断，该公司很可能败诉，相关的赔偿金额也可以估算出一个范围，此时，就可以认为该公司因未决诉讼所承担的现时义务的金额能够可靠地加以估计。

二、会计计量

会计计量是指根据一定的计量标准和计量方法，记录并在会计主体资产负债表和利润表中确认和列示会计要素而确定其金额的过程。

会计计量属性是指用货币对会计要素进行计量时采用的标准。我国《企业会计准则——基本准则》规定的计量属性包括：历史成本、重置成本、可变现净值、现值和公允价值。

（一）历史成本

历史成本是指企业取得或建造某项资产时所实际支付的现金及其他等价物。在历史成本计量下，资产按照购置时支付的现金或者现金等价物的金额，或者按照购置资产时所付出的对价的公允价值计量。负债按照因承担现时义务而实际收到的款项或者资产的金额，或者承担现时义务的合同金额，或者按照日常活动中为偿还负债预期需要支付的现金或者现金等价物的金额计量。由于历史成本是在交易发生时按客观经济事实所确定的，因此使会计计量具有客观性；由于历史成本是以会计凭证为依据确定的，便于事后查核和验证，因此使会计计量具有可验性；由于历史成本的数据比较容易取得，因此使会计计量具有可行性。历史成本计量是持续经营假设、币值不变假设和客观性、可比性的共同要求。它一方面有助于对各项资产计量结果的检验与控制，另一方面使收入与费用的配比建立在实际交易的基础上，有助于保证会计信息的真实可靠。

（二）重置成本

重置成本是指企业重新取得与其所拥有的某项资产相同或与其功能相当的资产所支付的现金或者现金等价物。在重置成本计量下，资产按照现在购买相同或者相似资产所需支付的现金或者现金等价物的金额计量。负债按照现在偿付该项债务所需支付的现金或者现金等价物的金额计量。重置成本适用的前提是资产处于在用状态。

（三）可变现净值

可变现净值是指企业在正常生产经营过程中，以估计售价减去至完工时估计将要发生的成本、估计的销售费用以及相关税费后的金额。在可变现净值计量下，资产按照其正常对外销售所能收到现金或者现金等价物的金额扣减该资产至完工时估计将要发生的成本、估计的销售费用以及相关税费后的金额计量。

（四）现值

现值是指企业在正常生产经营过程中以估计的未来现金流入扣除未来现金流出后的余额，用恰当的折现率予以折现而得到的价值。在现值计量下，资产按照预计从其持续使用和最终处置中所产生的未来净现金流入量的折现金额计量。负债按照预计期限内需要偿还的未来净现金流出量的折现金额计量。现值适用的前提条件是资产投入使用，并且投资者投资的直接目的是获取预期未来收益。

（五）公允价值

公允价值是指在计量日的有序交易中，市场参与者之间出售一项资产所能收到或转移一项负债将会支付的价格。在公允价值计量下，资产和负债按照在公平交易中，熟悉情况的交易双方自愿进行资产交换或者债务清偿的金额计量，一般情况下，如果被交易的事项本身存在活跃市场，按照市价作为公允价值；如果被交易的事项本身不存在活跃市场，而与其类似的资产存在活跃市场，按照其类似资产的市价确定公允价值；如果被交易事项本身或类似事项都不存在活跃市场，按未来现金流量现值确定公允价值。

企业在对会计要素进行计量时，一般应当采用历史成本，采用重置成本、可变现净值、现值、公允价值计量的，应当保证所确定的会计要素金额能够取得并可靠计量。

本章小结

本章主要阐述会计核算的基本理论，包括会计的产生与发展，会计的职能、目标、对象、会计要素，会计核算的基本前提和会计信息的质量要求，会计确认和计量，是全书的总论和基础。

本章首先介绍了会计的原始含义、现代会计的各种定义及会计的本质。现代会计本质上是一种经济管理活动，但同时也提供以财务信息为主的经济信息。从会计的本质和定义出发，提出了会计以货币作为主要计量单位等六个基本特点。接着论述了会计对象的一般含义，即会计所反映和监督的内容和企业经营资金运动及会计对象的具体内容——资产、负债、所有者权益、收入、费用、利润六个要素。紧接着本章介绍了会计的职能、作用与目标，会计具有反映和监督两个基本职能及参与决策的派生职能；会计的宏观和微观作用；介绍了关于会计目标的两大观点——受托责任观和决策有用观，并对会计信息的使用者做了归纳和总结。本章还论述了会计核算的基本前提，即会计主体、持续经营、会计分期、货币计量；概括了会计信息质量要求的八项基本原则；最后阐述了会计确认的标准和会计计量属性。

思考题

1. 什么是会计？

2. 会计作为一项管理活动，主要有哪些特点？

3. 怎样理解会计目标？

4. 什么是会计对象？会计对象的具体内容是什么？

5. 会计的基本职能是什么？各项基本职能的关系如何？

6. 会计核算的基本前提有哪些？其作用是什么？

7. 试说明会计信息质量要求的内容。

8. 试说明会计确认的标准。

9. 会计计量属性有哪些？

10. 如何理解财会监督是党和国家监督体系的重要组成部分？请描述一下你的认识。

11. 阐述资金运动的静态平衡。

第二章
会计方法

课程思政：

1. 树立正确的职业操守。每位学生应深刻理解会计活动在经济生活中的重要性，认识到会计从业人员所肩负的责任。强调职业操守，引导学生无论是现在还是日后，均要保持诚信、公正、客观的态度，为社会经济的发展做出积极贡献。

2. 培养审慎思维与分析能力。学生应该学会在处理会计信息时，要具备严密的逻辑思维能力，做到慎重对待每一项财务数据，思考应该计入的账户项目，不仅要关注具体的操作细节，更要注重对会计信息背后的经济本质的深入分析。

3. 明确社会公正与法治观念。在学习会计核算的过程中，应该强调会计信息的透明度和真实性，培养学生对社会公正和法治的认同。正确的会计核算不仅是企业管理的需要，也是社会对企业的监督和对公正经济秩序的维护的需要。

学习目标与要求：

1. 了解会计方法体系的构成；

2. 熟悉和掌握会计账户的基本结构、账户的级别及其使用方法；

3. 掌握借贷记账法的基本原理，学会运用其基本原理记录企业的经济业务；

4. 了解会计核算工作的基本程序，初步掌握会计循环的基本步骤和程序，形成会计循环的整体概念。

通过第一章的学习，我们了解了会计学的一些基本理论问题，明确了会计的基本目标是为会计信息的使用者提供与企业财务状况、经营成果和现金流量等与决策相关的会计信息，反映企业管理层受托责任履行情况等。会计信息的提供必须借助于一整套相互联系的专门方法。这些方法主要有填制和审核会计凭证、设置和运用账户、复式记账、登记账簿、成本计算、财产清查和编制财务报表。从本章开始，我们将详细具体地介绍这些专门方法。本章主要介绍会计核算方法的两个最基本也是最重要的方法——账户与复式记账。

第一节　会计方法体系

会计方法是用来反映与控制会计对象，完成会计任务的手段。从基本方法来看，包括会计核算、会计分析、会计检查、会计预测和会计决策等方法。各种会计方法相互联系、相互制约，形成一个整体。

一、会计核算方法

会计核算是对会计信息进行收集、加工、存储和输出的过程。它依据会计对象的特点，将经营活动中以货币表现的各类信息，按照会计准则的规定，进行确认、计量、记录、分类汇总和加工处理，最后以表式报告文件的方式，向会计信息的使用者提供有关企业经营活动的财务信息。在会计方法体系中，会计核算方法是会计的主要方法，是其他各种会计方法的基础，它体现了会计学科和其他学科的本质区别。

会计核算方法是对会计对象进行分类、记录、确认和报告的手段。它包括填制和审核会计凭证、设置和运用账户、复式记账、登记账簿、成本计算、财产清查和编制财务报表七个专门方法。

（1）填制和审核会计凭证。填制和审核会计凭证是初步记录经济业务，保证经济业务具有合理性、合法性，并明确经济责任的一种专门方法。任何一项经济业务发生以后，都要依据业务事实填制凭证，经审核、确认正确无误后，才能作为登记账簿的依据。

（2）设置和运用账户。设置和运用账户是对会计要素的具体类别进行科学归类，从而提供会计要素各个项目动态和静态指标的方法。会计要素包含的内容纷繁复杂，设置和运用账户就是根据会计要素的具体内容的不同特点和经济管理的不同要求，按照一定的标准进行分类，对连续不断的经济业务，在不同的账户中进行记录、加工整理，提供各类会计要素增减变动的会计信息。

（3）复式记账。复式记账是对经济业务所引起的所有变化，以相等的金额同时在两个或两个以上的账户中全面地、相互联系地进行记录的方法。采用复式记账法会使每项经济业务所涉及的两个或两个以上的账户之间产生一种对应关系，通过这种对应关系，不仅可以检查经济业务记录的正确性，而且还可以全面系统地反映经济业务之间的内在联系。

（4）登记账簿。登记账簿是以记账凭证作为依据，在账簿中序时或分类登记经济业务的方法。账簿是记录、储存会计信息的载体。借助于登记账簿这个方法，把分散在会计凭证中的大量信息登记到账簿中去，以连续、分类、系统地反映已经发生的经济业务。账簿是编制财务报表的重要依据，登记账簿是形成会计信息的重要环节。

（5）成本计算。成本计算是指在某一经营过程中，将发生的各种费用，按照成

29

本对象归集，从而计算其总成本和单位成本的方法。通过成本计算，可以考核企业物化劳动和活劳动的耗费程度，为正确计算企业盈亏提供依据。

（6）财产清查。财产清查是核实货币资金、往来款项及实物资产账实是否相符的方法。它是基于会计信息的质量要求，为确保会计核算资料的真实性、正确性所采用的一种手段。货币资金及实物资产的增减变动，虽然有其账簿记录，但由于种种原因仍可能导致账实不符。因此，必须定期或不定期地对货币资金及实物资产进行清查盘点，如果发现有账实不符，应当查明原因，明确经济责任，调整账面记录，保证账实相符。

（7）编制财务报表。编制财务报表是以账簿核算资料作为基础，按照一定的程序和方法加工整理，从而总括地提供系统化的会计信息的一种方法。编制财务报表是对日常核算的总结，它以表格的形式综合、全面地反映企业经营活动的全貌，是向会计信息使用者传输会计信息的主要手段。

上述各种会计方法，既有它的独立性，又与其他会计方法之间存在着密切联系，它们之间的有机结合构成了一个严密完整、科学适用的会计核算方法体系。

二、会计分析方法

会计分析是根据会计核算及其他相关资料，运用一定的手段，对会计主体的经营活动及其结果进行定性和定量的分析。它是一种既能全面了解和考核计划的完成情况，又能查明取得成绩和存在问题的原因的具体方法。会计分析方法包括比较分析法、比率分析法、因素分析法等，它不仅是会计核算的继续，而且还是会计决策、会计预测和会计检查的重要前提。

三、会计检查方法

会计检查是依据会计法规、会计准则等，对会计主体核算资料的正确性、完整性、系统性和经济业务的真实性、合理性、合法性等进行检查时所使用的专门方法。它是会计核算和会计分析的必要补充。

四、会计预测方法

会计预测是根据会计核算、会计分析以及其他相关资料，运用科学的方法，对未来市场环境变化趋势对经济活动的影响和对会计主体未来的财务情况进行估计和测算。会计预测是会计决策的基础和前提，它体现了现代会计方法体系的特点。

五、会计决策方法

会计决策是以会计预测为基础和前提，运用一定的方法，按拟定的财务目标，对未来经营活动的预测方案做出选择的过程。会计决策是企业经营决策的重要组成部分，会计决策方法体现了现代会计方法体系的特点。

会计分析、会计检查、会计预测和会计决策的方法将在财务管理、审计学、管理会计等相关课程中学习。本书只介绍会计核算的方法。

六、会计监督方法

我国的会计监督分为内部监督、社会监督和政府监督。

1. 内部监督

内部监督是由组织内部的管理层和内部控制机制来进行的监督。内部监督包括设立适当的会计制度和内部控制程序，明确责任和权限，确保会计记录和报告的准确性和可靠性。内部监督还包括内部审计，通过评估和审核组织的财务和业务流程，发现潜在的风险和问题，并提出改进建议。

2. 社会监督

社会监督是由独立于组织的外部机构、机构或个人进行的监督。社会监督的主要形式是财务审计，由注册会计师或独立审计机构对组织的财务报表和财务信息进行检查和审核，以确保其合规性、真实性和可靠性。

3. 政府监督

主要是指财政部门代表国家对各单位和单位中相关人员的会计行为实施的监督检查，以及对发现的会计违法行为实施行政处罚。除财政部门外，审计、税务、人民银行、证券监管、保险监管等部门依照有关法律、行政法规规定的职责和权限，可以对有关单位的会计资料实施监督检查。

第二节 会计科目与账户

一、会计科目的意义

会计科目是对会计要素所包括的项目按其经济内容所做的归类。它是设置账户的直接依据。

通过本书第一章的学习，我们已经知道，资产、负债、所有者权益、收入、费用及利润等会计要素是对会计对象所做的分类。实际上，会计要素又是由许多复杂的内容所构成的。比如，企业的资产可以分为流动资产与非流动资产等，其中每一类资产项目又包含了许多更为具体的内容。在流动资产项目中，有交易性金融资产和材料，它们的存在形态和性质完全不同；负债可以分为流动负债和非流动负债，其中每一类负债同样包含了许多更为具体的内容；在流动负债项目中，有应付供应单位款和向银行借入的短期借款，两者形成的原因、偿还的期限和承担的风险都有很大的差别。正因为如此，在企业经营活动中，才会表现出内容纷繁复杂、性质各不相同的各类经济业务活动和会计要素的具体增减变动。因此，仅以六个会计要素作为会计信息的归类标准，不免过于笼统，难以满足会计信息使用者对会计信息的需求。为了对各类经济业务所引起的会计要素的增减变动进行分门别类的核算，提供决策有用的财务信息，以满足会计信息使用者的需要，不仅需要按会计要素分别反映其增减变动，而且需要根据会计要素的内容和特点，对每一会计要素做进一步的详细分类，并且为每一类性质相同的会计要素内容规定一个恰当的名称。比如，将货币资金按其存放的地点，分别设置"库存现金"和"银行存款"两个不同的会计科目；将从银行借入的款项，按其偿还的期限分别设置"短期借款"和"长期借款"两个不同的会计科目。通过设置会计科目，对会计要素的具体内容做进一步分类，就解决了会计信息如何归类这一基本问题。

不同的会计科目，构成了一个完整的会计科目体系；会计科目不仅包括科目的内容，而且还包括科目的级次。会计科目的内容，反映了科目之间的横向联系。每个会计科目都有其特定的内容和范围，各个会计科目之间也存在着密切的联系，同时也就形成会计科目的级次；会计科目的级次反映了会计科目内部的纵向联系，它是为满足会计信息使用者对会计信息详细程度的要求而设立的。比如，在"原材料"这个会计科目下，可以再做详细分类，即分为"甲材料""乙材料""丙材料"等，这便形成了会计科目的级次。会计科目级次一般分为一级科目、二级科目和明细科目三个层次。

总括反映会计信息的科目为总分类账科目，又称一级科目或总账科目。它是按照会计要素的具体内容设置的科目，是设置总分类账的依据。详细反映会计信息的科目为明细分类账科目，又称明细科目。它是对某一类总分类科目做进一步分类的科目，是设置明细账的依据。介于总分类科目和明细科目之间，提供的核算资料比总账科目详细、比明细科目概括的会计科目为二级科目，又称子目。如在"原材料"总账科目和"甲""乙""丙"明细科目之间设置的"原料""辅助材料""燃料"等均属于二级科目。

各级科目之间的关系如图 2-1 所示。

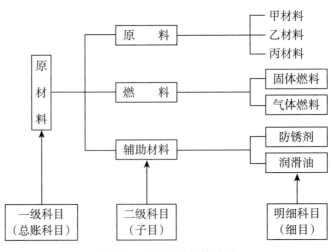

图 2-1　各科目之间的关系

　　会计科目是对会计要素所包括的项目，按其经济内容所做的分类。为了对会计要素进行分类核算，原则上有一类会计要素，就应设置一类会计科目，有一个会计要素的具体项目，就应设置一个会计科目。但是为了满足经济管理对会计信息的需要，在会计科目的设置上又具有一定的灵活性，一般应按照以下原则对会计要素项目分类设置会计科目。

　　1. 全面性原则

　　会计科目的设置，必须能够全面、系统地反映会计主体的会计要素的全部内容，既不允许遗漏，也不允许重复，以保证会计信息的完整性。

　　2. 一致性原则

　　会计科目的设置，要能提供口径一致的会计核算资料，保证会计主体在各个会计期间和不同会计主体之间的会计数据的可比性，使其既能满足国民经济综合平衡对会计指标的需要、符合国家宏观调控和管理的要求，又能满足投资者、债权人进行经济决策的需要。

　　3. 严密性原则

　　会计科目的设置，要科学、严密。科目的名称，应当含义明确、通俗易懂。各科目反映的具体内容要有明确的界限，以分别提供不同的指标。同时，对科目要固定编码，以适应会计电算化的需要。

　　4. 灵活性原则

　　会计科目的设置，应当符合企业经营管理的具体要求，体现会计主体的特点。例如，股份公司应设置"股本"科目，非股份公司可设置"实收资本"科目。

　　《企业会计准则——应用指南》就是遵循上述原则，在对会计要素按经济内容归类的基础上，结合国家宏观经济管理的要求以及企业经营的一般特点，制定出企业的会计科目。企业的会计科目是企业对会计要素进行分类的标志，它共分为六大类，即资产类、负债类、共同类、所有者权益类、成本类和损益类。企业的常用会计科目如表2-1所示。

表 2-1　会计科目表

顺序号	编号	会计科目名称
		一、资产类
1	1001	库存现金
2	1002	银行存款
3	1003	存放中央银行款项
4	1011	存放同业
5	1012	其他货币资金
6	1021	结算备付金
7	1031	存出保证金

表2-1（续1）

顺序号	编号	会计科目名称
8	1101	交易性金融资产
9	1111	买入返售金融资产
10	1121	应收票据
11	1122	应收账款
12	1123	预付账款
13	1131	应收股利
14	1132	应收利息
15	1201	应收代位追偿款
16	1211	应收分保账款
17	1212	应收分保合同准备金
18	1221	其他应收款
19	1231	坏账准备
20	1301	贴现资产
21	1302	拆出资金
22	1303	贷款
23	1304	贷款损失准备
24	1311	代理兑付证券
25	1321	代理业务资产
26	1401	材料采购
27	1402	在途物资
28	1403	原材料
29	1404	材料成本差异
30	1405	库存商品
31	1406	发出商品
32	1407	商品进销差价
33	1408	委托加工物资
34	1411	周转材料
35	1421	消耗性生物资产
36	1431	贵金属
37	1441	抵债资产
38	1451	损余物资
39	1461	融资租赁资产
40	1471	存货跌价准备
41	1501	债权投资

表2-1（续2）

顺序号	编号	会计科目名称
42	1502	债权投资减值准备
43	1503	其他债权投资
44	1511	长期股权投资
45	1512	长期股权投资减值准备
46	1521	投资性房地产
47	1531	长期应收款
48	1532	未实现融资收益
49	1541	存出资本保证金
50	1601	固定资产
51	1602	累计折旧
52	1603	固定资产减值准备
53	1604	在建工程
54	1605	工程物资
55	1606	固定资产清理
56	1611	未担保余值
57	1621	生产性生物资产
58	1622	生产性生物资产累计折旧
59	1623	公益性生物资产
60	1631	油气资产
61	1632	累计折耗
62	1701	无形资产
63	1702	累计摊销
64	1703	无形资产减值准备
65	1711	商誉
66	1801	长期待摊费用
67	1811	递延所得税资产
68	1821	独立账户资产
69	1901	待处理财产损溢
		二、负债类
70	2001	短期借款
71	2002	存入保证金
72	2003	拆入资金
73	2004	向中央银行借款
74	2011	吸收存款

35

表2-1（续3）

顺序号	编号	会计科目名称
75	2012	同业存放
76	2021	贴现负债
77	2101	交易性金融负债
78	2111	卖出回购金融资产款
79	2201	应付票据
80	2202	应付账款
81	2203	预收账款
82	2211	应付职工薪酬
83	2221	应交税费
84	2231	应付利息
85	2232	应付股利
86	2241	其他应付款
87	2251	应付保单红利
88	2261	应付分保账款
89	2311	代理买卖证券款
90	2312	代理承销证券款
91	2313	代理兑付证券款
92	2314	代理业务负债
93	2401	递延收益
94	2501	长期借款
95	2502	应付债券
96	2601	未到期责任准备金
97	2602	保险责任准备金
98	2611	保户储金
99	2621	独立账户负债
100	2701	长期应付款
101	2702	未确认融资费用
102	2711	专项应付款
103	2801	预计负债
104	2901	递延所得税负债
		三、共同类
105	3001	清算资金往来
106	3002	货币兑换
107	3101	衍生工具

表2-1(续4)

顺序号	编号	会计科目名称
108	3201	套期工具
109	3202	被套期项目
		四、所有者权益类
110	4001	实收资本
111	4002	资本公积
112	4101	盈余公积
113	4102	一般风险准备
114	4103	本年利润
115	4104	利润分配
116	4201	库存股
		五、成本类
117	5001	生产成本
118	5101	制造费用
119	5201	劳务成本
120	5301	研发支出
121	5401	工程施工
122	5402	工程结算
123	5403	机械作业
		六、损益类
124	6001	主营业务收入
125	6011	利息收入
126	6021	手续费及佣金收入
127	6031	保费收入
128	6041	租赁收入
129	6051	其他业务收入
130	6061	汇兑损益
131	6101	公允价值变动损益
132	6111	投资收益
133	6201	摊回保险责任准备金
134	6202	摊回赔付支出
135	6203	摊回分保费用
136	6301	营业外收入
137	6401	主营业务成本
138	6402	其他业务成本

表2-1（续5）

顺序号	编号	会计科目名称
139	6403	税金及附加
140	6411	利息支出
141	6421	手续费及佣金支出
142	6501	提取未到期责任准备金
143	6502	提取保险责任准备金
144	6511	赔付支出
145	6521	保单红利支出
146	6531	退保金
147	6541	分出保费
148	6542	分保费用
149	6601	销售费用
150	6602	管理费用
151	6603	财务费用
152	6604	勘探费用
153	6701	资产减值损失
154	6702	信用减值损失
155	6711	营业外支出
156	6801	所得税费用
157	6901	以前年度损益调整

从表2-1可以看出：会计科目表是按编号、名称等顺序排列的，其目的就是为了便于会计科目的分类、查找，以便于运用计算机处理会计业务。而会计科目的编号是根据会计要素排列的，每一会计要素下的会计科目使用一组编号。如资产类会计科目的编号，首位用"1"，其余编号为001~901；负债类会计科目的编号，首位用"2"，其余编号为001~901；共同类会计科目的编号，首位用"3"，其余编号为001~202；所有者权益类会计科目的编号，首位用"4"，其余编号为001~201；成本类会计科目的编号，首位用"5"，其余编号为001~403；损益类会计科目的编号，首位用"6"，其余编号为001~901。从首位编号即可判断会计科目的性质。

在会计科目的编号上，往往会出现跳号。例如，资产类会计科目，从1003跳到了1011，中间的间隔空号是为新增科目预留的，以便于在增设会计科目时使用。

二、会计账户

会计科目的设置将会计要素所反映的经济内容进行了归类。但是，如何将经济业务所引起的会计要素的各个具体类别的变化连续不断地记录下来，并集中反映它们在一定时期内的变动情况及其结果，这就必须借助于会计账户。

会计账户是依据会计科目设置。它是用以对会计要素的具体类别进行核算和监督，以便提供动态和静态指标的一种工具。会计账户就犹如一个信息存储系统，它把需要输入的会计信息经过分析，然后分门别类地记入不同的账户，并进行加工整理，形成系统化的资料，以满足会计用户的不同要求。

会计科目是设置会计账户的依据，它对会计账户核算的内容，从理论上进行了规范。因此，各个企业应按会计制度规定的会计科目设置账户。从原则上讲，有一个会计科目就设置一个账户，并按会计科目规定的内容进行核算，以便提供口径一致的会计信息。

会计科目和会计账户是既有区别，又有联系的两个不同概念。它们之间的联系在于：两者的名称和反映的经济内容相同。会计科目是账户的名称，账户是根据会计科目设置的。它们反映的经济内容都是会计要素的具体内容。它们之间的区别在于：会计科目是对会计要素按经济内容进行分类的标志，没有具体的格式，只是说明各经济业务的内容。会计账户既有名称又有专门的格式，它可以具体记录经济业务，反映会计要素各具体项目的增减变动情况及其结果。设置和运用账户是会计核算的一个专门方法。在会计实务中，会计科目和会计账户未严格区分，可以互相通用。

三、会计账户的结构和使用方法

（一）会计账户的结构

会计账户是根据会计科目设置的。它是用以记录会计要素的各个项目增减变动情况的工具。那么，会计账户怎样记录这些变动呢？这就必须借助于会计账户的结构。

会计账户的结构是指会计账户的格式及其所记录的经济内容。会计账户的格式虽然多种多样，但是归根到底还是取决于会计要素的变动情况和经营管理对会计信息的要求。

在企业的经营活动中，各项经济业务所引起的会计要素的数量变化，不外乎增加和减少两种情况。在会计实务中，记录这种数量变化的会计账户的基本结构应该包括两个因素：其一，账户的名称，表明经济业务按其经济内容进行的归类。其二，左右两个部位，用以记录会计要素的增减变化及其结果。账户的基本结构如图 2-2 所示。

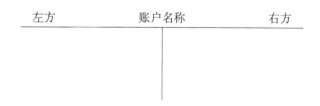

左方　　　　　　账户名称　　　　　　右方

图 2-2　账户的基本结构

上述账户称为"T"字形账户，它通常被用于教学和科研中。

账户格式的设计，一般应包括以下内容：①账户的名称，即会计科目；②日期和摘要，用以记录经济业务发生的时间和内容；③凭证号数，用以说明经济业务记录的依据；④增加金额、减少金额和余额。其基本结构如表 2-2 所示。

表 2-2 账户格式的基本结构

左方 右方

日期	凭证号数	摘要	金额	日期	凭证号数	摘要	金额

以上两种账户的格式都是账户的简化形式。在会计实务中，人们广泛采用的标准格式，见本书第五章第二节。

（二）账户的使用

在借贷记账法下，账户的左方称为"借方"，右方称为"贷方"。从账户反映的经济内容来讲，既有反映资产的账户，又有反映负债和所有者权益的账户；从会计等式来看，资产要素在等式的左方，负债和所有者权益要素在等式的右方。鉴于各类账户的性质不同，因而在使用上也应有所区别。由于资产、负债和所有者权益三个会计要素无论发生怎样的增减变化，都不会影响三者之间的平衡关系，因此对不同性质账户所发生的增加或减少的变化，必须使用不同的方向进行登记，以保持等式两边的平衡关系。当资产类账户发生增加金额时记入借方，发生减少金额时记入贷方，其余额总是反映在借方；相反，负债和所有者权益类账户发生的增加金额记入贷方，减少金额记入借方，而余额总是反映在贷方。资产、负债和所有者权益类账户的结构如图 2-3 所示。

图 2-3 资产、负债、所有者权益类账户的结构

下面，我们举几个具体实例，来说明各类账户的使用方法。

例1 某企业 2018 年 7 月 1 日现金实有额为 2 000 元，本月发生下列变动：①7月5日厂长出差借支差旅费 1 000 元。② 7 月 10 日从银行提取现金 500 元。③ 7 月 20 日支付装卸费 400 元。④ 7 月 31 日出售材料取得现金收入 250 元。这些变动在"库存现金"账户中，应做如下记录（见图2-4）。

借方		库存现金账户	贷方	
期初结存：	2 000			
（2）提取现金	500	（1）厂长借支差旅费	1 000	
（4）出售材料	250	（3）支付装卸费	400	
本期增加合计	750	本期减少合计	1 400	
期末结存	1 350			

图 2-4 库存现金账户记录

例2 某企业 2018 年 7 月 1 日应付账款实有数 100 000 元。本月发生下列变动：① 7 月 2 日购进材料 50 000 元，货款未付。② 7 月 10 日偿还欠款 80 000 元。③ 7 月 30 日购进材料 10 000 元，货款未付。这些变动在"应付账款"账户中，应做如下记录（见图2-5）：

借方		应付账款账户	贷方	
		期初结存：	100 000	
（2）偿还欠款	80 000	（1）购材料欠款	50 000	
		（3）购材料欠款	10 000	
本期减少合计	80 000	本期增加合计	60 000	
		期末结存	80 000	

图 2-5 应付账款账户记录

例3 某企业 2018 年 7 月 1 日实收资本实有数 500 000 元。本月与 A 企业终止联营，同时与 B、C 两个企业达成投资协议，本月发生下列变动：①7月1日A企业撤走资本 200 000 元。②7月20日收到 B 企业投入资本 100 000 元。③7月21日收到 C 企业投入资本 200 000 元。这些变动在"实收资本"账户中，应做如下记录（见图2-6）：

借方		实收资本账户	贷方	
		期初结存：	500 000	
（1）撤走资本	200 000	（2）收到投资	100 000	
		（3）收到投资	200 000	
本期减少合计	200 000	本期增加合计	300 000	
		期末结存	600 000	

图 2-6 实收资本账户记录

上述实例中的本期增加合计、本期减少合计和期初结存、期末结存，在会计上分别称为本期发生额与结余额。

"本期发生额"是指会计账户的借方（或贷方）在一定时期内所登记金额的合计数，简称"发生额"。发生额按其性质分为借方发生额和贷方发生额，它们揭示了各个会计类别的变动过程，提供了一定时期内会计要素的增、减变动的动态指标。

"结余额"是指会计账户借方与贷方总计的差额，简称"余额"。账户结余额所提供的是某一时点会计要素增减变动的结果，即各个会计类别的静态指标。结余额具有以下特点：

第一，会计账户的结余额，从时间上可分为"期初结余额"和"期末结余额"。上期的"期末余额"即为本期的"期初余额"，它们从不同的时点反映同一数额，体现了会计核算的连续性。

第二，会计账户的结余额，从性质上可分为"借方结余额"和"贷方结余额"。在一个账户中，当借方金额总计大于贷方金额总计时，其差额称为"借方余额"。由于资产类账户的余额一般在借方，所以又称借方余额账户。相反，在一个账户中，当贷方金额总计大于借方金额总计时，其差额称为"贷方余额"。由于负债类和所有者权益类账户的余额一般在贷方，所以又称为贷方余额账户。

计算期末余额的基本公式如下：

期末余额＝期初余额＋本期增加数额－本期减少数额

根据这个基本公式，结合不同性质账户的特点，其期末余额的计算公式可转化为：

（1）资产类账户：

期末借方余额＝期初借方余额＋本期借方发生额－本期贷方发生额

（2）负债和所有者权益类账户：

期末贷方余额＝期初贷方余额＋本期贷方发生额－本期借方发生额

按照这个基本公式，在上述各例中：

"库存现金"账户的期末余额应为：

2 000＋750－1 400＝1 350（元）

"应付账款"账户的期末余额应为：

100 000＋60 000－80 000＝80 000（元）

"实收资本"账户的期末余额应为：

500 000＋300 000－200 000＝600 000（元）

企业在经营过程中取得主营业务收入和其他业务收入的同时，也必然会发生各种耗费，如主营业务成本、其他业务成本、管理费用、销售费用和财务费用等。当收入大于各种耗费时，表现为利润；反之，则为亏损。因此，收入、费用和利润是体现企业经营成果的会计要素，在会计上也应设置相应的账户进行核算。其中，利润在未分配前是所有者权益的组成部分，其账户记录的方法与所有者权益类账户基本相同，即贷方登记利润的增加，借方登记利润的减少，平时余额在贷方；收入是所有者权益的增加因素，其账户记录的方法与所有者权益类账户基本相同，即贷方登记收入的增加，借方登记收入的减少或转销，平时余额在贷方；费用是所有者权益的减少因素，其账户记录的方法与所有者权益类账户相反，即借方登记费用的增加，贷方登记费用的减少或转销，平时余额在借方。收入和费用类账户在期末结账时，应将这两类账户的余额结转至"本年利润"账户的贷或借方，在结账后，这两类账户没有余额。收入、费用和利润类账户的基本结构如图 2-7 所示。

借方 收入类账户 贷方		借方 费用类账户 贷方		借方 利润类账户 贷方	
减少（-）	增加（+）	增加（+）	减少（-）	减少（-）	增加（+）
	余额	余额			余额

图 2-7 收入、费用、利润类账户结构

四、明细分类账户及其设置

会计账户按其提供信息内容的详略程度，可分为总分类账户和明细分类账户。

总分类账户简称总账，它是根据一级会计科目设置，并提供各有关会计要素增减变动及其结果的总括指标的账户。这些指标对于企业经营管理、满足国家宏观调控的需要具有重要作用。由于仅仅靠总分类账户所提供的总括指标，还不能满足企业加强经营管理的需要，所以还需要设置明细分类账户。明细分类账户简称明细账，它是根据明细会计科目设置，提供会计要素增减变动的详细具体指标的账户。例如，"原材料"总分类账户，它仅能提供库存原材料的收、发、结存总额，而不能具体反映材料的类别、品名、规格等详细资料，这就需要在"原材料"总分类账户下，按企业所需的各项内容（例如方钢、元钢、角钢等），分别设置明细分类账，进行详细的记录和核算，以满足企业经营管理的需要。

一般来说，企业的重要财产物资和债权、债务等，都应该设置明细分类账户，进行明细核算。

总分类账户和明细分类账户是既有联系又有区别的两类账户。它们的联系表现在：总分类账户对明细分类账户起着控制、统驭的作用，而明细分类账户对总分类账户则起着辅助补充的作用，两者提供的指标相辅相成，共同满足企业内部和外部对会计信息的需求。它们之间的区别主要表现在：①设置的依据不同：总分类账户，根据一级会计科目设置；明细分类账户，根据明细会计科目设置；②完成的任务不同：总分类账户提供总括指标，明细分类账户提供详细具体指标；③运用的计量尺度不同：总分类账户以货币作为计量尺度，明细分类账户以货币和其他实物作为计量尺度；④设计的格式不同：总分账户采用借、贷、余三栏式的账户格式；明细分类账户根据管理的不同需要分别采用三栏式、数量金额式和专栏式等账户格式。

除总分类账户和明细分类账户外，为了管理上的需要也可增设二级账户。二级账户是根据二级会计科目设置，它是介于总分类账户和明细分类账户之间的一种账户。它所提供的指标比总分类账户更为详细，比明细分类账户较为概括。例如，在"材料"总分类账户下，可设置"原材料"和"辅助材料"等二级账户。在二级账户下面，再按原材料的具体类别，设置甲、乙、丙明细分类账户。这样，由总分类账户控制二级账户，再由二级账户来控制明细账户，逐级控制、相互核对，使各级账户所提供的资料更加详细具体。

第三节　复式记账

设置账户解决了会计要素具体类别的归类问题。但是，当经济业务发生时，怎样在有关账户中记录其变化，以便完整、准确地提供会计信息，这就必须由记账方法来解决。所谓记账方法是指对经济业务所产生的数据，如何将其记录在账户中的方法。记账方法按其同一记录所涉及的账户数量，可以分为单式记账法和复式记账法两大类。

一、单式记账法

单式记账法是指对经济业务引起的变化，只在一个账户中进行记录的一种方法。它是一种比较简单的、不完整的记账方法。在单式记账法下，账户的设置是不完整的，一般只对货币资金的收付、债权债务的结算，在有关账户中进行登记，并且只在一个账户中进行单方面的记录，账户之间的记录没有联系，也没有相互平衡关系。例如，以现金 500 元支付某项费用。这笔经济业务，只记录现金减少 500 元，至于费用发生的情况，则不进行记录。这种方法，虽然手续简单，但是不能全面、系统地反映经济业务以及账户之间的相互关系。

二、复式记账法

复式记账法是对经济业务引起的变化，按相等的金额在两个或两个以上的账户中，全面地、相互联系地进行记录的一种方法。复式记账法与单式记账法相比，它具有下面三大优点：①在复式记账法下，对所有的会计要素都要设置账户，以全面反映会计对象。②对发生的每笔经济业务，都要在其所涉及的相互关联的两个或两个以上的账户中进行登记，全面反映会计要素的变动。③在每笔经济业务所涉及的具有相互联系的两个或两个以上账户中，所登记的金额相等，根据各类账户之间的平衡关系，可以检查账户记录的正确性。在上述单式记账法中，用现金 500 元支付某项费用这笔经济业务，既要在"库存现金"账户中记录现金减少，又要在"费用"账户中记录费用增加，以表明现金的去向，并且现金减少的金额和费用增加的金额相等。

复式记账法可以根据不同的构成要素进一步细分为借贷记账法、增减记账法和收付记账法。借贷记账法是最常用的复式记账法，它是目前国际上通用的记账方法，也是我国《企业会计准则》规定的记账方法。

借贷记账法是以会计等式为依据，以"借""贷"为记账符号，采用"有借必有贷、借贷必相等"的记账规则，在两个或两个以上的账户中用相等的金额，全面地、相互联系地记录经济业务的一种方法。借贷记账法的基本原理，包括理论依据、记账符号、账户的分类和结构、记账规则和试算平衡公式五个方面的内容。现分述如下：

（一）理论依据

借贷记账法是以"资产＝负债+所有者权益"这一会计等式作为理论基础的一种记账方法。如前所述，企业要进行生产经营活动，首先必须拥有一定数量的资产，这些资产的来源有两个渠道，其一由债权人提供，其二由所有者提供，前者称为负债，后者称为所有者权益，两者之和必然等于资产总额。企业会计要素的变动必然导致会计等式左右双方或任何一方的变动。但是，不论怎样变动都不会影响等式的平衡关系。因此，当每一笔经济业务引起会计要素的变动时，均应根据会计等式来进行账务处理，并检查账户记录的正确性。

（二）记账符号

记账符号是经济业务记录入账的方向标志。在借贷记账法下，以"借"和"贷"作为记账符号。

"借""贷"两字，最初是有其特殊含义的。早在 13 世纪，意大利经营钱庄的业主在办理借贷业务时，他们把吸收存款称为"贷"，记在贷主的名下，表示是一笔债务；他们把贷出的款项称为"借"，记在借主名下，表示一笔债权。归还时，记入各自相反的方向。随着商品经济的发展，经济活动日益复杂，记账对象除债权、债务外，还涉及现金、商品以及销售盈亏的计算等，因此在会计账户中需要用两个固定的字来标明记账的方向，以记录会计对象的变化。由于债权、债务使用"借""贷"两字记录，因此人们仍沿用"借""贷"两字来标明账户左右两个方向。显然，"借""贷"两字已由单纯地表示债权、债务关系演变成了专门的记账符号。由于借贷记账法在国际上的广泛流行，借（Debit 简写为 Dr.）和贷（Credit 简写为 Cr.）两字已成为通用的国际商业语言。

"借""贷"这对符号具有双重含义，它既不完全表示增加，也不完全表示减少。在账户的发生额中，借方既表示资产的增加又表示负债和所有者权益的减少；贷方既表示资产的减少又表示负债和所有者权益的增加。在账户的余额中，借方表示资产类账户，贷方表示负债和所有者权益类账户。因此，在识别借贷符号时，必须根据账户的性质来判明它们所记录的内容。

在借贷记账法下，"借""贷"符号所记录的内容，如图 2-3、图 2-7 所示。

（三）账户的分类和结构

在借贷记账法下，会计账户的分类与会计要素的分类基本一致，即分为资产、负债、所有者权益、收入、费用和利润六类基本账户。各类账户由于性质不同，借、贷符号所记录的内容也有区别。资产、费用类账户，借方记录增加，贷方记录减少，余额在借方；负债、所有者权益、收入类账户恰恰相反，贷方记录增加，借方记录减少，余额在贷方。各类账户的基本结构如图 2-8 所示。

借方	贷方
1. 资产增加	1. 资产减少
2. 负债减少	2. 负债增加
3. 所有者权益减少	3. 所有者权益增加
4. 收入减少或结转	4. 收入增加
5. 费用增加	5. 费用减少或结转
6. 利润减少	6. 利润增加
余额：资产（费用）	余额：负债、所有者权益（收入）、利润

图 2-8　各类账户的基本结构

（四）记账规则

在借贷记账法下，对每笔经济业务的处理，借贷双方都必须以相等的金额在两个或两个以上的账户中进行记录，即在一个账户（或一个以上）中记入借方，同时必须在另一个账户（或一个以上）中记入贷方，双方金额相等。"有借必有贷、借贷必相等"，这就是借贷记账法的记账规则。

任何企业在经营活动中，都必然会发生大量的经济业务。这些经济业务，无论怎么变化，都应符合"资产＝负债＋所有者权益"这一会计等式的要求。但是，其变化结果，对资产、负债和所有者权益等会计要素的影响，可以概括为以下几种类型：

1. 会计等式两边的有关项目同时增加一个等量

这类经济业务的具体形式有：资产和负债同时增加、资产和所有者权益同时增加。例如，购进材料、货款未付，收到投资者投入的货币资金等。这种类型的经济业务，一方面使会计等式的左边资产要素发生了增加的变化，另一方面使会计等式的右边负债或所有者权益要素发生了等量增加的变化。资产的增加，应记入资产类账户的借方；负债和所有者权益的增加，应记入负债或所有者权益类账户的贷方。

2. 会计等式两边的有关项目同时减少一个等量

这类经济业务的具体形式有：资产和负债同时减少、资产和所有者权益同时减少。例如，以银行存款偿还各种借款、投资者撤走资本等。这种类型的经济业务导致经济资源流出会计主体，一方面使会计等式的左边资产要素发生了减少的变化，另一方面使会计等式的右边负债或所有者权益要素发生了等量减少的变化。资产的减少，应记入资产类账户的贷方；负债和所有者权益的减少，应记入负债或所有者权益类账户的借方。

3. 会计等式左边的有关项目发生此增彼减的变化

这类经济业务的具体形式有：资产要素内部有关项目一增一减的变化。例如，从银行提取现金、以银行存款购进材料等。这种类型的经济业务，一方面使资产要素的某一项目发生了增加的变化，另一方面使资产要素的另一项目发生了等量减少的变化。资产的增加应记入资产类账户的借方，资产的减少应记入资产类账户的贷方。

4. 会计等式右边的有关项目发生此增彼减的变化

这种类型的经济业务有：负债要素内部各项目一增一减的变化、所有者权益要素内部有关项目一增一减的变化、负债要素和所有者权益要素之间一增一减（或一减一增）的变化。例如，从银行取得借款直接偿还应付账款、将资本公积金转增资本、董事会宣告向股东或所有者分配现金股利或利润、可转换债券到期转为股票等。这种类型的经济业务，一方面使负债或所有者权益要素的某一项目发生增加的变化，另一方面使负债或所有者权益要素的另一项目发生等量减少的变化；或者负债要素增加，所有者权益要素等量减少；负债要素减少，所有者权益要素等量增加。负债或所有者权益的减少，应记入负债或所有者权益类账户的借方；负债或所有者权益的增加，应记入负债或所有者权益类账户的贷方。

这四种类型的变化如图 2-9 所示。

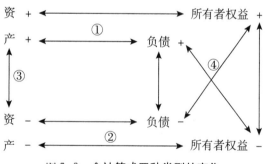

图 2-9　会计等式四种类型的变化

从上述四种类型可以看出：①1、2 两种类型的经济业务，涉及等式两边有关要素同时发生增加或减少的变化，等式两边的值仍然相等。②3、4 两种类型的经济业务只涉及等式左边或等式右边的项目，引起同一会计要素内部项目的相互转化，或负债和所有者这两个要素之间此增彼减的变化。

以上四种类型的经济业务所引起的会计要素的变动及其在账户中所做的记录如表 2-3 所示。

表 2-3　会计要素的变动及其在账户中所做的记录

经济业务类型	涉及的会计要素及应登记的账户类别、方向					
	账户类别	方向	金额	账户类别	方向	金额
①	资产类账户	借方	A	负债或所有者权益类账户	贷方	A
②	负债或所有者权益类账户	借方	B	资产类账户	贷方	B
③	资产类账户	借方	C	资产类账户	贷方	C
④	负债或所有者权益类账户	借方	D	负债或所有者权益类账户	贷方	D
合计	借方发生额=A+B+C+D			贷方发生额=A+B+C+D		

通过表 2-3，我们可以看出：

（1）任何一项经济业务，都必须在两个或两个以上的账户中同时做两种记录：一是在一个（或一个以上）账户的借方做记录，二是在另一个（或一个以上）账户的贷方做记录。

（2）任何一项经济业务，记入借方账户的金额和记入贷方账户的金额总是相等的。

由此可见，经济业务的变化是有规律的，记录这种变化的借贷记账法也有其规律。"有借必有贷，借贷必相等"，既如实地反映了经济业务的变化，又符合"资产=负债+所有者权益"的要求。

（五）试算平衡

试算平衡就是根据复式记账的基本原理，检查和验证账户记录是否正确。按照借贷记账法的基本原理，在有关账户中进行记录的结果必然会出现下面两组平衡公式：

1. 发生额平衡公式

在借贷记账法下，由于每笔经济业务的记录都应遵循"有借必有贷，借贷必相等"的记账规则，所以，它不仅会使借贷双方金额相等、相互平衡，而且把一定时期的全部经济业务记入有关账户后，仍然保持相等。如表 2-3 的记录结果，就是这种规则的一个具体反映。

由此，我们可以得出借贷记账法的发生额试算平衡公式：

$$\sum 账户借方发生额 = \sum 账户贷方发生额$$

2. 余额平衡公式

各种类型的经济业务，按照借贷记账法下的各类账户模式进行记录后，其期末余额必然是：资产类账户的余额在借方，表示会计主体在特定时点上所拥有的经济资源；负债类账户和所有者权益类账户的余额在贷方，表示会计主体在特定时点上经济资源的来源。收入和费用类账户的本期发生额，期末应结转入"本年利润"账户，并在结转后，这两类账户没有余额。"本年利润"账户的期末余额在贷方，它是所有者权益的组成部分。这样，根据会计等式"资产＝负债+所有者权益"的基本原理，账户的借方余额之和必然等于账户的贷方余额之和，即：

$$\sum 账户借方余额 = \sum 账户贷方余额$$

在一定时期，按照以上两组平衡公式，用全部账户的发生额与余额编制试算平衡表，可以检查记账过程中是否产生差错，有利于及时更正，确保账务记录的正确性。

三、会计分录

运用借贷记账法处理企业发生的经济业务，一般都是通过编制会计分录来进行的。

会计分录是指按照复式记账法的要求，对每笔经济业务集中、简明、完整地指明应借、应贷账户的名称、方向和金额的一种记录。它是借贷记账法五个基本内容的高度概括，又称为记账公式。对初学者来说，一般可按以下几个步骤进行会计分录的编制：

（1）分析经济业务的内容，确定哪些会计要素发生了变化；

（2）根据已变化的会计要素，确定应使用的账户名称；

（3）根据账户经济内容的变化，确定记账符号；

（4）按照一笔业务一个分录、借上贷下各写一行、借靠边线、贷退二字、金额相等、彼此错开的书写要求，写出会计分录；

（5）按照记账规则检查借贷双方账户及其金额是否正确。

现在我们举例说明会计分录的编制。

某企业本期发生的交易事项如下：

例4 收到投资人投入的货币资金 50 000 元。

这笔业务引起资产和所有者权益两个会计要素发生变化，其中资产增加了50 000 元，记入"银行存款"账户的借方，所有者权益也增加了 50 000 元，记入"实收资本"账户的贷方。编制会计分录如下：

借：银行存款   50 000

 贷：实收资本   50 000

例5 从银行取得短期借款 100 000 元，已存入银行。

这笔业务引起资产和负债两个会计要素发生变化，其中资产增加了 100 000 元，记入"银行存款"账户的借方，负债也增加了 100 000 元，记入"短期借款"账户的贷方。编制会计分录如下：

借：银行存款   100 000

 贷：短期借款   100 000

例 6　从银行提现金 2 000 元备用。

这笔业务引起资产要素内部有关项目此增彼减的变化，其中一个资产项目增加了 2 000 元，记入"库存现金"账户的借方，另一个资产项目减少了 2 000 元，记入"银行存款"账户的贷方。编制会计分录如下：

借：库存现金　　　　　　　　　　　　　　　　　　　　　2 000
　　贷：银行存款　　　　　　　　　　　　　　　　　　　　　　2 000

例 7　购进材料一批，价值 60 000 元，以银行存款 30 000 元支付部分货款，余款暂欠。

这笔业务既涉及资产和负债两个会计要素发生的变化，又涉及资产要素内部此增彼减的变化。其中资产增加了 60 000 元，记入"原材料"账户的借方；负债增加了 30 000 元，记入"应付账款"账户的贷方；以存款支付部分货款，则表示资产减少了 30 000 元，记入"银行存款"账户的贷方。编制会计分录如下：

借：原材料　　　　　　　　　　　　　　　　　　　　　　60 000
　　贷：应付账款　　　　　　　　　　　　　　　　　　　　　30 000
　　　　银行存款　　　　　　　　　　　　　　　　　　　　　30 000

例 8　收到 M 公司上月所欠货款 41 500 元，其中银行存款 41 000 元，现金 500 元。

这笔业务引起资产要素内部有关项目此增彼减的变化，其中资产增加了 41 500 元，分别记入"银行存款"和"库存现金"账户的借方，资产减少了 41 500 元，记入"应收账款"账户的贷方。编制会计分录如下：

借：银行存款　　　　　　　　　　　　　　　　　　　　　41 000
　　　库存现金　　　　　　　　　　　　　　　　　　　　　　　500
　　贷：应收账款　　　　　　　　　　　　　　　　　　　　　41 500

由以上五笔会计分录，我们可以看出，每笔经济业务的记录都要涉及借方与贷方的有关账户。或者是几个账户的借方与另一个账户的贷方相互对应，或者是一个（或几个）账户的借方与几个账户（或一个）的贷方相互对应。账户之间的这种应借、应贷的相互关系，称为账户的对应关系。在同一会计分录中，具有这种内在联系的账户叫做对应账户。通过账户的对应关系，可以明确地判断经济业务的来龙去脉和起因结果，有利于了解经济业务活动的全貌及其合法性。

上述例（4）～（6）笔业务，只涉及两个会计账户，我们把这种由两个账户（即一个借方账户和一个贷方账户）组成的会计分录，称为简单分录；例（7）、例（8）笔会计分录涉及三个账户，我们把这种由三个或三个以上的账户组成的会计分录，称为复合会计分录。复合会计分录可以由一个借方账户和若干个贷方账户（即一借多贷）组成，也可由若干个借方账户和一个贷方账户（即多借一贷）组成。有时，一笔经济业务会涉及众多账户，出现若干个借方账户和若干个贷方账户（即多借多贷）的情况，这种复合分录由于不能清晰地反映账户之间的对应关系，所以在实际工作中应尽量避免使用。

在我国，除借贷记账法外，会计核算上采用和推广的记账方法，主要有增减记账法、财产收付记账法和现金收付记账法三种复式记账法。1992 年 11 月颁布的《企业会计准则》明确规定了会计记账采用借贷记账法，从而结束了我国企业多种复式记账法并存的局面，并与世界各国的记账方法统一起来了。

第四节　会计循环

会计循环是指会计主体在每一个会计期间内，从分析经济业务到编制财务报表所必须经过的全部过程。根据会计假设，会计分期把企业持续不断的经营活动，划分为起讫时间相等的会计期间（月、季、年度），这就规范了会计工作的时间范围。在每一个会计期间内，会计工作都要按照一定的程序和步骤依次重复地进行。因此，我们把每一个会计期间内依次继起的会计工作的程序和步骤，称为会计循环。

一、会计循环的意义

对一个新建企业来说，会计循环从开设分类账户开始，随着经营活动的进行，各账户的余额就从一个会计期间结转至下一个会计期间。会计循环通常分为会计期间内日常的工作和会计期末编制财务报表的工作。会计期末的工作为下一个会计期间会计循环的开始做好准备。

正确确定会计工作的程序和步骤，对会计工作有着重要的意义。企业每天都要发生大量的经济业务，每笔经济业务都要编制会计凭证、登记账簿，其记账工作量不仅巨大，而且复杂。因此，必须从纷繁复杂的账务处理中找出规律性，制定会计工作的程序和步骤，从而保证会计工作有条不紊地进行，以期达到既能简化会计工作量，又能确保会计信息质量的目的。

二、会计循环的一般程序、步骤

任何一个企业，其每一个会计期间的会计工作，一般都可以分为以下几个步骤：

（1）分析经济业务，编制会计分录；

（2）根据会计分录，登记会计账簿；

（3）检查账簿记录的正确性——试算平衡；

（4）期末账项调整和结转；

（5）结算资产、负债和所有者权益类账户和结清损益类账户；

51

（6）编制财务报表。

下面我们具体介绍会计循环的各个步骤。

（一）分析经济业务，编制会计分录

会计人员对企业日常经营活动发生的经济业务，应在取得发票、收据等各类原始凭证，并按照有关规定对原始凭证进行分析、审查、确定无误后，填制记账凭证。

在我国会计实务中，分析经济业务、编制会计分录这一步骤，通常是在按照借贷记账法的基本要求，确定应借、应贷账户的方向、金额后，通过填制记账凭证来完成的。

在西方会计实务中，普遍采用日记账的形式来完成这一步骤。这种日记账是一种序时账，又称"会计分录簿"，简称"分录簿"。它是序时地记录会计主体全部经济业务的一种账簿。会计人员在根据审核无误的原始凭证的基础上，确定应编制的会计分录，并将其登记在分录簿上，然后再转记到分类账中去。有关会计凭证的问题，将在本书第五章中进行讲述。这里，我们仅介绍如何通过分录簿来登记会计分录。

分录簿最常见的格式为两栏式，分为借方金额栏和贷方金额栏，其基本格式参见表2-17所示。分录簿的主要内容包括：①交易发生的日期。②摘要栏，即经济业务的简要说明。③账户名称和借、贷方金额栏。在分析经济业务时，先确定应借、应贷账户的名称、方向和金额，然后按照会计分录的书写要求分别记入各栏。④过账栏。由于西方会计实务是根据日记账的记录过入有关分类账，因此在会计分录过入分类账后，应填写过入账户在账簿中的页码，以便于日后核对和避免过账时发生重记和漏记。在分录簿每一账页登记完毕结转下页时，应当结出本页合计数，写在本页最后一行和下页第一行有关栏内，并在摘要栏内注明"过次页"和"承前页"字样。

（二）根据会计分录，登记会计账簿

在交易记入日记账后，会计循环的下一个步骤就是把每笔分录的借方和贷方转录到相应的总分类账户。这种将会计分录转录到分类账户中去的过程称为过账。过账应根据会计分录所确定的应借、应贷账户的名称、方向和金额过入有关分类账户，以归类反映会计要素的增减变动情况。

应当注意的是，分类账包括总账和明细账。当一笔经济业务既涉及总账，又涉及所属的明细账时，应按平行登记的要求，分别登记总账和所属的明细账。

平行登记的要点如下：

（1）总账和其所属明细账登记的依据相同。由于总账和其所属明细账记录的经济业务的内容相同，仅仅是提供指标的详略程度不同，所以登账时所依据的是同一会计分录，对于需要提供其详细指标的每一项经济业务，均应根据会计分录，一方面记入有关的总分类账户，另一方面记入同期总账所属的明细分类账户。这里所指的"同期"是指同一会计期间，而并非同时。明细账一般根据记账凭证及所附的原始凭证于平时登记，而总分类账户则因会计核算程序的不同，可能在平时登记，也可能定期登记，但登记总分类账和明细分类账必须在同一会计期间内完成。

（2）记账方向一致。在同一会计分录中，过入总账的方向与所属明细账的方向必须一致。即总账过入借方，其所属的明细账也过入借方；总账过入贷方，其所属的明细账也过入贷方。

（3）金额相等。同一会计分录过入总账的金额与过入明细账的金额应当相等。如果同时涉及几个明细账，则记入总账的金额与记入所属的几个明细账的金额之和应当相等。

因此，按照平行登记的要求所记录的结果，总账和其所属明细账之间必然会有可以相互核对的对应相等关系。其公式表示如下：

$$\text{总分类账户期初（期末）余额} = \text{所属明细分类账户的期初（期末）余额之和}$$

$$\text{总分类账户本期借（贷）方发生额} = \text{所属明细分类账户本期借（贷）方发生额之和}$$

下面，我们以"原材料"账户为例，来说明总分类账户与明细分类账户平行登记的方法。

例 9 某企业总分类账户中"材料"账户 2018 年 3 月 1 日的余额为 58 000 元，是由下列各种材料组成的：

名　称	数　量	单　价	金　额
A 材料	40 吨	200 元	8 000 元
B 材料	2 000 千克	20 元	40 000 元
C 材料	1 000 件	10 元	10 000 元

2018 年 3 月有关材料收发业务如下：

（1）3 月 3 日以银行存款 24 000 元购进材料一批，材料已验收入库，其具体内容包括：

名　称	数　量	单　价	金　额
B 材料	1 000 千克	20 元	20 000 元
C 材料	400 件	10 元	4 000 元
合计			24 000 元

（2）3月11日生产车间领用下列材料：

名　称	数　量	单　价	金　额
A 材料	20 吨	200 元	4 000 元
B 材料	1 500 千克	20 元	30 000 元
C 材料	1 200 件	10 元	12 000 元
合计			46 000 元

（3）3月14日从甲公司购进A材料30吨，单价200元，总计6 000元。材料已验收入库，货款暂欠。

（4）3月20日以银行存款购进材料一批，材料已验收入库。其具体内容如下：

名　称	数　量	单　价	金　额
B 材料	500 千克	20 元	10 000 元
C 材料	800 件	10 元	8 000 元
合计			18 000 元

（5）3月25日生产车间领用下列材料：

名　称	数　量	单　价	金　额
A 材料	40 吨	200 元	8 000 元
B 材料	1 000 千克	20 元	20 000 元
C 材料	100 件	10 元	1 000 元
合计			29 000 元

根据以上资料，其相关的账务处理如下：

1. 开设账户，登记期初余额

根据期初余额资料，开设"原材料"总分类账户及其所属"A材料""B材料""C材料"三个明细分类账户。在"原材料"总分类账户的借方登记期初余额58 000元，同时在"A材料""B材料""C材料"明细分类账户的借方分别按数量、单价和金额登记期初余额。

2. 分析经济业务，编制会计分录

本期各项经济业务应编制的会计分录如下：

（1）借：原材料——B 材料　　　　　　　　　　　　　　20 000
　　　　　　　——C 材料　　　　　　　　　　　　　　 4 000
　　　贷：银行存款　　　　　　　　　　　　　　　　　24 000
（2）借：生产成本　　　　　　　　　　　　　　　　　　46 000
　　　贷：原材料——A 材料　　　　　　　　　　　　　 4 000
　　　　　　　——B 材料　　　　　　　　　　　　　　30 000
　　　　　　　——C 材料　　　　　　　　　　　　　　12 000

（3）借：原材料——A 材料　　　　　　　　　　　　　　　6 000

　　　贷：应付账款——甲公司　　　　　　　　　　　　　　　　　6 000

（4）借：原材料——B 材料　　　　　　　　　　　　　　　10 000

　　　　　——C 材料　　　　　　　　　　　　　　　　 8 000

　　　贷：银行存款　　　　　　　　　　　　　　　　　　　　　18 000

（5）借：生产成本　　　　　　　　　　　　　　　　　　29 000

　　　贷：原材料——A 材料　　　　　　　　　　　　　　　　 8 000

　　　　　——B 材料　　　　　　　　　　　　　　　　20 000

　　　　　——C 材料　　　　　　　　　　　　　　　　 1 000

3. 根据会计分录，登记分类账

根据以上会计分录，按照平行登记的要求，登记"原材料"总分类账户和"A 材料""B 材料""C 材料"明细分类账户。（本例中只登记"原材料"明细分类账户）

4. 根据"材料"总分类账户和所属明细分类账户的记录，分别计算出它们的本期发生额和期末余额

"原材料"总分类账户及其所属明细分类账户的登记方法如图 2-10、表2-4、表2-5、表 2-6 所示。"原材料"总账和所属明细账之间，期初（末）借方与贷方的余额合计和本期借方与贷方的发生额合计必然相等。

原材料

期初余额：	58 000		
	（1）24 000	（2）46 000	
	（3）6 000	（5）29 000	
	（4）18 000		
本期发生额：	48 000	本期发生额：	75 000
期末余额：	31 000		

图 2-10　原材料账户

表 2-4　原材料明细分类账

明细账户：A 材料　　　　　　　　　　　　　　　　　　　　　　　金额：元

数量：吨

日期	凭证号	摘要	数量	收入单价	金额	数量	发出单价	金额	数量	结存单价	金额
2018年3/1		期初余额							40	200	8 000
3/11		领用				20	200	4 000	20	200	4 000
3/14		入库	30	200	6 000				50	200	10 000
3/25		领用				40	200	8 000	10	200	2 000
3/31		本期发生额及余额	30		6 000	60		12 000	10	200	2 000

表 2-5　原材料明细账户

明细账户：B 材料

数量：千克

金额：元

日期	凭证号	摘要	数量	收入单价	金额	数量	发出单价	金额	数量	结存单价	金额
2018年 3/1		期初余额							2 000	20	40 000
3/3		入库	1 000	20	20 000				3 000	20	60 000
3/11		领用				1 500	20	30 000	1 500	20	30 000
3/20		入库	500	20	10 000				2 000	20	40 000
3/25		领用				1 000	20	20 000	1 000	20	20 000
3/31		本期发生额及余额	1 500		30 000	2 500		50 000	1 000	20	20 000

表 2-6　原材料明细账户

明细账户：C 材料

数量：件

金额：元

日期	凭证号	摘要	数量	收入单价	金额	数量	发出单价	金额	数量	结存单价	金额
2018年 3/1		期初余额							1 000	10	10 000
3/3		入库	400	10	4 000				1 400	10	14 000
3/11		领用				1 200	10	12 000	200	10	2 000
3/20		入库	800	10	8 000				1 000	10	10 000
3/25		领用				100	10	1 000	900	10	9 000
3/31		本期发生额及余额	1 200		12 000	1 300		13 000	900	10	9 000

（三）进行试算平衡

试算平衡是根据复式记账的基本原理和总账与明细账的相互关系，检查账户记录是否有误的一项验算工作。因此，根据会计分录在相关账户中进行记录后，为了检查账户记录是否正确，就应进行试算平衡。

试算平衡工作可以通过编制试算平衡表来完成。试算平衡表有两种：

一种是检查总分类账户是否正确的试算表。它是根据总分类账户的发生额和余额编制的，又称总分类账户本期发生额及余额对照表，简称对照表，其具体格式参见表 2-12。

对照表的顺序号和账户名称，应按会计制度规定的顺序排列；各账户的期初余额、本期发生额和期末余额，应依据有关总分类账户资料直接填列，最后加计各栏合计数。由于每笔经济业务都按"有借必有贷,借贷必相等"的规则记账,因此期初(末)栏借方余额合计与贷方余额合计必然相等;本期发生额栏借方发生额合计与贷方发生额合计必然相等,并保持平衡关系。

另一种是检查明细分类账户是否正确的试算表,又称明细分类账户发生额明细表,简称明细表。它是根据明细分类账户的资料直接填列的,其各栏的合计数应与总账的记录一致。

根据上例"原材料"账户及其所属明细账的记录,编制"原材料本期发生额明细表",如表 2-7 所示。

表 2-7 原材料本期发生额明细表

单位:元

明细账户名称	期初余额		本期发生额		期末余额	
	借方	贷方	借方	贷方	借方	贷方
A 材料	8 000		6 000	12 000	2 000	
B 材料	40 000		30 000	50 000	20 000	
C 材料	10 000		12 000	13 000	9 000	
合计	58 000		48 000	75 000	31 000	

在会计循环中,为了保证总账记录的正确性,一般应进行两次试算平衡:①对日常账务处理进行试算平衡,即调整前的试算平衡;②在账项调整和账项结转后,再进行一次试算平衡。在会计实务中,也可采用工作底稿的办法进行上述试算平衡。

(四)期末账项调整和结转

净利润或净亏损是反映企业经营活动成果的重要财务信息,它是某一会计期间的收入减去费用后的差额。在会计核算中,对会计期间内收入和费用的确认,通常有两种处理原则:一种是收付实现制;另一种是权责发生制。

收付实现制又称现收现付制。它是以现金实际收到或付出作为标准,来记录收入的实现或费用的发生。由于它是按收付日期来确定收入、费用的归属期,因此凡属本期已经收到的收入,都应作为本期收入;凡属本期支付的费用,都应作为本期费用。由于这些实收实付的收入和费用都已登记入账,所以期末根据账簿记录就可以确定本期的收入和费用,而且期末不需要再进行账项调整。这种方法,虽然账务处理简单,但是它不符合配比原则的要求,不能正确反映当期损益。

权责发生制又称应收应付制,它是以应收应付作为标准来计算确认本期的收入和费用。在权责发生制下,凡应属本期的收入、费用,不论是否实际收到或付出,均应作为本期的收入、费用处理;凡不属于本期的收入、费用,即使本期已经实际收到或付出,均不应作为本期的收入、费用处理。这种方法,虽然能正确计算本期损益,但账务处理比较复杂,期末还必须以应收应付为标准,对收入、费用进行分析。有些收入、费用,虽然本期已经收到或付出,但是不应计入本期损益;而有些收入、费用，虽然本期并未收到或付出，但是应当计入本期损益；只有对这些收入、费用进行适当的账项调整，才能正确计算本期损益。

以权责发生制为原则，对账簿记录中的有关收入、费用等账项进行必要的调整，主要包括预收收入和应收收入的调整，预付费用和无形资产的调整，应计费用（如预提费用、固定资产折旧和应计税费等项目）的调整。通过账项调整这一步骤后，应属本期的收入和费用，都已记入了损益类账户，这就为确定本期损益创造了条件。

在期末账项调整工作结束后，在有关成本费用账户中，归集了进行产品生产所发生的各项费用，其中直接费用记入了"生产成本"账户，间接费用记入了"制造费用"账户。归集在"制造费用"上的各项间接费用，应选择适当的标准，分配结转入有关产品成本，计算出完工产品的生产成本，进而确定本期已销售产品的成本。

由此可见，成本结转是期末账项调整的一项后续工作，其目的就是要将本期的收入与费用成本相配比，以正确确定本期的损益。

以上账项调整、结转的分录也应过入有关账户，并进行试算平衡，以确定在这一过程中是否存在差错。

关于期末账项调整和结转的业务，详见本书第三、四章的相关内容。

（五）编制财务报表

通过以上几个步骤，与本期有关的会计事项已经全部登记入账。根据有关账户的本期发生额、期末余额等资料，就可以编制财务报表。

期末应编制的财务报表有：资产负债表、利润表、现金流量表和所有者权益变动表。

利润表是反映企业某一会计期间经营成果的报表，它是依据会计等式"收入-费用＝利润"的基本原理设计的。利润表的基本格式参见表2-12。它将收入要素的各项目集中排列在报表的上方，将费用要素的各个项目集中排列在报表的下方，两者的差额就是利润。利润表根据损益类账户的本期发生额资料填列。

资产负债表是反映企业在特定日期财务状况的财务报表。它是依据会计等式"资产＝负债+所有者权益"的基本原理设计的，其基本格式参见表2-14。左边排列资产要素各个项目，右边排列负债要素和所有者权益要素的各个项目，资产总额必须与负债和所有者权益总额相等。资产负债表根据资产、负债和所有者权益类账户的期末余额填列。

现金流量表、所有者权益变动表将在第七章讲述。

在会计实务中，也可以采用编制工作底稿的办法。这种方法是：先将调整前试算表、调整分录、调整后试算表、利润表和资产负债表全部列示在工作底稿上，然后根据工作底稿的资料直接填列财务报表。这种方法可以简化账务处理程序，减少记账过程中不必要的差错。工作底稿的基本格式如表2-8所示。

表 2-8 工作底稿的基本格式

账户名称	调整前试算表		调整分录		调整后试算表		利润表		资产负债表	
	借方	贷方	借方	贷方	借方	贷方	借方	贷方	借方	贷方

（六）结算资产、负债和所有者权益账户，结清损益类账户

当一个会计期间会计循环结束时，应结算资产、负债和所有者权益类账户并结清损益类账户。

资产、负债和所有者权益类账户是期末有余额的账户，所以又称为实账户。期末，应划线结算出这些账户的本期发生额和期末余额，并将期末余额转入下一个会计期间，作为下一个会计期间的期初余额。只有这样，才能体现会计核算的连续性。

收入、费用类账户（即损益类账户）又称过渡性账户或虚账户，它们是为了计算特定会计期间的损益而设置的，期末应结清这类账户。所谓结清，是指在编制结转分录和过账后，使该账户的余额为零。结清损益类账户的具体方法是：将收入类账户的贷方记录，从借方转入"本年利润"账户的贷方；将费用类账户的借方记录，从贷方转入"本年利润"账户的借方，结转后损益类账户没有余额。

在会计期末，为结清虚账户应编制的会计分录如下：

（1）结清收入类账户

借：有关收入类账户

　　贷：本年利润

（2）结清费用类账户

借：本年利润

　　贷：有关费用类账户

这种通过编制结转分录，并过入有关账户，以结平各过渡性账户的方法，称为"账结法"。

在会计实务中，一般只在会计年度终了时，才需要将收入、费用类账户结平，而平时却让各收入类账户的余额保持不变。这样，各收入、费用类账户，就可以累计反映全年的收入和费用。另外，也可以在每个月末，直接在财务报表中对收入和费用进行结转，这种方法称为"表结法"。表结法不需要编制会计分录，也不需要在账户中进行任何记录。

三、会计循环实例

下面我们以红光商贸公司的会计资料为例，来具体说明会计循环的各个步骤。

1. 红光商贸公司 2018 年 11 月 1 日有关账户的期初余额如表 2-9 所示：

表 2-9　红光商贸公司 2018 年 11 月 1 日有关账户的期初余额

单位：元

账户名称	借方金额	账户名称	贷方金额
库存现金	5 000	短期借款	100 000
银行存款	25 000	应付账款	300 000
应收账款	250 000	实收资本	600 000
库存商品	430 000	累计折旧	10 000
固定资产	300 000		

2. 本期发生的日常交易事项如下：

（1）11 月 1 日，从银行取得短期借款 100 000 元，款项已存入银行。

（2）11 月 5 日，以银行存款 20 000 元购置打包机一台。

（3）11 月 6 日，从银行提取现金 5 000 元。

（4）11 月 7 日，经理出差借支差旅费 2 000 元，以现金付讫。

（5）11 月 10 日，出售产品一批，价值 350 000 元，收到货款 100 000 元，已存入银行，余款 Q 单位暂欠。

（6）11 月 12 日，收到 M 公司上月所欠货款 200 000 元，已存入银行。

（7）11 月 15 日，以银行存款 50 000 元偿还 N 单位欠款。

（8）11 月 20 日，按合同规定，以银行存款 40 000 元预付 Y 单位的货款。

（9）11 月 21 日，按合同规定，收到 W 单位预付的货款 20 000 元，已存入银行。

（10）11 月 22 日，以银行存款 30 000 元预付两年租金。

（11）11 月 24 日，经理报销差旅费 2 500 元，补付现金 500 元。

（12）11 月 25 日，以银行存款 100 000 元，偿还已到期的短期借款。

（13）11 月 28 日，以银行存款 10 000 元，支付广告、宣传费。

（14）11 月 29 日，以银行存款 5 000 元，支付本月水电费。

3. 期末应调整、结转的事项如下：

A. 本期应摊销的租金 1 250 元。

B. 本期应计的短期借款利息 1 000 元。

C. 本期应计提的固定资产折旧费 800 元。

D. 本期应交消费税 1 000 元。

E. 结转本期已售产品的销售成本 245 000 元。

根据以上资料，按照会计循环的步骤，其账务处理如下：

第一步，分析日常经济业务，编制会计分录。

编制上述 1~14 笔日常经济业务的会计分录，如表 2-10 所示。

表 2-10 会计分录簿 第 1 页

日期	业务号	摘要	账户名称	过账	借方金额	贷方金额
2018/11/1	（1）	取得借款	银行存款	2	100 000	
			短期借款	12		100 000
11/5	（2）	购固定资产	固定资产	10	20 000	
			银行存款	2		20 000
11/6	（3）	提现	库存现金	1	5 000	
			银行存款	2		5 000
11/7	（4）	借差旅费	其他应收款	5	2 000	
			库存现金	1		2 000
11/10	（5）	出售产品	银行存款	2	100 000	
			应收账款——Q	3	250 000	
			主营业务收入	40		350 000
11/12	（6）	收欠款	银行存款	2	200 000	
			应收账款——M	3		200 000
11/15	（7）	偿还欠款	应付账款——N	13	50 000	
			银行存款	2		50 000
11/20	（8）	预付货款	预付账款——Y	4	40 000	
			银行存款	2		40 000
11/21	（9）	预收货款	银行存款	2	20 000	
			预收账款——W	14		20 000
11/22	（10）	预付房租	长期待摊费用	7	30 000	
			银行存款	2		30 000
11/24	（11）	报差旅费	管理费用	43	2 500	
			库存现金	1		500
			其他应收款	5		2 000
11/25	（12）	偿还借款	短期借款	12	100 000	
			银行存款	2		100 000
11/28	（13）	付广告费	销售费用	42	10 000	
			银行存款	2		10 000
11/29	（14）	付水电费	管理费用	43	5 000	
			银行存款	2		5 000
		转次页			934 500	934 500

第二步，根据会计分录，登记账簿。

根据表2-10会计分录簿，过入有关总账和明细分类账（明细账的登记略），登记结果如图2-11~图2-32所示。

库存现金　　第1页

期初余额	
5 000	
(3) 5 000	(4) 2 000
	(11) 500
发生额	发生额
5 000	2 500
期末余额	
7 500	

图2-11　库存现金账户

银行存款　　第2页

期初余额	
25 000	
(1) 100 000	(2) 20 000
(5) 100 000	(3) 5 000
(6) 200 000	(7) 50 000
(9) 20 000	(8) 40 000
	(10) 30 000
	(12) 100 000
	(13) 10 000
	(14) 5 000
发生额	发生额
420 000	260 000
期末余额	
185 000	

图2-12　银行存款账户

应收账款　　第3页

期初余额	
250 000	
(5) 250 000	(6) 200 000
发生额	发生额
250 000	200 000
期末余额	
300 000	

图2-13　应收账款账户

预付账款　　第4页

(8) 40 000	
发生额	发生额
40 000	
期末余额	
40 000	

图2-14　预付账款账户

其他应收款　　第5页

(4) 2 000	(11) 2 000
发生额	发生额
2 000	2 000

图2-15　其他应收款账户

库存商品　　第6页

期初余额	
430 000	
	E. 245 000
发生额	发生额
	245 000
期末余额	
185 000	

图2-16　库存商品账户

长期待摊费用　　第7页

(10) 30 000	A. 1 250
发生额	发生额
30 000	1 250
期末余额	
28 750	

图2-17　长期待摊费用账户

固定资产　　第10页

期初余额	
300 000	
(2) 20 000	
发生额	发生额
20 000	
期末余额	
320 000	

图2-18　固定资产账户

累计折旧　　第11页

	期初余额
	10 000
	C. 800
发生额	发生额
	800
	期末余额
	10 800

图2-19　累计折旧账户

短期借款　第12页

	期初余额 100 000
（12）100 000	（1）100 000
发生额 100 000	发生额 100 000
	期末余额 100 000

图2-20　短期借款账户

应付账款　第13页

	期初余额 300 000
（7）50 000	
发生额 50 000	发生额
	期末余额 250 000

图2-21　应付账款账户

预收账款　第14页

	（9）20 000
发生额	发生额 20 000
	期末余额 20 000

图2-22　预收账款账户

应交税费　第15页

	D. 1 000
发生额	发生额 1 000
	期末余额 1 000

图2-23　应交税费账户

实收资本　第20页

	期初余额 600 000
	期末余额 600 000

图2-24　实收资本账户

主营业务收入　第31页

a. 350 000	（5）350 000
发生额 350 000	发生额 350 000

图2-25　主营业务收入账户

主营业务成本　第41页

E. 245 000	b. 245 000
发生额 245 000	发生额 245 000

图2-26　主营业务成本账户

销售费用　第42页

（13）10 000	b. 10 000
发生额 10 000	发生额 10 000

图2-27　销售费用账户

管理费用　第43页

（11）2 500	b. 9 550
（14）5 000	
A. 1 250	
C. 800	
发生额 9 550	发生额 9 550

图2-28　管理费用账户

应付利息　第18页

	B. 1 000
发生额	发生额 1 000
	期末余额 1 000

图2-29　应付利息账户

财务费用　第44页

B. 1 000	b. 1 000
发生额 1 000	发生额 1 000

图2-30　财务费用账户

63

税金及附加	第 45 页		本年利润	第 25 页
D. 1 000	b. 1 000		b. 266 550	a. 350 000
发生额	发生额		发生额	发生额
1 000	1 000		266 550	350 000
				期末余额
				83 450

图 2-31　税金及附加账户　　　图 2-32　本年利润账户

第三步，期末账项调整、结转业务。

在分析期末账项调整、结转业务时，应编制会计分录（如表 2-11 所示），并根据调整、结转分录登记有关账户（见表 2-11 中 A~E 项记录）。

第四步，结算资产、负债和所有者权益类账户，结清损益类账户。

（1）结算资产、负债和所有者权益类账户的本期发生额和期末余额的方法如图 2-11~图 2-32 所示。

（2）结清损益类账户应编制的会计分录（见表 2-11 会计分录簿中 a、b 两项记录），并根据 a、b 两笔会计分录过入有关账户（可见表 2-11 中 a、b 两项记录）。

表 2-11　期末账项调整、结转业务分录

日期	业务号	摘要	账户名称	过账	借方金额	贷方金额
		承前页			934 500	934 500
2018/11/30	A	摊销租金	管理费用	43	1 250	
			长期待摊费用	7		1 250
	B	应计利息	财务费用	44	1 000	
			应付利息	18		1 000
	C	计提折旧	管理费用	43	800	
			累计折旧	11		800
	D	应交消费税	税金及附加	45	1 000	
			应交税费	15		1 000
	E	结转成本	主营业务成本	41	245 000	
			库存商品	6		245 000
	a	结转收入	主营业务收入	40	350 000	
			本年利润	25		350 000
	b	结转费用	本年利润	25	266 550	
			主营业务成本	41		245 000
			税金及附加	45		1 000
			销售费用	42		10 000

表2-11(续)

日期	业务号	摘要	账户名称	过账	借方金额	贷方金额
			管理费用	43		9 550
			财务费用	44		1 000
		合计			1 800 100	1 800 100

第五步，试算平衡。

本例中经济业务比较简单，试算平衡工作，可在期末结账后一次进行。编制总分类账户本期发生额对照表和明细分类账户发生额明细表（略）的方法如表2-20所示。

表 2-12　总分类账户发生额对照表　　　　单位：元

账户名称	期初余额		本期发生额		期末余额	
	借方	贷方	借方	贷方	借方	贷方
库存现金	5 000		5 000	2 500	7 500	
银行存款	25 000		420 000	260 000	185 000	
应收账款	250 000		250 000	200 000	300 000	
预付账款			40 000		40 000	
其他应收款			2 000	2 000		
库存商品	430 000			245 000	185 000	
长期待摊费用			30 000	1 250	28 750	
固定资产	300 000		20 000		320 000	
累计折旧		10 000		800		10 800
短期借款		100 000	100 000	100 000		100 000
应付账款		300 000	50 000			250 000
预收账款				20 000		20 000
应交税费				1 000		1 000
应付利息				1 000		1 000
实收资本		600 000				600 000
本年利润			266 550	350 000		83 450
主营业务收入			350 000	350 000		
主营业务成本			245 000	245 000		
税金及附加			1 000	1 000		
销售费用			10 000	10 000		

表2-12（续）

账户名称	期初余额		本期发生额		期末余额	
	借方	贷方	借方	贷方	借方	贷方
管理费用			9 550	9 550		
财务费用			1 000	1 000		
合计	1 010 000	1 010 000	1 800 100	1 800 100	1 066 250	1 066 250

第六步，编制利润表和资产负债表。

根据表 2-12 的有关资料，即可编制利润表和资产负债表，详见表 2-13、表 2-14 所示。

表 2-13　红光商贸公司利润表　　　　　　　　　单位：元

2018 年 6 月

项目	金额
营业收入	350 000
减：营业成本	245 000
税金及附加	1 000
销售费用	10 000
管理费用	9 550
财务费用	1 000
利润	83 450

表 2-14　红光商贸公司资产负债表　　　　　　　　单位：元

2018 年 6 月 30 日

资产	金额	负债和所有者权益	金额
库存现金	7 500	短期借款	100 000
银行存款	185 000	应付账款	250 000
应收账款	300 000	预收账款	20 000
预付账款	40 000	应交税费	1 000
库存商品	185 000	应付利息	1 000
长期待摊费用	28 750	实收资本	600 000
固定资产	320 000	未分配利润（注）	83 450
减：累计折旧	10 800		
合计	1 055 450	合计	1 055 450

注：本期实现利润 79 700 元，尚未分配。

本章小结

　　本章阐述了会计方法体系的基本内容、设置账户和复式记账的理论和方法，以及在会计循环中如何运用这两个方法进行账务处理。本章首先介绍了会计科目与会计账户的设置。在此基础上，重点介绍了借贷复式记账法的理论依据、记账符号、账户的结构、记账规则和试算平衡五个方面的基本内容。最后以工业企业为例，对如何设置运用账户和借贷复式记账法来处理会计工作的程序和步骤，做了总括的介绍。设置运用账户和复式记账是会计核算特有的方法，也是《初级会计学》的核心内容。通过本章的学习，必须深刻地理解和掌握这两个基本的会计核算方法，从而为以后各章的学习打下坚实的基础。

思考题

　　1. 什么是会计方法体系和会计核算方法体系？它们分别由哪些方法组成？

　　2. 什么是会计科目和会计账户？如何设置会计科目和账户？它们有什么区别和联系？

　　3. 账户的基本结构是怎样的？如何在各类账户中记录有关数据？

　　4. 什么是借贷记账法？它有哪些特点？

　　5. 借贷记账法的记账规则是怎样归纳出来的？

　　6. 如何编制会计分录？会计分录中的应借、应贷账户是怎样确定的？

　　7. 什么是账户的对应关系？明确账户的对应关系有什么作用？

　　8. 什么是会计循环？会计循环的一般程序和步骤有哪些？

　　9. 总账和明细账为什么要平行登记？对平行登记有什么要求？

　　10. 如何进行试算平衡？试算平衡所依据的原理是什么？

　　11. 关于会计从业人员所肩负的责任，请你谈谈对这个问题的认识，以及该如何践行相关责任。

　　12. 你认为会计工作能够在经济活动中发挥何种作用？结合自身谈谈你的理解。

第三章
企业主要经济业务的核算

- -

课程思政：

1. 树立公平公正的交易观念。在经济活动的过程中，着重强调公平公正的交易原则。学生应建立在商业交易中坚持公平的观念，明白商业活动应该在公正公平的基础上进行。

2. 培养对财务记录的尊重意识，强调履行记录职责。学生应树立在企业主要经济业务核算过程中尊重财务记录的意识，深刻理解财务记录对企业经济活动真实性的至关重要。强调履行记录职责，不仅是对专业技能的追求，更是对企业道德操守和透明度的践行。

3. 注重诚信，保证会计人员的职业操守。引导学生认识到在经济活动中，诚信是企业发展的基石。通过诚信教育，培养学生的职业操守。

学习目标与要求：

1. 了解制造企业资金筹集、供应过程、生产过程、销售过程日常发生的典型业务及其他主要业务，掌握分析这些经济业务的基本方法，并能熟练地分析这些业务所引起的各个会计要素项目的变化，特别是费用、成本、收入等业务发生时，会计要素变化的规律；

2. 明确成本结转的意义，掌握成本结转的内容和程序，并能熟练地掌握和运用完工产品成本和产品销售成本的计算和结转的方法；

3. 掌握企业财务成果分配的基本程序及账务处理；

4. 了解期末结清收入、费用账户的意义，深刻理解利润的构成，并能熟练地掌握收入、费用结转的基本程序和方法，正确计算企业的经营成果；

5. 掌握企业资金筹集、供应过程、生产过程、销售过程及其财务成果分配等业务核算的账户设置和运用，能熟练地运用这些账户正确进行账务处理。

在第二章中，我们介绍了借贷记账法的基本原理及其在企业中的初步运用。本章我们将以制造业为例，具体介绍怎样运用借贷记账法来进行资金的筹集、供应过程、生产过程、销售过程以及财务成果分配的账务处理，怎样根据经济业务的内容来设置一套完整的账户体系，怎样对经济业务产生的数据分类进行记录，并提供会计要素增减变动的指标。

第一节　企业的主要经济业务

制造业的生产经营活动内容复杂、涉及面极广，非常具有代表性。因此，我们以制造企业为例，来介绍企业的主要经济业务。制造企业的经济活动包括资金的筹集、资金的退出等，资金顺次通过供应过程、生产过程和销售过程，由货币资金形态转化为生产储备资金形态、生产资金形态，再转化为货币资金形态。

制造企业要进行生产经营活动，必须通过一定的渠道，筹集一定数量的资金，以满足经营活动的需要。企业筹集资金，主要有两条渠道：其一由投资者提供，这部分资金可供企业长期使用，企业从经营成果中按投资比例回报给投资者；其二由债权人提供，到期企业连本带息偿还债权人。

企业拥有一定数量的资金就可以开展经营活动。制造企业的经营活动包括供应、生产、销售等过程。

供应过程是生产的准备过程，企业将筹集到的资金，一部分用于购置固定资产，如修建厂房、购置、安装设备，为生产的顺利进行创造条件；另一部分用于采购材料，为生产的顺利进行创造条件。通过这个过程，企业的生产经营资金，从货币资金形态转化为生产储备资金形态。

生产过程是制造企业的中心环节，企业利用劳动手段将原材料投入生产，发生了原材料的消耗、固定资产折旧、薪酬的支付和生产费用的开支，使储备资金、一部分货币资金转化为生产资金；产品完工后，生产资金就转化为产成品资金。这个过程一方面是物化劳动和活劳动的耗费过程，另一方面又是新产品的制造过程。通过这个过程，资金又从储备资金形态转化为生产资金、产成品资金形态。

销售过程是产品价值的实现过程。企业出售产品取得收入，并与购货单位办理货款结算，收回货币资金，同时为了产品的顺利销售还要支付各种包装、运输、广告等销售费用。通过这个过程，企业的资金又从产成品资金形态转化为货币资金形态。

企业取得的收入，一方面要用于补偿生产过程中的各种耗费，重新投入生产经营活动。企业的收入在扣除各项耗费后的余额，就是企业的经营成果，企业要按一定的顺序对其成果进行分配，或者对出现的亏损进行弥补。另一方面要按税法的规定向税务部门缴纳税金、偿还债务、向投资者分配利润，这样一部分资金就会退出企业的生产经营过程。

按上述各类业务的特点，可以将制造企业的经营活动分为资金筹集业务、采购

69

业务、生产业务、销售业务、财务成果形成和分配业务等。从本章第二节开始，我们将具体介绍怎样运用借贷记账法分析各类经济业务，进行相应的账务处理。

第二节 资金筹集业务核算

一、筹资业务概述

筹资是筹措或筹集资金活动的简称，它是指根据企业生产经营活动的需要，通过各种可利用的筹资渠道和资金市场，动用有效的筹资方式，为企业及时筹措和集中资金的一种行为。

资金是企业开展正常生产经营活动所必需的"血液"。在企业的生产经营活动中，时时刻刻都需要资金，并让资金流动；资金愈充足，流动速度愈快，企业生产经营状况也就愈好。因此，如何有效地筹措资金，为企业的生产经营活动提供充足的资金保证，是现代企业的一项重要财务活动。

企业资金的筹措渠道主要有两条：一是由债权人提供，二是由投资者投入。债权人提供的资金到期必须连本带息地予以偿还，而投资者投入的资金则可供企业长期使用。由此可见，债权人和投资者对企业的资产都有要求权。债权人对企业资产的要求权形成了企业的负债，投资者对企业资产的要求权形成了企业的所有者权益。因此，所有者权益实质上是投资者对企业净资产的要求权，净资产在数额上等于企业的资产总额减去负债后的差额。

筹资业务的核算就是对不同渠道的资金来源，设置相应的账户，提供所有者权益和负债要素增减变动的信息。

所有者权益包括实收资本、资本公积、盈余公积和未分配利润。本节我们仅介绍实收资本和资本公积。盈余公积和未分配利润将在第六节财务成果业务中进行介绍。

二、投入资本的核算

（一）注册资本、实收资本和投入资本的概念

注册资本又称法定资本，它是指企业设立时，在工商行政管理部门登记的出资者应缴纳的出资额，即经法定程序确认的资本。

实收资本是指投资者按照企业章程或合同、协议的约定，实际投入企业的资本。

投入资本是指投资者作为资本实际投入到企业的资金数额。

企业要进行经营活动，必须要有一定的本钱。《中华人民共和国民法通则》中明确规定，设立企业法人要有必要的财产。《企业法人登记管理条例》也明确规定，企业申请开业，必须具备符合国家规定并与其生产经营和服务规模相适应的资金数

额。《中华人民共和国公司法》（以下简称《公司法》）也将股东出资额达到法定资本最低限额作为公司成立的必要条件。如设立有限责任公司的法定资本最低限额为人民币 3 万元，设立股份有限公司的注册资本的最低限额为人民币 500 万元。

相关链接 3-1

修订后的《公司法》规定：公司是企业法人，有独立的法人财产，享有法人财产权。公司以其全部财产对公司的债务承担责任。有限责任公司的股东以其认缴的出资额为限对公司承担责任，股份有限公司的股东以其认购的股份为限对公司承担责任。

对不同性质公司的股东人数、出资额等方面，《公司法》规定如下：

1. 有限责任公司

有限责任公司由五十个以下股东出资设立。有限责任公司的注册资本为在公司登记机关登记的全体股东认缴的出资额。公司全体股东的首次出资额不得低于注册资本的 20%，也不得低于法定的注册资本最低限额，其余部分由股东自公司成立之日起两年内缴足；其中，投资公司可以在五年内缴足。有限责任公司注册资本的最低限额为人民币三万元。股东可以用货币出资，也可以用实物、知识产权、土地使用权等可以用货币估价并可以依法转让的非货币财产作价出资；但是，全体股东的货币出资金额不得低于有限责任公司注册资本的 30%。

《公司法》对一人有限责任公司做了特别规定。一人有限责任公司的注册资本最低限额为人民币十万元。股东应当一次足额缴纳公司章程规定的出资额。一个自然人只能投资设立一个一人有限责任公司。该一人有限责任公司不能投资设立新的一人有限责任公司。一人有限责任公司应当在每一会计年度终了时编制财务会计报告，并经会计师事务所审计。一人有限责任公司的股东不能证明公司财产独立于股东自己财产的，应当对公司债务承担连带责任。

2. 国有独资公司

国有独资公司是指国家单独出资、由国务院或者地方人民政府委托本级人民政府国有资产监督管理机构履行出资人职责的有限责任公司。国有独资公司章程由国有资产监督管理机构制订，或者由董事会制订报国有资产监督管理机构批准。国有独资公司不设股东会，由国有资产监督管理机构行使股东会职权。

3. 股份有限公司

股份有限公司注册资本的最低限额为人民币五百万元。设立股份有限公司，应当有二人以上二百人以下为发起人，其中须有半数以上的发起人在中国境内有住所。股份有限公司的设立，可以采取发起设立或者募集设立的方式。发起设立，是指由发起人认购公司应发行的全部股份而设立公司。募集设立，是指由发起人认购公司应发行股份的一部分，其余股份向社会公开募集或者向特定对象募集而设立公司。

公司采取发起设立方式设立的，注册资本为在公司登记机关登记的全体发起人认购的股本总额。公司全体发起人的首次出资额不得低于注册资本的20%，其余部分由发起人自公司成立之日起两年内缴足；其中，投资公司可以在五年内缴足。在缴足前，不得向他人募集股份。

股份有限公司采取募集方式设立的，注册资本为在公司登记机关登记的实收股本总额。股份有限公司注册资本的最低限额为人民币五百万元。以募集设立方式设立股份有限公司的，发起人认购的股份不得少于公司股份总数的35%。发起人向社会公开募集股份，必须公告招股说明书，并制作认股书。认股书应当载明发起人认购的股份、每股的票面金额、发行价格、募集资金用途等事项，由认股人填写认购股数、金额、住所，并签名、盖章。认股人按照所认购股数缴纳股款。

按照我国有关法律的规定，设立企业采用的是注册资本制度，投资者设立企业，必须投入一定数额的资本，其出资的数额必须达到法定的注册资本的要求，企业的实收资本与其注册资本相一致，其数额是相等的。企业实收资本比原注册资本数额增减超过20%时，应持会计师事务所出具的验资证明，向原登记机关申请变更登记。如擅自变更注册资本或抽逃资金等，要受到工商行政管理部门的处罚。

投资者投入企业的资本，一般情况下与企业实际收到的资本数额是完全相同的。在一些特殊情况下，如溢价发行股票，投资者投入的资本数额，就会大于注册资本。投资者投入的大于注册资本的部分，就不能作为实收资本，而应作为资本公积单独核算。

（二）实收资本及其核算

投资人投入企业的资本，按其出资方式可以用货币资金（货币出资金额不得低于有限责任公司注册资本的30%）、实物资产或无形资产等形式作为资本出资。实物资产是指有形物，包括建筑物、设备或其他物资。无形资产主要包括专利权、商标权、非专利技术和土地使用权等。投资者以货币出资的，应当将货币出资足额存入企业开户银行，以此作为投入资本的入账价值。以非货币资金出资的，应按投资合同或协议约定的价值（合同或协议约定价值不公允的除外）作为实收资本的入账价值。作价时应核实财产，不得高估或者低估作价，并依法办理其财产权的转移手续。

投资人投入企业的资本，按其出资人的性质可以分为国家资本、法人资本、外商资本和个人资本。

为了反映投资者投入企业的资本，企业应设置"实收资本"账户（股份制企业投资者投入的资本，为"股本"账户）进行核算。"实收资本"账户是所有者权益类账户，贷方登记投资者投入的各种形式的资本，以及经批准办妥相关手续后，由资本公积和盈余公积转增的资本。我国的法律规定，实收资本一般不得任意抽走，只有按合同或法定程序报经批准后才能撤走资本，其减少的资本数额在借方登记；期末余额在贷方，反映企业实收资本的总额。"实收资本"应按投资人设置明细账，进行明细核算。

例1　2018年1月，光华有限责任公司成立，注册资本1 000万元。各投资人的投资方式和出资金额的资料如表3-1所示：

表3-1　投资者投入资金

出资人	货币资金	固定资产	库存商品	无形资产
甲	200万元	营业用房一幢评估价300万元		
乙	100万元	设备评估价100万元	50万元	
丙	200万元			专利权一项评估价50万元
合计	500万元	400万元	50万元	50万元

企业在实际收到上述财产物资时，一方面货币资金、固定资产、存货和无形资产等资产增加了，另一方面投资者投入的资本也增加了，应编制会计分录如下：

借：银行存款　　　　　　　　　　　　　　　　　5 000 000
　　库存商品　　　　　　　　　　　　　　　　　　500 000
　　固定资产　　　　　　　　　　　　　　　　　4 000 000
　　无形资产　　　　　　　　　　　　　　　　　　500 000
　　贷：实收资本——甲　　　　　　　　　　　　5 000 000
　　　　　　——乙　　　　　　　　　　　　　　2 500 000
　　　　　　——丙　　　　　　　　　　　　　　2 500 000

（三）资本公积的核算

资本公积是指由于资本（或股本）溢价以及直接计入所有者权益的利得和损失等原因形成的公积金。这种公积金是资本的一种储备形式，可以按法定程序转化为资本，是企业所有者权益的组成部分，所以又称为准资本。

资本公积的形成一般与企业的生产经营活动没有直接的关系，其来源主要有以下渠道：

1. 资本（或股本）溢价

资本溢价是指投资人实际缴付的资本大于注册资本部分而形成的公积金。前面我们已经了解，我国实行的是注册资本制度，按照这一制度的要求，企业的实收资本必须和注册资本相等。企业创立时，投资者按约定认缴的出资额与注册资本的数额一致，并全部记入了"实收资本"账户。当企业经过生产经营活动后，有了一定的积累（如盈余公积、未分配利润，会计上称为留存收益），这些积累都属于原投资者，尚未转为实收资本。若此时有新的投资者要加入企业，其出资额必须大于原投资人的出资额，才能获得与原投资者相同的投资比例。新出资者投入的超过注册资本部分的金额，即为资本溢价，作为资本公积入账。

股本溢价，其产生的原因与资本溢价是一样的。股份有限公司在设立时，一般采用溢价发行股票的方式筹集股本。企业发行股票取得的收入，相当于股票面值的部分，作为股本入账，而超出股票面值的部分即股本溢价，应作为资本公积入账。

2. 直接计入所有者权益的利得和损失

资本公积的其他来源还包括不应计入当期损益、会导致所有者权益发生增减变动的，与所有者投入资本或者向所有者分配利润无关的利得或者损失。如以权益结算的股份支付换取职工或其他方提供服务的，应按确定的金额，记入"管理费用"等账户，同时增加资本公积（其他资本公积）。

按照《公司法》的规定，资本公积的用途是转增资本。资本公积转增资本后，只是企业所有者权益的结构发生变化，对所有者权益总额并不发生影响。

为了反映资本公积的增减变动，企业应设置"资本公积"账户。"资本公积"账户是所有者权益类账户，贷方登记各种来源渠道形成的资本公积；经批准转增资本时，记入借方；期末贷方余额反映企业资本公积的结余额。"资本公积"账户应按资本公积形成的类别设置明细账，进行明细核算。

下面，我们以实例来说明资本公积的核算。

例 2 假定例 1 中的光华公司经过两年的经营，留存收益累计为 100 万元，经批准该公司增加注册资本 250 万元，丁企业拟以货币资金参股，参股后占该公司股份的 20%。新出资者丁企业所缴付的资本至少应为 270 万元，其中有 250 万元作为实收资本，其余 20 万元作为资本公积入账。这笔经济业务引起企业货币资金和实收资本、资本公积同时增加的变化，应编制会计分录如下：

借：银行存款   2 700 000
 贷：实收资本   2 500 000
   资本公积——资本溢价   200 000

又假定经批准，该公司采用募集方式设立，发行普通股 1 000 万股，每股面值 1 元，按每股 3 元的价格发行。收到募集资金总额 3 000 万元，其中 2 000 万元计入资本公积。编制会计分录如下：

借：银行存款   30 000 000
 贷：实收资本   10 000 000
   资本公积——股本溢价   20 000 000

三、借入资本的核算

举债也是企业筹措资金的一种方式，包括从银行和其他金融机构借入的各种资金。

在现代企业中，筹集资金的方式除了投资者对企业的投资外，还有一种重要的筹资渠道就是举债。举债有几种方式：一是企业向银行和其他金融机构借款；二是通过发行公司债券向社会公众借款；三是暂时占用结算过程式中形成的应付未付的款项（这部分债务，将在经营过程中介绍）。这些款项都有约定的支付期限，在尚未到期偿还以前，企业可以自由动用，形成了企业购置资产的一项来源。这里我们仅介绍从金融机构借入的款项。

企业从金融机构借入的款项，按其偿还的时间，可以分为短期借款和长期借款。

短期借款是指企业向银行或其他金融机构借入的，偿还期限在一年以内（含一年）的各种借款。企业借入的短期借款一般用于维持其正常的生产经营活动。

长期借款是指偿还期限在一年以上的借款。它是企业向债权人借入的可供长期使用的资金。与短期借款相比，它具有期限较长、金额较大、偿还本息的方式多样化等特点。企业为了扩大经营规模，添置各种长期耐用的固定资产，往往需要大量资金。筹措这些长期资金主要有两种方法：一是投资者追加投入资本；二是举借长期债务。

为了反映短期借款和长期借款的借入、偿还和结欠等情况，企业应根据借款偿还的期限分别设置"短期借款"和"长期借款"账户。账户都是负债类账户。企业在取得短期或长期借款时，分别记入账户的贷方，表示债务的增加；借款期满，企业偿还短期或长期借款时，分别记入这两个账户的借方，表示债务的清偿；账户的期末余额都在贷方，分别反映企业尚未归还的短期借款和长期借款。"短期借款"和"长期借款"账户都应按借款类别设置明细账，进行明细核算。

例3　光华公司 10 月 1 日从银行取得期限为 3 个月的短期流动资金借款 50 万元，以及 5 年期的长期借款 200 万元，款项存入银行。这笔经济业务引起了企业资产和债务的同时增加，应编制的会计分录如下：

借：银行存款　　　　　　　　　　　　　　　　　　　　2 500 000
　　贷：短期借款　　　　　　　　　　　　　　　　　　　　500 000
　　　　长期借款　　　　　　　　　　　　　　　　　　　2 000 000

企业从银行取得的资金，在约定的偿还期限内使用，必须向资金的提供者支付使用费，这个使用费就是企业的利息费用。利息一般以约定利率、取得资金总额和使用期限作为标准进行计算。企业向银行支付利息费用会导致企业资源的减少，同时导致利息费用的增加。

为了核算企业为筹集生产经营活动所需资金等而发生的费用，应设置"财务费用"账户。"财务费用"账户的核算内容主要包括：①利息支出（减利息收入）；②汇兑损失（减汇兑收益）；③相关的手续费。

"财务费用"账户是费用类账户，借方登记本期实际发生的财务费用；贷方登记应冲减财务费用的利息收入、汇兑收益；期末借方余额应从贷方结转至"本年利润"账户的借方，结转后，该账户应无余额。"财务费用"账户应按费用项目设置明细账，进行明细核算。

例4　本年末，光华公司以银行存款 501 250 元偿还为期三个月的短期贷款，其中利息费用 1 250 元。

这笔经济业务引起了负债和资产同时减少的变化，支付利息应作为财务费用处理。编制会计分录如下：

    借：短期借款   500 000

        财务费用   1 250

      贷：银行存款   501 250

    例 5   光华公司将持有的未到期的面值为 200 000 元、期限为 6 个月的商业承兑汇票一张，向银行办理贴现，应付贴现利息 1 800 元，实收款 198 200 元，已存入银行。

    企业持有的应收票据在到期之前，如果出现资金短缺，可以持未到期的票据向银行贴现，以便取得所需的资金。应收票据贴现是票据持有人通过背书手续，向银行收取等于票据到期价值扣除银行利息后的净额的一种融资行为。应收票据的贴现实际上是银行对企业的短期贷款，银行所扣的利息称为贴现息，它是企业提前兑付所付出的代价。这笔业务引起了企业资产内部此增彼减的变化，银行存款增加了，而应收票据减少了，支付的贴现利息作为财务费用处理，编制会计分录如下：

    借：银行存款   198 200

        财务费用   1 800

      贷：应收票据   200 000

    以上业务例 1~例 5，在有关总分类账户中的记录如图 3-1 所示。

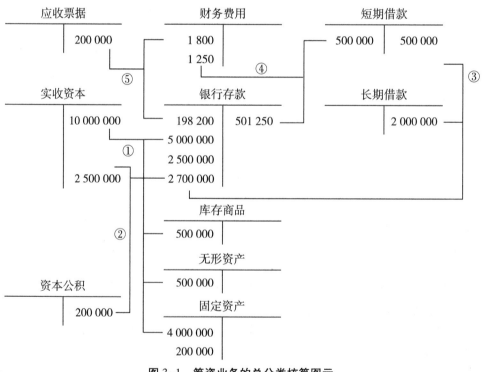

图 3-1 筹资业务的总分类核算图示

第三节　采购业务核算

企业筹措的资金主要用途有：①用于建造厂房、购置设备、运输工具等固定资产；②用于购买材料，形成生产储备，为产品的生产创造条件。

一、固定资产购入的核算

固定资产是指同时具有以下特征的有形资产：①为生产商品、提供劳务、出租或经营管理持有的；②使用寿命超过一个会计年度（使用寿命是指企业使用固定资产的预计期间，或者该固定资产所能生产产品或提供劳务的数量）。

固定资产最基本的特征是持有资产的目的是生产商品、提供劳务、出租或经营管理，而不是出售，这是固定资产和存货的明显区别。固定资产是企业进行生产经营活动的重要前提。为了反映企业固定资产原始价值的增减变动，应设置"固定资产"账户。"固定资产"账户是资产类账户，借方登记固定资产原始价值的增加，贷方登记固定资产原始价值的减少，期末余额在借方，反映企业固定资产原始价值总额。"固定资产"账户应按类别、使用部门等设置明细账，进行明细核算。

例6　企业以银行存款 500 000 元，购进机器设备。

这笔经济业务一方面使企业的固定资产增加，应记入"固定资产"账户的借方，另一方面使银行存款减少，应记入"银行存款"账户的贷方。编制会计分录如下：

借：固定资产　　　　　　　　　　　　　　　　　　　　500 000
　　贷：银行存款　　　　　　　　　　　　　　　　　　　　500 000

二、采购业务核算的内容及其应设置的账户

制造企业的采购业务主要是采购材料，形成生产储备，为生产的顺利进行创造条件。

在这个过程中，企业一方面按照合同的规定向供应单位购买材料，及时与供应单位办理结算业务，支付货款。在材料从供应单位运达企业仓库之前，还要发生诸如运输费、装卸费、保险费、检验费等费用，会计上称为采购费用。材料的买价加上采购费用就构成了材料的采购成本。另一方面将购入的材料验收入库，形成生产储备，为生产的顺利进行创造条件。在采购业务过程中，会计核算应归类记录的经济业务主要包括：①计算确定采购材料的实际成本，考核材料采购成本计划的执行情况；②办理与供料单位之间的货款结算；③提供采购材料物资的数量、金额指标。

根据采购业务的内容，会计上应设置相应的账户，以归类记录，提供采购业务的相关信息。

为了归集和核算材料采购过程中发生的各项费用和支出，计算材料的采购成本，

77

需要设置"材料采购"账户。"材料采购"账户具有双重性质，它既是资产类账户又是成本类账户。其借方登记采购材料所发生的买价和采购费用，贷方登记已验收入库材料的实际成本，期末余额在借方，反映企业购入尚未到达或尚未验收入库材料的成本。如果所购材料全部验收入库，则该账户期末没有余额。为了具体核算各种材料的实际采购成本，应按购入材料的品种、类别等分别设置明细分类账户，进行明细核算。"材料采购"明细账户的格式采用专栏式，在借方分别开设买价、采购费用专栏，以提供各种材料采购成本的详细资料。"材料采购"明细账的具体格式参见表3-2（a）~表3-2（c）。

企业购买的材料验收入库以后，表明库存材料发生了变化，为了反映材料的收、发、结存情况，应设置"原材料"账户。"原材料"账户是资产类账户，借方登记入库材料的实际成本，贷方登记发出材料的实际成本，期末余额在借方，反映结存材料的实际成本。为了具体核算各种材料的实际成本，应按购入材料的品种、类别等分别设置明细分类账户，进行明细核算。"原材料"明细账户需要提供收、发、结存材料的数量和金额指标，其明细账的格式采用数量金额式，以提供各种材料的详细资料。"原材料"明细账的具体格式参见表3-4（a）~表3-4（c）。

企业购进材料，支付货款、采购费用等，往往会与供应单位之间发生往来结算关系。有的情况下，购进材料货款尚未支付或开出商业汇票，由此形成了对供应单位的负债；有的情况下，企业按照合同的约定，预先向供应单位支付部分订金，在这种情况下，供应单位在未按合同发出材料以前，形成了对企业的负债。所有这些业务都应设置相应的账户，以归类记录与供应单位之间的债权、债务。

为了核算企业因采购材料或接受劳务等与供应单位之间发生的债务形成、清偿情况，应设置"应付账款"账户。"应付账款"账户是负债类账户。企业购进材料，但尚未支付货款，表示债务的增加，记入贷方。企业以银行存款或开出商业汇票抵付该笔债务，表示债务的清偿，记入借方；期末余额在贷方，反映应付未付的货款总额。"应付账款"账户应按供应单位的名称设置明细账户，进行明细核算。"应付账款"明细账户的格式采用借、贷、余三栏式的格式。应付账款明细账的具体格式参见表5-21。

当企业对外发生债务时，开出商业汇票，包括银行承兑汇票和商业承兑汇票，应设置"应付票据"账户。"应付票据"账户也是负债类账户。企业在开出商业汇票或以商业承兑汇票抵付货款、应付账款时，记入该账户贷方；汇票到期兑付时，记入借方；期末余额在贷方，反映企业持有的尚未到期的应付票据总额。由于商业汇票的持票人，可以将票据贴现、背书转让，故不便按供应单位设置明细账，因此应设置"应付票据备查簿"，详细登记每张应付票据的种类、号数、签发日期、到期日、票面金额及其注销情况等。

企业如果按照合同规定采用预先付款给供应单位的方式，则应设置"预付账款"账户。预付账款是企业的一项债权，"预付账款"账户是资产类账户。企业按合同规定向供货单位预付货款时，记入借方，表示债权的发生。当收到供货单位发来的材料，企业以预付货款抵付该批材料款或收到退回多付的款项时，记入贷方，表示债权的收回。期末余额在借方，反映企业实际预付的款项。"预付账款"账户应按供应单位的名称设置明细账，进行明细核算。在预付账款不多的企业，为了简化账户的设置，可以不单独设"预付账款"账户，将预付账款并入"应付账款"账户进行核算，这样"应付账款"账户就成为既反映债务又反映债权的双用结算账户，期末贷方余额反映企业应补付的款项，借方余额反映企业实际预付的款项。

三、采购业务的账务处理

采购业务的账务处理主要包括：①购买材料支付货款。根据不同的结算方式，货款的支付有现款交易、欠款交易和预付货款三种方式。②支付采购费用。企业支付的采购费用，若能分清应由某种材料负担的，直接计入该材料的采购成本；若应由两种或两种以上材料共同负担的费用，则需采用一定的方法，分摊计入各种材料的成本。③结转入库材料的实际成本。材料经验收入库后应结转入库材料的实际成本，反映库存材料的变动。

下面我们通过光华公司 2018 年 12 月发生的采购业务，来具体说明采购业务的账务处理。

例 7　从 M 公司购进甲材料 4 吨，单价 5 000 元，货款 20 000 元，货款已通过银行支付。

这项经济业务应通过"材料采购"和"银行存款"两个账户进行归类记录。材料的买价 20 000 元是材料采购成本的主要内容，应记入"材料采购"账户的借方，表示材料采购成本的增加。款项已通过银行支付，表示银行存款的减少，应记入"银行存款"账户的贷方。编制会计分录如下：

借：材料采购——甲材料　　　　　　　　　　　　　　　　20 000
　贷：银行存款　　　　　　　　　　　　　　　　　　　　　20 000

例 8　从 M 公司购进乙材料 2 吨，单价 7 500 元，货款 15 000 元，另付运输费 130 元，货款及运费已通过银行支付。

这项经济业务应通过"材料采购"和"银行存款"两个账户进行归类记录。材料的买价和运费都是材料采购成本的构成内容，应记入"材料采购"账户的借方，表示材料采购成本的增加。款项已通过银行支付，表示银行存款的减少，应记入"银行存款"账户的贷方。编制会计分录如下：

借：材料采购——乙材料　　　　　　　　　　　　　　　　15 130
　贷：银行存款　　　　　　　　　　　　　　　　　　　　　15 130

例 9　从 N 公司购进甲材料 1 吨，单价 5 000 元，对方代垫运费 50 元。货款及代垫运费均未支付。

这项经济业务引起了资产和债务的同时增加，资产的增加记入"材料采购"账户的借方，负债的增加记入"应付账款"账户的贷方。编制会计分录如下：

借：材料采购——甲材料   5 050
 贷：应付账款——N 公司   5 050

例 10 开出 3 个月到期的商业承兑汇票一张，面额 12 600 元，抵付从 W 公司购进的材料款，其中甲材料 1 吨，单价 5 000 元，乙材料 1 吨，单价 7 500 元，运费各50 元。

这项经济业务引起了资产和债务的同时增加，资产的增加记入"材料采购"账户的借方，负债的增加记入"应付票据"账户的贷方。编制会计分录如下：

借：材料采购——甲材料   5 050
  材料采购——乙材料   7 550
 贷：应付票据   12 600

例 11 按合规定，以银行存款 5 000 元，向 Q 公司预付丙材料的货款。

按合同向 Q 公司预付货款时，材料采购业务并没有发生，这笔经济业务仅仅是资产要素内部此增彼减的变化。一方面应确认对 Q 公司的债权增加，记入"预付账款"账户的借方；另一方面记入"银行存款"账户的贷方，表示资产的减少。编制会计分录如下：

借：预付账款——Q 公司   5 000
 贷：银行存款   5 000

例 12 Q 公司按合同发来丙材料 3 吨，单价 8 300 元，另代垫运费 106 元，总计 25 006 元，其中 5 000 元以原预付款抵付，余款暂欠。

Q 公司按合同发来材料，表明采购业务已经发生，材料的买价和运费都是材料采购成本的构成内容，应记入"材料采购"账户的借方，表示材料采购成本的增加。部分货款由原预付款抵付，表明债权的收回，应记入"预付账款"账户的贷方，而未付的余款部分，表示债务的增加，应记入"应付账款"账户的贷方。编制会计分录如下：

借：材料采购——丙材料   25 006
 贷：预付账款——Q 公司   5 000
   应付账款——Q 公司   20 006

例 13 外购的甲、乙、丙三种材料都已运达企业，以现金支付各种采购费用总计 490 元，其中甲材料的运费 200 元，丙材料的检验费 50 元，甲、乙、丙三种材料的装卸费 240 元。

在这笔经济业务中，甲材料的运费、丙材料的检验费，可以直接计入材料的采购成本，但是 240 元的装卸费则是由三种材料共同耗用的，因此必须采用适当的标准，将共同性费用进行分配，以正确计算各种材料的采购成本。选择分配标准一般应根据费用的性质分别以采购材料的重量、体积和买价等作为分配标准，同时考虑重要性原则，以简化核算工作量。

本例中假定以采购材料的重量作为标准，对装卸费用进行分配，其计算过程如下：

（1）计算装卸费用分配率

$$装卸费用分配率=\frac{共同性采购费用}{各种材料重量之和}=\frac{240}{6+3+3}=20$$

（2）计算各种材料应负担的装卸费

某种材料应负担的装卸费＝该种材料的重量×分配率

甲材料应负担的装卸费＝6×20＝120（元）

乙材料应负担的装卸费＝3×20＝60（元）

丙材料应负担的装卸费＝3×20＝60（元）

根据分配结果，将甲、乙、丙材料各自应负担的装卸费分别计入甲、乙、丙材料的采购成本。编制会计分录如下：

借：材料采购——甲材料　　　　　　　　　　　　　　320

　　　材料采购——乙材料　　　　　　　　　　　　　　60

　　　材料采购——丙材料　　　　　　　　　　　　　　110

　　贷：库存现金　　　　　　　　　　　　　　　　　　490

例14　外购的甲、乙、丙三种材料都已运达企业，并验收入库，其中甲材料实收6吨，乙材料实收3吨，丙材料实收2.99吨，途中损耗10千克。结转入库材料的采购成本。

材料采购过程结束时，应编制材料采购成本计算表，分别计算各种采购入库材料的采购总成本和单位成本。为了计算材料的采购成本，应按购进材料的品种、规格等成本计算对象，开设"材料采购"明细账，并在借方按成本项目开设专栏。甲、乙、丙"材料采购"明细账如表3-2（a）~表3-2（c）所示。

表3-2（a）　材料采购明细分类账

材料名称：甲材料

2018年		凭证号数	摘要	借方			贷方
月	日			买价	采购费	合计	
		（7）	购入4吨	20 000		20 000	
		（9）	购入1吨	5 000	50	5 050	
		（10）	购入1吨	5 000	50	5 050	
		（13）	分摊采购费		320	320	
		（14）	结转入库材料成本				30 420
12	31		本期发生额和余额	30 000	420	30 420	30 420

表 3-2（b）　材料采购明细分类账

材料名称：乙材料

2018年		凭证号数	摘　要	借　方			贷　方
月	日			买　价	采购费	合　计	
		（8）	购入2吨	15 000	130	15 130	
		（10）	购入1吨	7 500	50	7 550	
		（13）	分摊采购费		60	60	
		（14）	结转入库材料成本				22 740
12	31		本期发生额和余额	22 500	240	22 740	22 740

表 3-2（c）　材料采购明细分类账

材料名称：丙材料

2018年		凭证号数	摘　要	借　方			贷　方
月	日			买　价	采购费	合　计	
		（12）	购入3吨	24 900	106	25 006	
		（13）	分摊采购费		110	110	
		（14）	结转入库材料成本				25 116
12	31		本期发生额和余额	24 900	216	25 116	25 116

以例7~例13编制的会计分录为依据登记相关的总账和所属的明细账，根据明细账的记录计算各种材料的采购成本。材料采购成本计算表如表3-3所示。

表 3-3　材料采购成本计算表

金额：元

重量：吨

项目名称	买价	采购费用	总成本	入库数量	单位成本
甲材料	30 000	420	30 420	6	5 070
乙材料	22 500	240	22 740	3	7 580
丙材料	24 900	216	25 116	2.99	8 400

根据材料采购成本计算表的结果，将甲、乙、丙材料的采购成本，由"材料采购"账户及其所属明细账的贷方结转至"原材料"总账及其所属明细账的借方。甲、乙、丙"材料"明细账户如表3-4（a）~表3-4（c）所示。编制会计分录如下：

借：原材料——甲材料   30 420

   原材料——乙材料   22 740

   原材料——丙材料   25 116

 贷：材料采购——甲材料   30 420

   材料采购——乙材料   22 740

   材料采购——丙材料   25 116

表 3-4（a）　原材料明细分类账

材料名称：甲材料

2018年		凭证号数	摘　要	收　入			发　出			结　存		
月	日			数量	单价	金额	数量	单价	金额	数量	单价	金额
12	1		月初余额							1	5 070	5 070
		14	入库6吨	6	5 070	30 420				7	5 070	35 490
12	31		发生额和余额	6	5 070	30 420				7	5 070	35 490

表 3-4（b）　原材料明细分类账

材料名称：乙材料

2018年		凭证号数	摘　要	收　入			发　出			结　存		
月	日			数量	单价	金额	数量	单价	金额	数量	单价	金额
12	1		月初余额							0.5	7 580	3 790
		14	入库3吨	3	7 580	22 740				3.5	7 580	26 530
12	31		发生额和余额	3	7 580	22 740				3.5	7 580	26 530

表 3-4（c）　原材料明细分类账

材料名称：丙材料

2018年		凭证号数	摘　要	收　入			发　出			结　存		
月	日			数量	单价	金额	数量	单价	金额	数量	单价	金额
12	1		月初余额							0.2	8 400	1 680
		14	入库2.99吨	2.99	8 400	25 116				3.19	8 400	26 796
12	31		发生额和余额	2.99	8 400	25 116				3.19	8 400	26 796

以上例7~例14笔经济业务在总分类账户的记录如图3-2所示。

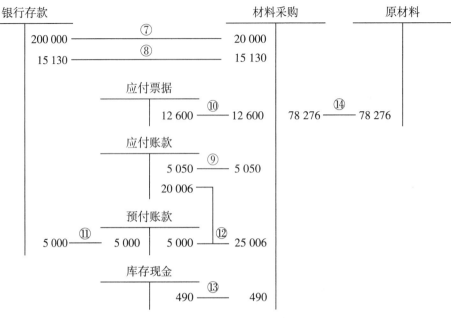

图 3-2　材料采购业务总分类核算图示

第四节　生产业务核算

一、生产过程核算的内容

　　制造企业的基本经济活动是生产产品。因此，生产过程是制造企业供、产、销过程的中心环节。产品的生产过程，同时也是生产的耗费过程。马克思指出：生产行为本身就它的一切要素来说也是消费行为。在这一过程中，一方面要发生各种各样的资产耗费，如劳动资料、劳动对象和活劳动的耗费等，形成产品的生产费用；另一方面劳动者借助于劳动资料，对劳动对象进行加工，改变了原劳动对象的形态，生产出各种新的产品。同时，为生产产品而发生的各种耗费，也就转化为产品的生产成本。产品生产过程中的一切费用支出，不论发生在何处，最终都要归集、分配到各种产品成本中去。生产过程的主要经济业务，是生产费用的发生、归集和分配，以及产品生产成本的形成。在生产过程中，随着资金的运动，企业的经营资金也就从固定资金形态、储备资金形态和货币资金形态不断地转化为生产资金形态，而随着产品制造完工，又从生产资金形态转化为产成品资金形态。因此，汇集、分配生产费用，计算产品成本就构成了生产过程核算的主要内容。

　　生产业务核算的一个重要问题就是要解决产品的计量问题。在生产过程中，发生的各种耗费应确认哪些计入产品的成本，哪些不能计入产品的成本；在计入产品成本的各种耗费中，哪些耗费在发生时就直接计入产品的成本，哪些耗费在发生时不能直接计入产品的成本。为了正确汇集、分配生产费用，计算产品成本，就有必要搞清生产费用和生产成本之间的关系。

费用是企业在日常活动中发生的、会导致所有者权益减少的、与向所有者分配利润无关的经济利益的总流出。在制造业，费用按其经济用途可以分为生产费用和期间费用两大类。企业的期间费用包括销售费用、管理费用和财务费用。期间费用是企业在生产过程中发生的，与产品生产成本没有直接联系，属于某一时期的费用，直接计入当期损益。

生产费用是指企业在一定时期内为生产产品而发生的各种耗费。包括材料、固定资产的磨损等物化劳动的耗费，以及支付给职工的薪酬等活劳动的耗费。

生产成本是指生产一定种类、数量的产品所花费的生产费用。这里的成本仅指狭义的成本，即产品生产成本。它是由直接材料费、直接人工费和制造费用三个成本项目构成的。

生产费用与生产成本有着密切的联系。生产费用的发生过程同时又是产品制造成本的形成过程。生产费用的发生是由于生产产品引起的，生产费用是产品成本的基础，产品成本是生产费用的归宿，是生产费用的对象化。生产费用核算的正确与否，直接影响产品成本的正确性。

生产费用与生产成本又有其区别：两者归集和确认的标准不同。生产费用与一定的时期相联系，按会计期间进行归集。生产成本按特定成本对象进行归集，与一定种类和数量的产品相联系，而不论发生在哪一会计期间。某期完工产品的成本可能包括几个会计期间的生产费用，不一定都是由本期发生的生产费用所构成的，而本期发生的生产费用总额与本期完工产品的成本总额，也不一定相等。

生产过程的各种耗费，按其计入成本的方式又分为直接费用和间接费用两大类。

直接费用是指与产品生产直接有关的，并且在费用发生时，就可以判断该费用属于哪种产品的耗费，从而直接计入该产品的成本。包括构成产品实体的材料费，生产工人的工资及福利费等。

间接费用有的与产品生产直接有关，如固定资产的折旧费；有的与产品生产没有直接关系，是组织和管理车间生产发生的费用，如车间管理人员的薪酬、车间领用的消耗性材料、车间水电费等。这些费用在发生时，由于无法判断该费用属于哪种产品的耗费，因而不能直接计入某种产品的成本，先归集在"制造费用"账户中，期末选择一定的分配标准，将这些费用分配计入各产品成本。

二、生产业务应设置的账户

为了归集生产过程中的各种耗费，计算产品的生产成本，主要应设置以下账户进行核算。

1. 归集生产费用、计算产品成本，应设置"生产成本"和"制造费用"两个账户

"生产成本"账户是一个具有双重性质的账户，它既是成本类账户又是资产类账户。"生产成本"账户用于归集生产过程中发生的直接材料费、直接人工费和制造费用，并据以计算确定产品的生产成本。该账户借方登记当期发生的应计入产品成本的各种生产费用，贷方登记期末结转的完工产品的生产成本，期末借方余额反映尚未加工完成的在产品的实际成本。"生产成本"账户应按产品的名称、类别等分别设置明细分类账户，进行明细核算。"生产成本"明细账户的格式采用专栏式，在借方分别开设直接材料、直接人工和制造费用专栏，以提供各产品成本的详细资料。"生产成本"明细账的具体格式参见表3-8（a）~表3-8（b）。

"制造费用"账户是成本类账户。它用于归集和分配车间范围内为产品生产和提供劳务而发生的各种间接费用，包括车间管理人员薪酬、折旧费、办公费、水电费、机物料消耗、劳动保护费、季节性停工损失等。上述各项费用发生时，记入该账户的借方，期末将借方归集的费用，按照一定的标准分配计入各产品的生产成本，从贷方转出。除季节性的生产性企业外，制造费用在分配结转后，期末应无余额。"制造费用"账户应按不同的车间、部门设置明细账，进行明细核算。"制造费用"账户的格式采用专栏式，在借方按费用项目设置专栏，提供各项费用的详细资料。

2. 组织和管理生产经营活动中发生的期间费用，应设置"管理费用"账户予以归集

"管理费用"账户是费用类账户，它用于归集企业为组织和管理企业生产经营活动所发生的各项管理费用。管理费用所包括的内容杂、范围广，包括企业的董事会和行政管理部门在经营管理中发生的，或者应由企业统一负担的公司经费。其主要项目有：行政管理部门职工薪酬、折旧费、物料消耗、低值易耗品摊销、办公费、差旅费、工会经费、劳动保险费、董事会费、咨询费、诉讼费、业务招待费、技术转让费、无形资产摊销、职工教育经费、新产品研究阶段发生的费用、存货盘亏（不包括应计入营业外支出的存货损失）以及企业生产车间（部门）和行政管理部门等发生的固定资产修理费等后续支出等。上述各项费用发生时，记入该账户的借方，期末将借方归集的费用总额，从贷方结转至"本年利润"账户的借方，结转后该账户应无余额。"管理费用"账户应按费用项目设置明细账，进行明细核算。"管理费用"账户的格式采用专栏式，在借方按费用项目设置专栏，提供各项费用的详细资料。

3. 生产过程中耗费的人工费用，应设置"应付职工薪酬"账户予以归集

"应付职工薪酬"账户是负债类账户，它核算企业根据有关规定应付给职工的各种薪酬。该账户贷方登记应付未付给职工的各种薪酬，借方登记实际支付的各种薪酬。"应付职工薪酬"账户应当按照"工资""职工福利""社会保险费""住房公积金""工会经费""职工教育经费"等应付职工薪酬的具体项目，设置明细账，

进行明细核算。

4. 产品完工验收入库，应设置"库存商品"账户进行核算

"库存商品"账户是资产类账户，它反映库存商品的收、发、结、存情况。在制造企业，库存商品主要是指产成品。该账户借方登记已经完工验收入库的各种产品的实际成本，贷方登记已经出售的各种产品的实际成本，期末余额在借方，反映企业各种库存商品的实际成本。"库存商品"账户应按商品的种类、品种和规格设置明细账，进行明细核算。"库存商品"明细账采用数量金额式的格式，以提供各种商品的详细资料。"库存商品"明细账的格式参见表3-10、表3-11。

企业在生产经营过程中，往往会发生一些比较特殊的费用，其费用的发生或支付期与费用的受益期之间存在差异，会计上将支付期与受益期不在同一会计期间的费用称为跨期费用。按照权责发生制原则的要求，跨期费用应该按其受益期，计入相关的费用、成本，以正确计算不同会计期间的费用和产品成本。为此，会计上应根据费用的性质分别设置"长期待摊费用"账户和"应付利息"等账户。

"长期待摊费用"账户是特殊的资产类账户。它用于核算企业已经支出，但应由本期和以后各期分别负担的分摊期限在一年以上的各项费用，如房屋装修费摊销等。在各项长期待摊费用实际支付或发生时记入借方，在按费用的受益期限摊销费用时记入贷方，期末借方余额反映已经支付或发生，但尚未摊销完的长期待摊费用。"长期待摊费用"账户可按费用的种类设置明细账，进行明细核算。

"应付利息"账户是特殊的负债类账户。它用于核算企业按照规定从成本费用中预先提取，但尚未支付的借款利息等。在按受益期预先计入相关费用、成本时，表示负债的增加，记入贷方；在实际支付利息时，表示负债的减少，记入借方；期末贷方余额反映已经按受益期限计入各费用成本账户，但尚未支付的费用。

5. 为了反映固定资产的磨损情况，还应设置"累计折旧"账户

"累计折旧"账户从它所反映的会计要素来看是资产类账户，从它的结构来看又是一个负债类账户。它用于核算企业固定资产的转移价值，即累计折旧。该账户贷方登记按规定计提的固定资产折旧；借方登记固定资产退出企业时，应冲销的折旧；期末余额在贷方，反映企业提取的固定资产折旧累计数。

三、日常生产业务的账务处理

生产过程的日常账务处理包括材料费用、人工费用和其他费用的核算，分述如下：

（一）材料费用的核算

企业生产经营过程中领用的各种库存材料包括原材料、辅助材料、燃料、修理用备件、包装物等。企业领用各种材料，应填制领料单，根据审核后的领料单，按材料的用途进行归类。其中，用于产品生产构成产品实体的原材料费用，应记入"生产成本"账户；生产车间领用的一般消耗材料，应记入"制造费用"账户；行

政管理部门领用的材料，应记入"管理费用"账户。

下面我们通过实例，具体说明日常生产业务的账务处理。

光华公司 2018 年 12 月生产 A、B 两种产品，本期发生的有关生产业务资料如下：

例 15 本月光华公司仓库发出材料的汇总资料如表 3-5 所示。

表 3-5　光华公司发出材料汇总表

2018 年 12 月

项目	甲材料			乙材料			丙材料			合计
	数量	单价	金额	数量	单价	金额	数量	单价	金额	
A 产品	2 吨	5 070	10 140	1 吨	7 580	7 580				17 720
B 产品	1 吨	5 070	5 070	0.5 吨	7 580	3 790				8 860
车间一般耗用							0.2 吨	8 400	1 680	1 680
管理部门领用							0.1 吨	8 400	840	840
合计	3	—	15 210	1.5	—	11 370	0.3	—	2 520	29 100

从表 3-5 可以看出，一方面，A、B 产品耗用的直接材料费用增加，其中 A 产品耗用的材料总计 17 720 元，B 产品耗用的材料总计 8 860 元，应记入"生产成本"账户的借方；车间领用的一般消耗性材料，先记入"制造费用"账户的借方；行政管理部门领用的材料，记入"管理费用"账户的借方。另一方面，库存材料减少了29 100 元，记入"原材料"账户的贷方。编制会计分录如下：

```
借：生产成本——A 产品                              17 720
          ——B 产品                               8 860
      制造费用                                    1 680
      管理费用                                      840
    贷：原材料——甲材料                            15 210
            ——乙材料                            11 370
            ——丙材料                             2 520
```

例 16 车间领用劳保用品价值 1 000 元。

劳保用品属于低值易耗品，低值易耗品是指那些不作为固定资产核算的各种用具物品，例如一般用工具、专用工具、管理用具、劳动保护用品等。从性质上看，它是劳动资料，与固定资产相似，可以长期使用，不改变实物形态。但是它的价值比较低，易于损耗，因而使用期限较短，需要经常频繁地购置更新，这一性质又与存货相似。为了便于核算管理，在会计上将其归入流动资产范围，视同存货进行实物管理和核算。鉴于低值易耗品的特点，在领用低值易耗品时，如果数额不大，可以直接记入当期费用、成本，如果数额较大，受益期长（通常超过一年）则作为预付费用，先记入"长期待摊费用"账户的借方，然后再按受益期予以摊销。会计上可以单独设置"周转材料"等账户进行核算，其结构与"原材料"账户相同。本例中假设作为长期待摊费用处理，一方面记入"长期待摊费用"账户的借方，表示预付费用的增加，另一方面记入"原材料"账户的贷方，表示库存材料的减少。编制会计分录如下：

借：长期待摊费用 　　　　　　　　　　　　　　　　　　　 1 000
　　贷：原材料——周转材料——劳保用品 　　　　　　　　　　 1 000

（二）人工费用的核算

人工费用是企业在生产过程中发生的活劳动的消耗，即企业为获得职工提供的服务而给予的各种形式报酬以及其他相关支出。其具体内容包括：①职工工资、奖金、津贴和补贴；②职工福利费；③医疗保险费、养老保险费、失业保险费、工伤保险费和生育保险费等社会保险费；④住房公积金；⑤工会经费和职工教育经费；⑥非货币性福利；⑦因解除与职工的劳动关系给予的补偿；⑧其他与获得职工提供的服务相关的支出。其中职工工资是职工获取报酬的主要形式，企业一般每月底根据职工考勤记录、工时产量记录等计算当月应付工资总额，企业在一定时期内支付给职工的劳动报酬总额称为工资总额。下月实际支付，在尚未支付给职工以前，形成了对职工的负债。职工福利费主要用于职工探亲假路费、生活补助费、医疗补助费、独生子女费、托儿补贴费、职工浴室、理发室、幼儿园人员的工资，以及按照国家规定开支的其他职工福利支出，企业可根据具体情况计算确定应付职工福利费的金额。至于"五险一金"、工会经费和职工教育经费等，企业应按国家规定的计提基础和计提比例计算确定其应付的金额，并按规定用途使用。

企业支付给职工的工资总额以及其他各类职工薪酬，应按各类人员的性质和发生的部门进行归集和分配。其中，生产人员、车间管理人员的工资和其他各类职工薪酬，是产品成本的重要组成部分。生产工人的工资和其他各类职工薪酬是进行产品生产所发生的直接费用，可直接记入"生产成本"账户；车间管理人员的工资和其他各类职工薪酬，是进行产品生产所发生的间接费用，先记入"制造费用"账户，期末再按一定的标准进行分配；行政管理人员的工资和其他各类职工薪酬则作为期间费用，记入"管理费用"账户。

例17　本月光华公司应付职工工资及福利费如表3-6所示：

表3-6　工资及福利费分配表

项目类别	工资 （1）	福利费 （2）=（1）×14%[①]	合计 （3）=（1）+（2）
生产A产品	20 000	2 800	22 800
生产B产品	6 000	840	6 840
车间管理人员	4 000	560	4 560
行政管理人员	15 000	2 100	17 100
合计	45 000	6 300	51 300

①假定预计该企业支付职工福利费为工资总额的14%。

根据工资及福利费分配表，编制会计分录如下：

（1）借：生产成本——A 产品　　　　　　　　　　　　20 000

　　　　生产成本——B 产品　　　　　　　　　　　　 6 000

　　　　制造费用　　　　　　　　　　　　　　　　 4 000

　　　　管理费用　　　　　　　　　　　　　　　　15 000

　　　　贷：应付职工薪酬——职工工资　　　　　　　　　45 000

（2）借：生产成本——A 产品　　　　　　　　　　　　 2800

　　　　生产成本——B 产品　　　　　　　　　　　　　840

　　　　制造费用　　　　　　　　　　　　　　　　　560

　　　　管理费用　　　　　　　　　　　　　　　　 2 100

　　　　贷：应付职工薪酬——职工福利费　　　　　　　　 6 300

例 18　从银行提取现金 45 000 元，支付职工工资。

从银行提取现金发工资，实际上包括了两笔经济业务，其一从银行提取现金，则现金增加，银行存款减少；其二以现金发放工资，则现金减少，应付工资这一债务得到清偿。编制以下两笔会计分录：

（1）从银行提取现金

借：库存现金　　　　　　　　　　　　　　　　　　45 000

　　贷：银行存款　　　　　　　　　　　　　　　　　　45 000

（2）用现金发工资

借：应付职工薪酬——职工工资　　　　　　　　　　45 000

　　贷：库存现金　　　　　　　　　　　　　　　　　　45 000

（三）其他费用

在企业日常生产经营过程中，除了归集材料费、人工费以外，还会发生一些其他费用，如差旅费的借支和报销、本期费用的支付、跨期费用的支付等，对这些经济业务也应进行相应的账务处理。

例 19　王经理外出考察，借支差旅费 10 000 元，出纳员开出现金支票付讫。

王经理出差借支差旅费，这是非购销活动形成的债权，应记入"其他应收款"账户的借方；支票是银行的存款人签发给收款人办理结算或委托开户银行将款项支付给收款人的票据，它分为转账支票和现金支票两种。在这笔经济业务中，出纳员开出现金支票，表示企业银行存款减少。编制会计分录如下：

借：其他应收款　　　　　　　　　　　　　　　　　10 000

　　贷：银行存款　　　　　　　　　　　　　　　　　　10 000

例 20　李经理出差借支差旅费 500 元，出纳员以现金付讫。

这笔经济业务与上一笔业务相同的是，非购销活动的债权增加了，不同的是出纳员用现金支付了这笔借款，因而企业的现金减少了。编制会计分录如下：

借：其他应收款 500

　贷：库存现金 500

例 21　王经理外出考察结束，报销差旅费 9 500 元，并将多余的现金退回，结清有关手续。

王经理外出考察所发生的耗费，属于管理费用的范围，应记入"管理费用"账户的借方，表示费用的增加；原借支 10 000 元，并未耗费完，故将多余的现金 500 元退回，结清原借支款项，记入"其他应收款"账户的贷方。编制会计分录如下：

借：管理费用 9 500

　库存现金 500

　贷：其他应收款 10 000

例 22　以银行存款 2 160 元支付本月水电费用，其中生产车间耗费 1 460 元，行政管理部门耗费 700 元。

本月耗用的水电费，应按费用发生的地点，分别记入"制造费用"和"管理费用"账户。编制会计分录如下：

借：制造费用 1 460

　管理费用 700

　贷：银行存款 2 160

例 23　以银行存款 1 200 元预付未来两年的报纸杂志费。

报纸杂志费属于管理费用的开支范围，但本月支付这笔款项时，并未形成事实上的费用耗费，其受益期属于未来年度，应在未来年度转作费用，故应作为本月预付费用的增加，记入"长期待摊费用"账户的借方。编制会计分录如下：

借：长期待摊费用 1 200

　贷：银行存款 1 200

例 24　从 7 月 1 日支付第二季度银行借款利息 30 000 元。

由于银行借款利息实行按季结算支付，上一季度利息已计入上一季度各月的费用，同时形成了负债。本月支付利息，一方面减少了银行存款，另一方面清偿了这一债务。编制会计分录如下：

借：应付利息 30 000

　贷：银行存款 30 000

例 25 本月固定资产应计提折旧总计 10 000 元，其中车间使用的固定资产折旧费 6 000 元，行政管理部门使用的固定资产折旧费 4 000 元。

这笔经济业务，一方面，使相关的费用、成本增加，应按费用发生的地点分别进行归集，记入费用、成本账户的借方；另一方面，固定资产的磨损价值增加了，记入"累计折旧"这一特殊账户的贷方。编制会计分录如下：

借：制造费用　　　　　　　　　　　　　　　　　　　　　6 000

　　管理费用　　　　　　　　　　　　　　　　　　　　　4 000

　　贷：累计折旧　　　　　　　　　　　　　　　　　　　　10 000

例 26 12 月 1 日从 Q 公司租入设备一台，租期两年，以银行存款 24 000 元预付全部的租金。本月末应摊销租金的 1/24。

这笔经济业务实际上包含了会计循环的两个步骤：①预付两年租金，这是日常的账务处理，涉及资产内部此增彼减的变化，应分别记入"长期待摊费用"账户的借方和"银行存款"账户的贷方。②摊销本月应负担的租金，这是期末按权责发生制原则所进行的账项调整业务，涉及费用的增加和资产的减少，应分别记入"制造费用"账户的借方和"长期待摊费用"账户的贷方。编制会计分录如下：

（1）借：长期待摊费用　　　　　　　　　　　　　　　　　24 000

　　　　贷：银行存款　　　　　　　　　　　　　　　　　　24 000

（2）借：制造费用　　　　　　　　　　　　　　　　　　　1 000

　　　　贷：长期待摊费用　　　　　　　　　　　　　　　　1 000

例 25~例 26 笔经济业务中有关固定资产折旧、长期待摊费用的摊销都属于期末账项调整业务，我们将在第四章期末账项调整中详细介绍，这里仅做一般的账务处理。

四、产品成本的计算和结转

（一）产品成本计算的一般程序

产品成本的计算就是将企业在生产过程中所发生的各项费用，按其性质、用途和产品的种类分别归集、计算，从而确定产品的总成本和单位成本。产品成本计算的一般程序如下：

1. 确定成本的计算对象

成本计算对象是指生产费用的归集对象。不同类型的企业，由于生产特点和管理要求的不同，成本计算的对象也不同。但是，不论采用什么方法，最终都要按产品品种计算出产品的总成本和单位成本。

2. 按成本项目分别归集生产费用

产品成本由直接材料、直接人工和制造费用三个项目构成。其中，直接材料费和直接人工费是直接费用，在费用发生时，直接记入"生产成本"总账及各明细分类账户；制造费用是间接费用，费用发生通过"制造费用"账户的借方进行归集。

3. 将归集在制造费用账户上的间接费用，选择适当的标准分配计入各产品成本

制造费用是企业为生产产品和提供劳务而发生的各项间接费用。这些间接费用归集在"制造费用"账户的借方，它们是进行产品生产所发生的共同性费用，归根到底应由产品的生产成本来负担。因此，期末应将制造费用按照一定的标准分配结转到有关产品的成本中去，以便计算各种产品的成本。制造费用的分配，应先确定分配标准，分配标准主要有生产工人工资、生产工人工时或机器工时、直接材料费等。由于选择的分配标准不同，会直接影响分配的结果和产品成本计算的正确性，所以，各企业应根据制造费用的性质，选择合理的分配标准。

制造费用分配的具体程序，可按以下步骤进行：

第一步，计算分配率。

$$分配率＝\frac{制造费用总额}{\sum 生产工人的工资或产品生产工时等}$$

第二步，计算各种产品应负担的制造费用。

$$某种产品应负担的制造费用＝\frac{该种产品的生产工人工资}{或产品生产工时等}×分配率$$

第三步，根据计算结果编制结转分录。

借：生产成本——××产品

　　　　　——××产品

　贷：制造费用

4. 完工产品制造成本的计算和结转

经过以上几个步骤，企业在生产过程中发生的生产费用，已在各种产品之间进行了归集和分配，记入了"生产成本"总账和所属的明细账中，为了计算产品成本，还需加上期初在产品的成本。这样，如果本期该种产品全部完工，则该种产品的"生产成本"明细账中所归集的费用，就是本期完工产品的总成本；如果本期该种产品全部没有完工，则该种产品的"生产成本"明细账中所归集的费用，就是本期在产品的总成本；如果本期既有完工产品又有在产品，那么该种产品"生产成本"明细账中所归集的费用，就需要采用适当的方法，在本月完工产品和在产品之间进行分配，分别计算出完工产品和在产品的成本。具体可按下列公式计算：

$$\begin{aligned}本月完工产品的制造成本总额 ＝ 月初在产品成本 ＋ 本月的生产费用 － 月末在产品成本\end{aligned}$$

$$完工产品的单位成本 = \frac{本月完工产品的制造成本总额}{本月完工产品的数量}$$

公式中的月初在产品成本就是"生产成本"明细账中有关产品的期初余额，本月的生产费用就是"生产成本"明细账中的本期借方发生额。至于月末在产品的成本如何确定，这是一个比较复杂的问题，我们将在《成本会计》中予以详细说明。在《初级会计学》中，月末在产品的成本，通常都是作为已知条件来处理的。

根据计算结果，编制结转完工产品成本的会计分录如下：

借：库存商品——××产品

　　　　　　——××产品

　　贷：生产成本——××产品

　　　　　　　——××产品

（二）产品成本计算的实例

下面我们通过具体的实例来说明产品成本的计算。

本期光华公司共生产 A、B 两种产品，这两种产品就是本期生产成本的计算对象。其中，A 产品期初在产品成本直接材料 2 660 元，直接人工 2 720 元，制造费用 1 100 元，总计 6 480 元；B 产品期初无在产品。

在例 15 和例 17 中，我们已经将进行产品生产所发生的直接费用记入了"生产成本"总账和所属的明细账户，间接费用记入了"制造费用"账户，即成本计算的一、二两个步骤已经完成。现在需要进行的工作是将归集在"制造费用"账户中的费用选择适当的标准进行分配。

1. 制造费用的分配和结转

例甲　本月光华公司发生制造费用总额为 16 900 元，以 A、B 产品生产工人的工资为标准予以分配。

$$制造费用分配率 = \frac{制造费用总额}{生产工人工资总额} = \frac{16\ 900}{20\ 000 + 6\ 000} = 0.65$$

即每 1 元生产工人的工资应负担制造费用 0.65 元。

A 产品应负担的制造费用 = 0.65×20 000 = 13 000（元）

B 产品应负担的制造费用 = 0.65×6 000 = 3 900（元）

根据上述计算结果编制结转分录如下：

借：生产成本——A 产品　　　　　　　　　　　　　　　　13 000

　　　　　　——B 产品　　　　　　　　　　　　　　　　 3 900

　　贷：制造费用　　　　　　　　　　　　　　　　　　　　16 900

2. 完工产品成本计算

例乙　光华公司本月生产 A 产品 500 件，全部完工，计算并结转完工产品的生产成本。

企业本月生产 A、B 两种产品，这两种产品的相关费用已经归集在 A、B 产品的"生产成本"明细账户中。

在实际工作中，根据"生产成本"明细账提供的资料，通过编制"产品成本计算单"，完成本期完工产品总成本和单位成本的计算工作。表 3-7 就是根据 A 产品"生产成本"明细账编制的 A 产品成本计算单。"期初在产品成本"行各栏金额根据 A 产品"生产成本"明细账"期初余额"行借方各成本项目栏直接填列，"本期生产费用"行各栏金额根据 A 产品"生产成本"明细账本期借方各成本项目栏直接填列。因 A 产品本月全部完工，期末无在产品，故成本计算单"期末在产品成本"行空置不填。"完工产品总成本""完工产品单位成本"行，则根据产品成本计算公式，分项目计算填列。

表 3-7　A 产品成本计算单

产品名称：A 产品　　　　　　　　　　　　　　　　　　　　完工数量：500 件

	直接材料	直接人工	制造费用	合计
期初在产品成本	2 660	2 720	1 100	6 480
本期生产费用	17 720	22 800	13 000	53 520
期末在产品成本				
完工产品总成本	20 380	25 520	14 100	60 000
完工产品单位成本	40.76	51.04	28.2	120

本月完工产品总成本 = 6 480+53 520 = 60 000（元）

本月完工产品单位成本 = $\dfrac{60\ 000}{500}$ = 120（元）

根据计算结果，编制结转完工产品的会计分录如下：

借：库存商品——A 产品　　　　　　　　　　　　　　　　　　60 000

　贷：生产成本——A 产品　　　　　　　　　　　　　　　　　　60 000

根据结转分录，应分别记入"库存商品"和"生产成本"总账及其所属的明细账。A 产品全部完工，期末没有余额。B 产品全部未完工，则 B 产品明细账的期末余额全部为 B 产品月末在产品的成本总额。

以上例 15～例 26 笔经济业务，在总分类账户中的记录如图 3-3 所示。

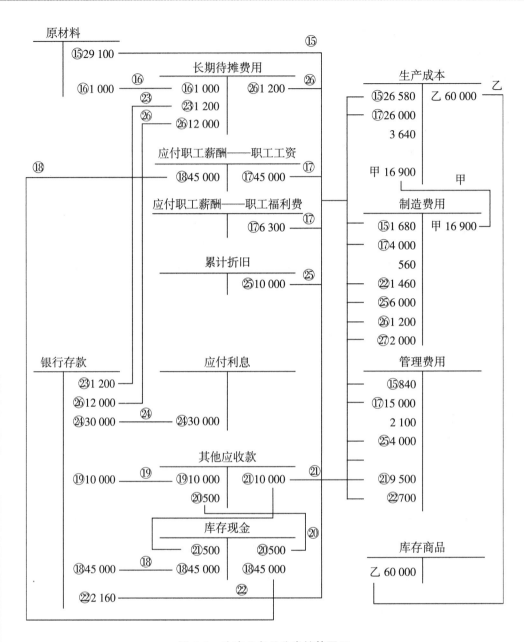

图 3-3 生产业务总分类核算图示

A、B 产品"生产成本"明细账的记录如表 3-8（a）、表 3-8（b）所示。

表 3-8（a）　生产成本明细账

产品名称：A 产品

2018 年		凭号	摘　要	借　方				贷方
月	日	证数		直接材料	直接人工	制造费用	合计	
12	1		期初余额	2 660	2 720	1 100	6 480	
		15	领用材料	17 720			17 720	
		17-1	生产工人工资		20 000		20 000	
		17-2	计提生产工人福利费		2 800		2 800	
		例甲	分配制造费用			13 000	13 000	
		例乙	结转完工产品成本					60 000
12	31		本期发生额	17 720	22 800	13 000	53 520	60 000
12	31		期末余额				—	—

表 3-8（b）　生产成本明细账

产品名称：B 产品

2018 年		凭号	摘　要	借　方				贷方
月	日	证数		直接材料	直接人工	制造费用	合计	
		15	领用材料	8 860			8 860	
		17-1	生产工人工资		6 000		6 000	
		17-2	计提生产工人福利费		840		840	
		例甲	分配制造费用			3 900	3 900	
12	31		本期发生额	8 860	6 840	3 900	19 602	
12	31		期末余额	8 860	6 840	3 900	19 602	

第五节　销售业务核算

一、销售业务的内容及应设置的账户

销售过程是资金周转的第三个阶段，也是企业再生产过程的最后一个阶段。生产过程结束以后，资金由生产资金形态转化为产成品资金形态，经过销售过程，产成品资金形态又转化为货币资金形态，这一过程是产品价值和使用价值的实现过程。

在销售过程中，销售方应按合同的规定，将产品发运给购货单位，按等价交换的原则，与购货单位及时办理货款的结算，取得销售收入，形成的经济利益流入企业。企业为了推销产品，往往还采用一些促销手段，如商业折扣、现金折扣等方式。商业折扣是企业根据市场供需情况，或针对不同的顾客，在商品价格上所给予的优惠。现金折扣是企业为了鼓励债务人在规定的期限内付款，而向债务人提供的一种债务扣除。现金折扣一般用符号"折扣/付款期限"表示。例如，"2/10"表示顾客在 10 天内付款，可按售价给予 2% 的折扣；"1/20"表示顾客在 20 天内付款，可按售价给予 1% 的折扣；"n/30"表示顾客在 30 天内付款，则不给予折扣。

不管企业采用什么销售手段，在同时满足以下五个条件的情况下，应确认为企业的收入：①已将商品所有权上的主要风险和报酬转移给购货方；②企业既没有保留通常与所有权相联系的继续管理权，也没有对已出售的商品实施控制；③收入的金额能够可靠计量；④相关的经济利益很可能流入企业；⑤相关的已发生的或将发生的成本能够可靠地计量。

企业取得了销售收入，必然要发生相应的耗费。按照收入与费用配比的要求，在确认收入实现的同时，还必须确认与收入相关的成本费用。这些费用成本包括主营业务成本，即已售产品的生产成本，它与主营业务收入直接配比。具体的计算公式为：

主营业务收入=产品销售数量×销售单价

主营业务成本=产品销售数量×单位生产成本

企业销售了产品，还应按照税法的规定，向税务部门缴纳税金，其中还包括属于应纳消费税的产品（关于增值税的问题将在财务会计中进行介绍）应缴纳的消费税；按缴纳的流转税作为计税依据，按规定的税率，计算缴纳城建税、教育费附加等。

在出售产品过程中，为了及时销售产品，还会发生各种费用，包括运输费、装卸费、包装费、保险费、展览费和广告费，以及为销售本企业商品而专设的销售机构的职工薪酬、业务宣传费等，这些费用称为销售费用。它和管理费用、财务费用一样都是期间费用，直接计入当期损益，并予以归集。

企业销售产品后取得的收入，在扣除主营业务成本、税金后，才能确定为销售成果。销售过程的经济业务实际上包括反映销售收入、归集销售费用等日常业务和期末应纳税金的计算，以及主营业务成本的计算结转两个方面。

在销售业务过程中，会计核算应归类记录的经济业务主要包括：①确定主营业务收入，考核销售计划的执行情况；②办理与购货单位之间的货款结算；③归集销售费用；④计算应纳税金；⑤计算结转主营业务成本。

根据销售业务的内容，会计上应设置相应的账户，以归类记录、提供销售业务的相关信息。

企业应按收入的类别，分别设置"主营业务收入"和"其他业务收入"账户，以反映各类收入。

"主营业务收入"账户是损益类账户。它用于核算企业在销售商品等主要业务活动中所产生的收入。企业出售产品，在满足收入成立的条件下，应确认为企业的收入，记入本账户的贷方；企业在销售过程中，发生的销售折让、销售退货等应冲减销售收入，记入本账户的借方。本期借方发生额与贷方发生额的差额，即销售收入减去销售折让、销售退货后的差额，称为销售净额，期末应将销售净额结转至"本年利润"账户，结转后本账户期末没有余额。"主营业务收入"账户可以按产品的名称设置明细账，进行明细核算。

"其他业务收入"账户是损益类账户。它用于核算企业除主营业务收入以外的其他销售或其他业务的收入，如材料销售、出租固定资产、出租包装物，以及转让无形资产使用权的收入等。该账户贷方登记取得的各项其他业务收入，期末将贷方归集的各项收入，由借方结转至"本年利润"账户的贷方，结转后本账户期末没有余额。"其他业务收入"账户可按其他业务的种类设置明细账，进行明细核算。

为了反映企业为取得主营业务收入和其他业务收入所发生的耗费，应分别设置"主营业务成本""税金及附加"和"其他业务成本"账户。

"主营业务成本"账户是损益类账户。它用于核算企业因销售商品、提供劳务等日常活动而发生的实际成本。其借方登记已售产品的销售成本，期末从贷方结转至"本年利润"账户的借方。结转后本账户无余额。"主营业务成本"账户可按销售产品的类别设置明细账户，进行明细核算。

"税金及附加"账户是损益类账户。它用于核算企业日常活动应负担的税金及附加，包括消费税、城市维护建设税和教育费附加等。其借方登记按规定计算出的应由主营业务负担的税金及附加，期末从贷方结转至"本年利润"账户的借方。结转后本账户无余额。

"其他业务成本"账户是损益类账户。它用于核算企业主营业务成本以外的其他销售或其他业务所发生的支出，包括材料销售、出租固定资产、出租包装物，以及转让无形资产使用权等所发生的相关成本、费用，以及相关税金及附加等。其借方登记发生的各项其他业务成本，期末将借方归集的各项其他业务成本由贷方结转至"本年利润"账户的借方，结转后本账户期末没有余额。"其他业务成本"账户可按其他业务的种类设置明细账，进行明细核算。

在销售过程中发生的期间费用，应设置"销售费用"账户予以归类记录。

"销售费用"账户是损益类账户。它用于核算企业在销售商品过程中发生的各项费用。这些费用发生时，记入该账户的借方；期末将借方归集的费用结转至"本年利润"账户的借方。结转后，本账户期末没有余额。"销售费用"账户可按费用项目设置明细账，进行明细核算。

在销售过程中，还应设置"应收票据""应收账款"和"预收账款"账户反映与购货单位之间的往来结算关系，设置"应交税费"账户反映税费的计算和缴纳。

"应收票据"账户是资产类账户。它用于核算企业因销售产品、提供劳务等而收到的商业汇票。企业收到商业汇票，记入本账户的借方，表示债权的增加；票据到期收到货款，或将持有的应收票据背书转让，或持未到期的应收票据到银行办理贴现，记入该账户的贷方，表示债权的清偿。由于商业汇票持票人可以转让，因此不便按购货单位设置明细账，故应设置"应收票据备查簿"，详细登记每一应收票据的种类、号数、签发日期、到期日、票面金额及其注销情况等。

"应收账款"是资产类账户。它用于核算企业因销售产品、提供劳务等，应向购货单位或接受劳务单位收取的款项，包括应收取的货款和代购货单位垫付的包装费、运杂费等。企业发生应收账款，表示债权的增加，记入借方；收回应收账款，表示债权的清偿，记入贷方；期末借方余额反映企业尚未收回的应收账款。"应收账款"账户应按购货单位的名称设置明细账，进行明细核算。应收账款明细账户的格式，采用借、贷、余三栏式的格式。

"预收账款"是负债类账户，它用于核算企业按合同规定向购货单位预收的款项。企业向购货单位预收款项时，记入贷方，表示债务的增加；当企业按合同规定向购货单位发出产品时，冲减原预收的款项，记入借方，表示债务的清偿；期末贷方余额反映企业向购货单位预收的款项。"预收账款"应按预收单位的名称设置明细账，进行明细核算。在预收款项业务不多的企业，为了简化账户的设置，也可不设"预收账款"账户，偶尔发生的预收账款结算业务并入"应收账款"账户进行核算，这样"应收账款"账户就成为既反映债权又反映债务的双重结算账户，期末借方余额反映企业应收未收的款项或应由购货单位补付的款项，贷方余额反映企业向购货单位预收的款项。

"应交税费"是负债类账户。它用于核算企业应缴纳的各种税费。月末计算出应缴纳的税费，记入该账户的贷方，实际缴纳的各种税费记入该账户的借方，其贷方余额反映企业尚未缴纳的税费。"应交税费"账户应按应纳税种设置明细账，进行明细核算。

二、销售业务的日常账务处理

销售业务的日常账务处理主要包括：①销售产品并向购货方收取货款。根据不同的结算方式，货款的收取有现款交易、欠款交易和预收货款三种方式。②其他销售业务，如材料销售、出租固定资产等。③支付营业费用。如在销售产品时，领用包装材料、支付产品的广告费等。

下面我们以光华公司12月的销售业务为例，具体说明销售业务的账务处理。

（一）主营业务销售的账务处理

例27　公司出售产品一批，其中A产品250件，单价200元；B产品100件，单价300元，总计80 000元。货款已通过银行转账收讫。

这是一笔现款交易的经济业务，企业出售产品，使资产和收入同时增加，分别记入"银行存款"账户的借方和"主营业务收入"账户的贷方。编制会计分录如下：

借：银行存款　　　　　　　　　　　　　　　　　　　80 000

　　贷：主营业务收入——A 产品　　　　　　　　　　　　50 000

　　　　　　　　　　——B 产品　　　　　　　　　　　　30 000

例 28　出售 A 产品 100 件，单价 250 元，总计 25 000 元。收到购货单位开出的期限为三个月的商业汇票一张，面值 25 000 元。

这笔经济业务与例 27 相同的是出售产品，使资产和收入同时增加；不同的是，这是一笔欠款交易的经济业务，企业要在三个月以后才能收到货款，应通过"应收票据"账户核算。编制会计分录如下：

借：应收票据　　　　　　　　　　　　　　　　　　　25 000

　　贷：主营业务收入——A 产品　　　　　　　　　　　　25 000

三个月以后，企业持应收票据向银行办理承兑手续取得货款，编制会计分录如下：

借：银行存款　　　　　　　　　　　　　　　　　　　25 000

　　贷：应收票据　　　　　　　　　　　　　　　　　　　25 000

例 29　出售 B 产品 100 件，单价 300 元，总计 30 000 元，货款未收到。

与例 28 相同的是，这也是一笔有关欠款交易的经济业务，不同的是本例在出售产品后，并未收到有书面形式、具有法律效力的票据，可见应收账款这种欠款交易方式，较之于应收票据具有较大的风险。编制该项经济业务会计分录如下：

借：应收账款　　　　　　　　　　　　　　　　　　　30 000

　　贷：主营业务收入——B 产品　　　　　　　　　　　　30 000

企业收回货款时，编制会计分录如下：

借：银行存款　　　　　　　　　　　　　　　　　　　30 000

　　贷：应收账款　　　　　　　　　　　　　　　　　　　30 000

例 30　按照与红星公司签订的合同规定，向该公司出售 A 产品价值 100 000 元，红星公司按货款的 10% 预付订金。本月收到红星公司的预付货款 10 000 元。

企业收到红星公司的货款时，确认销售收入成立的条件并不具备，仅仅是资产和负债同时增加，分别记入"银行存款"和"预收账款"账户。编制会计分录如下：

借：银行存款　　　　　　　　　　　　　　　　　　　10 000

　　贷：预收账款　　　　　　　　　　　　　　　　　　　10 000

例 31　按合同规定向红星公司发出 A 产品 500 件，单价 200 元，总计 100 000 元。其中 10 000 元，以原预付款项抵偿，余款暂欠。

企业按合同发出产品，确认销售收入成立的条件已经具备，一方面确认收入 100 000 元，另一方面结清原预收的债务，余款部分作为债权的增加。编制会计分录如下：

借：预收账款   10 000

     应收账款   90 000

    贷：主营业务收入——A产品   100 000

例32 从仓库领用包装材料一批，价值2 500元。

领用包装材料是为了销售产品而发生的耗费，应记入"销售费用"账户，一方面销售费用增加，另一方面库存包装材料减少。编制会计分录如下：

借：销售费用   2 500

    贷：原材料——包装材料   2 500

例33 以银行存款3 250元支付产品的展销费。

产品展销费也是为销售产品而发生的费用，应记入"销售费用"账户，一方面销售费用增加，另一方面银行存款减少。编制会计分录如下：

借：销售费用   3 250

    贷：银行存款   3 250

（二）其他业务销售的账务处理

企业材料销售、出租固定资产、出租包装物和转让无形资产使用权所取得的收入也是企业收入的组成部分。它们通过"其他业务收入"账户进行归集，通过"其他业务成本"账户归集为取得其他业务收入所发生的耗费，如销售材料的成本、出租固定资产应提取的折旧、出租包装物应摊销的价值、出租无形资产应摊销的价值等。

例34 将多余的丙材料0.5吨出售，售价4 620元，货款已收存银行。该批材料的成本为4 200元。

这项业务涉及两个方面的问题：一是应反映取得的其他业务收入，即收入和资产同时增加，分别记入"其他业务收入"和"银行存款"账户；二是应反映为取得其他业务收入而发生的耗费，该材料的成本应由"原材料"账户结转至"其他业务成本"账户。编制会计分录如下：

（1）借：银行存款   4 620

       贷：其他业务收入   4 620

（2）借：其他业务成本   4 200

       贷：原材料   4 200

三、主营业务成本及税金的计算和结转

在日常销售业务中，我们确认了销售收入、归集了销售费用，按照权责发生制的要求，还要计算应纳的税金、计算结转主营业务成本，并从销售收入中得到补偿，才能完成销售过程的全部账务处理。

（一）计算应纳的税金

企业在主营业务收入实现后，还应按税法的规定，计算应由营业收入负担的税金。

税收是国家为实现其职能，按照法律的规定，强制地、无偿地取得财政收入的一种手段。企业主营业务收入应负担的税金及附加包括消费税、城市建设维护税、教育费附加等。税金不是一种耗费，而是企业对国家应尽的义务，也是企业纯收入的抵减部分，但是从企业角度来看，也是一项支出。为了正确计算本期损益，合理进行利润分配，月末应将应属本期的税金调整入账并于次月初向国家税务部门缴纳。企业应缴纳的消费税等，一般以营业收入作为计税依据。应纳的城市建设维护税、教育费附加以应纳的流转税作为计税依据。其计算公式为：

应纳产品的消费税＝营业收入×适用税率

应纳的城市建设维护税、教育费附加＝应纳的流转税×适用税率

企业日常活动应负担的税金及附加通过"税金及附加"和"应交税费"账户进行核算。

相关链接 3-2

流转税是以商品或劳务买卖的流转额为征税对象所征收的税赋，包括增值税、消费税等。

1. 增值税是以商品生产的各个流通环节的增值额或提供劳务的增值额为征税对象的一种流转税

凡在我国境内销售货物或者提供加工、修理、修配劳务以及进口货物的单位和个人，均为增值税的纳税人。增值税的缴纳，采用的是税款抵扣的办法，纳税人对流转额中已含的那部分税款或者以前环节（阶段）已经缴纳的那部分税款，在本环节（阶段）不再缴纳，而只缴纳本环节中尚未缴纳的那部分流转税额。增值税一般纳税人应纳税额等于当期销项税额减去当期进项税额后的余额。要正确计算当期应纳税额，就必须正确计算当期的销项税额和当期的进项税额。增值税是一种价外税，为此，增值税一般纳税人应在"应交税费"账户下，设置"应交增值税"二级账户，分别反映纳税人的销项税额和当期的进项税额。增值税的核算在《财务会计》中讲述，《初级会计学》均假定不涉及增值税。

2. 消费税是以特定消费品为课税对象所征收的一种税

它是在对货物普遍征收增值税的基础上，再重复征收的一种流转税。应纳消费税的商品主要有卷烟、酒及酒精、化妆品、贵重首饰及珠宝玉石、小汽车等。消费税是一种价内税，会计上通过"税金及附加"账户进行核算。

例 a 光华公司本月 A 产品的销售总额 175 000 元，B 产品销售总额 60 000 元。假定这两种产品都应纳消费税，消费税税率 A 产品为 5%、B 产品 3%（其他税不考虑）。

A 产品应纳消费税 = 175 000×5% = 8 750（元）

B 产品应纳消费税 = 60 000×3% = 1 800（元）

根据计算结果，编制本期应纳产品消费税的会计分录：

借：税金及附加——A 产品   8 750

      ——B 产品   1 800

  贷：应交税费——应交消费税   10 550

（二）主营业务成本的计算和结转

主营业务成本（在制造企业称产品销售成本）是指已售产品的生产成本。企业在出售商品后，应计算和结转已售出产品的成本。

已售产品的成本 = 产品销售数量×单位生产成本

企业完工入库的产成品，由于各月的费用水平不同，因而各批产成品的单位成本也不一定相同，所以，对这些不同批别产成品的销售成本的计算，应以实际成本为依据。其计算方法主要有：个别计价法、先进先出法、加权平均法和后进先出法等。

现以具体资料来说明各种方法的运用。

某企业 20××年 7 月库存甲产品的收、发、存的资料如表 3-9 所示：

表 3-9　甲产品资料   单位：件

日期	摘要	本期入库			本期销售			本期结存		
		数量	单位成本	金额	数量	单价	金额	数量	单位成本	金额
7/1	期初库存							100	100	10 000
7/5	销售				50			50		
7/6	入库	200	110	22 000				250		
7/10	销售				200			50		
7/18	入库	200	120	24 000				250		
7/23	销售				200			50		
7/28	入库	100	140	14 000				150		
7/31	合计	500		60 000	450			150		

1. 个别计价法

个别计价法，又称个别认定法、具体辨认法、分批实际法。采用这一方法是假设存货的成本流转与实物流转相一致，按照各种存货，逐一辨认各批发出存货和相关存货所属的购进批别或生产批别，分别按其购入或生产时所确定的单位成本作为计算各批发出存货和相关存货成本的方法。

采用这种方法，计算发出存货的成本和相关存货的成本比较合理、准确，但这种方法的前提是需要对发出和结转存货的批次进行具体认定，才能辨别其所属收入的批次。

实务操作上，采用此法工作量较为繁重。这一计价方法适用于容易识别、体积较大、成本较高和数量较少的存货，如船舶、飞机、重型设备、珠宝、名画等贵重物品。

2. 先进先出法

先进先出法是假定先入库的产品先出售，并以此成本流转顺序对已售产品和库存产品进行计价的一种方法。因此，已售产品的成本，应从期初库存产品的单位成本开始依次往后计算。现根据上述资料，对销售产品的成本计算如下：

7 月 5 日第一批产品的销售成本 = 50×100 = 5 000 （元）

7 月 10 日第二批产品的销售成本 = 50×100+150×110 = 21 500 （元）

7 月 23 日第三批产品的销售成本 = 50×110+150×120 = 23 500 （元）

合计　　　　　　　　　　　　　　　　　　50 000 （元）

也可运用逆向思维的方法，以简化本期销售产品的成本计算。期末库存甲产品 150 件中，应有 100 件属第三批购入，50 件属第二批购入，因而：

库存甲产品成本 = 100×140+50×120 = 20 000 （元）

产品销售成本 = 10 000+60 000−20 000 = 50 000 （元）

需逐笔记录收、发产品成本的企业，可按第一种方法计算；月末汇总结转发出产品成本的企业，则可按第二种方法计算。

此方法的优点是，产成品按入库先后顺序计价，故库存产成品的成本比较接近于市价变化。但是，采用这种方法计价，由于销售的同一批产成品可能涉及前期不同批次入库产品的单位成本，所以，计算每批销售产品的成本显得比较繁琐。

3. 后进先出法

后进先出法是假定后入库产品先出售，并以此成本流转顺序对发出产品和库存产品进行计价的一种方法。此法的假定与先进先出法相反。

现以上述资料为例，说明在采用永续盘存制（关于存货的永续盘存和实地盘存制参阅第六章）时，已售产品销售成本的计算方法：

7 月 5 日第一批产品的销售成本 = 50 ×100 = 5 000 （元）

7 月 10 日第二批产品的销售成本 = 200×110 = 22 000 （元）

7 月 23 日第三批产品的销售成本 = 200×120 = 24 000 （元）

合计　　　　　　　　　　　　　　　　　　51 000 （元）

这种方法记录的结果与先进先出法记录的结果不同。本期已售产品的成本总额为 51 000 元，库存产品的成本总额为 19 000 元。采用后进先出法计算的销售成本比较接近于现行成本。在物价上涨的情况下，更能体现谨慎性的要求。

4. 加权平均法

加权平均法以期初和本期入库产品的数量作为权数，用期初产品成本和本期入

105

库产品的总成本除以总数量，计算产品的加权平均单位成本，并据此对本期销售产品和期末库存产品进行计价。其计算公式如下：

$$加权平均单位成本=\frac{期初产品实际成本+本期入库产品实际成本}{期初产品数量+本期入库产品数量}$$

已售产品的成本＝本期销售数量×加权平均单位成本

期末库存产品成本＝期末库存数量×加权平均单位成本

根据上述材料，采用加权平均法对产品进行计价，则：

$$加权平均单位成本=\frac{10\ 000+200\times110+200\times120+100\times140}{100+500}$$

$$=116.67（元）$$

本期已售产品的成本＝450×116.67＝52 501.5（元）

期末库存产品成本＝10 000+60 000-52 501.5＝17 498.5（元）

由于加权平均法考虑了每次入库的数量，所以，这种方法准确地反映了已售产品的成本。采用此法，日常账务处理比较简单，已售产品只进行数量核算，在月末计算出加权平均单价后，再进行金额核算。

我国《企业会计准则第1号——存货》规定：企业应当采用先进先出法、加权平均法或者个别计价法确定发出存货的实际成本。

现以光华公司为例，说明已售产品的成本计算和结转业务。

例b A产品本期销售875件，B产品本期销售200件，按先进先出法计算结转本期产品销售成本。A、B产品的明细资料如表3-10、表3-11所示。

本期已售A产品的主营业务成本＝500×110+375×120＝100 000（元）

本期已售B产品的主营业务成本＝200×180＝36 000（元）

根据计算编制结转分录如下：

借：主营业务成本——A产品　　　　　　　　　　　　　　　　100 000

　　　　　　　　——B产品　　　　　　　　　　　　　　　　　36 000

　　贷：库存商品——A产品　　　　　　　　　　　　　　　　100 000

　　　　　　　　　——B产品　　　　　　　　　　　　　　　　 36 000

表3-10　库存商品明细账

产品名称：A产品　　　　　　　　　　　　　　　　　　　　计量单位：件

2018年		凭证号数	摘要	收入			发出			结存		
月	日			数量	单价	金额	数量	单价	金额	数量	单价	金额
12	1		期初余额							500	110	55 000
	31	例乙	完工入库	500	120	60 000				1 000		115 000
		例b	结转成本				875		100 000	125		15 000
12	31		本期发生额及余额	500	120	60 000	500 375	110 120	100 000	125	120	15 000

表 3-11 库存商品明细账

产品名称：B 产品   计量单位：件

| 2018年 | | 凭证 | 摘要 | 收入 | | | 发出 | | | 结存 | | |
月	日	号数		数量	单价	金额	数量	单价	金额	数量	单价	金额
12	1		期初余额							350	180	63 000
12	31	例b	结转成本				200	180	36 000	150	180	27 000
12	31		本期发生额及余额				200	180	36 000	150	180	27 000

结转例 b 的分录除应在总分类账户"主营业务成本"借方、"库存商品"贷方各记136 000 元外，还应在"主营业务成本——A 产品""主营业务成本——B 产品"明细分类账户借方分别登记 100 000 元、36 000 元，在"库存商品——A 产品""库存商品——B 产品"明细分类账户贷方详细记录已售产品的数量，单位成本和总成本。"库存商品"明细分类账户的记录见表 3-8、表 3-9。

以上例 28~例 34 及例 a、例 b 两笔经济业务，在总分类账户的记录如图 3-4 所示。

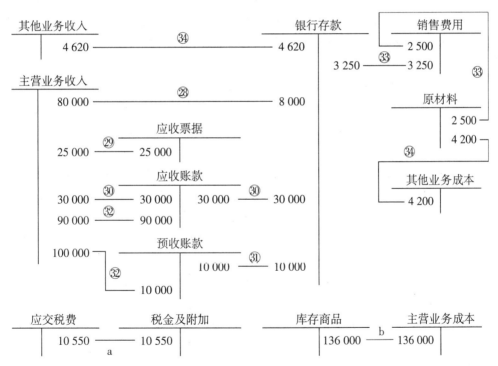

图 3-4 销售业务总分类核算图示

第六节 财务成果业务核算

一、财务成果形成的核算

(一) 利润总额的构成

利润是指企业在一定会计期间的经营成果，包括收入减去费用后的净额、直接计入当期利润的利得和损失等。它集中反映了企业生产经营活动各方面的效益，也是衡量企业生产经营管理水平的重要综合指标。

企业的利润总额由营业利润、利得和损失两部分构成。其计算公式为：

利润总额＝营业利润＋营业外收入－营业外支出

利润总额各组成部分的内容和计算方法如下：

1. 营业利润

营业利润是企业生产经营活动所取得的利润，它是企业利润总额的主要组成部分。从数量上分析，营业利润是营业收入减去营业成本、税金及附加、期间费用及资产减值损失后的余额，并在此基础上，再加上公允价值变动收益和投资收益所计算出的金额，其计算公式为：

营业利润＝营业收入－营业成本－税金及附加－管理费用－销售费用－财务费用－资产减值损失＋公允价值变动收益＋投资净收益＋资产处置收益＋其他收益

(1) 公式中的营业务收入包括主营业务收入和其他业务收入；营业成本包括主营业务成本和其他业务成本。

(2) 公式中的管理费用、销售费用、财务费用，即为期间费用。期间费用是企业必须从当期营业收入中得到补偿的费用。由于它只与企业当期实现的收入有关，因此不应计入产品的生产成本，而应直接体现为当期损益。

(3) 公式中的"资产减值损失"与"公允价值变动收益"项目，将在《财务会计》中介绍，《初级会计学》一般不涉及此类问题。

(4) 投资净收益。投资净收益是企业投资收益与投资损失的净额。投资收益和投资损失是指企业对外投资所取得的收益或发生的损失。投资收益扣除投资损失后的数额，应作为企业利润总额的构成项目。投资收益包括：①企业以现金、实物、无形资产等对外投资所分得的利润，以及与其他企业联营、合作分得的利润；②以购买股票的形式投资分得的现金股利；③以购买债券的形式投资获得的利息收入；④投资到期收回或者中途转让所取得款项高于账面价值的差额。

投资损失包括将对外投资到期收回或者中途转让所取得款项低于账面价值的差额。

企业对外投资取得的收入或发生的损失，都应通过"投资收益"账户进行核算。"投资收益"账户属于损益类账户。其贷方登记投资取得的收入，借方登记投资发生的损失；贷方余额反映投资净收益，借方余额反映投资净损失，期末无论是借方余额还是贷方余额均应转入"本年利润"账户。结转后该账户应无余额。为了详细地提供对外投资的情况，应按收益或损失种类设置明细账，进行明细分类核算。

（5）资产处置收益，反映企业出售划分为持有待售的非流动资产（金融工具、长期股权投资和投资性房地产除外）或处置组时确认的处置利得或损失，以及处置未划分为持有待售的固定资产、在建工程、生产性生物资产及无形资产而产生的处置利得或损失。债务重组中因处置非流动资产产生的利得或损失和非货币性资产交换产生的利得或损失也包括在本项目内。

企业发生的资产处置利得或损失，应通过"资产处置收益"账户核算。"资产处置收益"账户属于损益类账户。其贷方登记资产处置取得的利得，借方登记资产处置发生的损失；贷方余额表示资产处置净收益，借方余额表示资产处置净损失，期末无论是借方余额还是贷方余额均应转入"本年利润"账户，结转后该账户无余额。为了详细提供资产处置的情况，应按收益或损失种类设置明细，进行明细核算。

其他收益，反映计入其他收益的政府补助等。该项目应设置损益类科目"其他收益"账户进行核算。

例35　光华公司从联合经营体中分得利润 5 000 元，已存入银行。编制会计分录如下：

借：银行存款　　　　　　　　　　　　　　　　　　　　　　5 000
　　贷：投资收益——其他投资利润　　　　　　　　　　　　　　　5 000

例36　光华公司持有五年期债券 10 000 元，年利率 10%，分期付息，本期取得利息收入 1 000 元，已存入银行。编制会计分录如下：

借：银行存款　　　　　　　　　　　　　　　　　　　　　　1 000
　　贷：投资收益——债券利息收入　　　　　　　　　　　　　　　1 000

例37　光华公司以 50 000 元的价格出售一项专利权，款项已收存银行。该项专利权的账面净值为 40 000 元。另按税法规定，假定该项业务应缴纳增值税 2 500 元。

这项业务取得收入 50 000 元，扣除无形资产的成本和应缴纳税金后，其余额为 7 500 元。出售无形资产所取得的收入，应记入"资产处置收益"账户。编制会计分录如下：

借：银行存款　　　　　　　　　　　　　　　　　　　　　　50 000
　　贷：无形资产　　　　　　　　　　　　　　　　　　　　　40 000
　　　　应交税费——应交增值税　　　　　　　　　　　　　　　2 500
　　　　资产处置收益——出售无形资产收益　　　　　　　　　　　7 500

例 38 光华公司将一台不需用的设备出售，该项设备原值 200 000 元，已计提折旧 20 000 元，在该项设备的清理过程中，以银行存款支付清理费用 1 500 元，作价 174 170 元，款项已收存银行。

这笔经济业务应通过"固定资产清理"账户进行核算。"固定资产清理"账户是资产类账户，它用于核算企业因出售、报废和毁损、对外投资、非货币性资产交换、债务重组等原因转出的固定资产价值及其在清理过程中所发生的清理费用和清理收入等。该账户借方登记转入清理的固定资产的净值、在清理过程中所支付的费用以及出售不动产时应缴纳的增值税等；贷方登记清理过程中所取得的各项收入，如收取的出售固定资产的价款、残料价值、变价收入以及应由保险公司或过失人赔偿的损失等；期末借方余额反映处置固定资产的净损失，作为资产处置损失，应结转至"资产处置收益"账户的借方；期末贷方余额反映处置固定资产的净收益，作为资产处置收益，应结转至"资产处置收益"账户的贷方。结转后该账户没有余额。固定资产清理的具体账务处理如下：

第一步注销固定资产的账面价值。将固定资产的净值转入"固定资产清理"账户，同时注销退出的固定资产和累计折旧的账面价值。

第二步将清理过程中的各项支出及应缴纳的税金，记入"固定资产清理"账户的借方。

第三步将出售固定资产的价款、残料价值、变价收入以及应由保险公司或过失人赔偿的损失等，记入"固定资产清理"账户的贷方。

第四步确定清理净损益，并予以结转。

按照以上步骤，本例应编制的会计分录如下：

（1）借：固定资产清理   180 000
　　　　累计折旧   20 000
　　　　贷：固定资产   200 000
（2）借：固定资产清理   1 500
　　　　贷：银行存款   1 500
（3）借：银行存款   174 170
　　　　贷：固定资产清理   174 170
（4）借：资产处置收益   7 330
　　　　贷：固定资产清理   7 330

2. 利得和损失

企业在经营活动中除了取得经营收入，发生各种耗费以外，还会发生与企业生产经营无直接关系的日常活动损益，即利得和损失。利得是指企业非日常活动所形成的、会导致所有者权益增加的、与所有者投入资本无关的经济利益的流入，习惯上称为营业外收入。营业外收入反映企业发生的营业利润以外的收益，主要包括债务重组利得、与企业日常经营活动无关的政府补助、盘盈利得、捐赠利得等。损失是指企业非日常活动所发生的，会导致所有者权益减少的，与向所有者分配利润无关的经济利益的流出，习惯上称为营业外支出。营业外支出反映企业发生的营业利润以外的支出，主要包括债务重组损失，公益性捐赠支出，非常损失，盘亏损失，非流动资产毁损报废损失等。

利得和损失应分别通过"营业外收入"和"营业外支出"账户进行核算。

"营业外收入"账户是损益类账户，反映企业发生的营业利润以外的收益，主要包括债务重组利得、与企业日常活动无关的政府补助、盘盈利得、捐赠利得等。它用于核算与企业生产经营无直接关系的各种收入。企业取得各项营业外收入时，记入贷方，期末将贷方归集的各项营业外收入，由借方结转至"本年利润"账户的贷方，结转后该账户期末没有余额。"营业外收入"账户可按收入的种类设置明细账，进行明细核算。

"营业外支出"账户是损益类账户，它用于核算与企业生产经营无直接关系的各种支出。企业发生各项营业外支出时，记入借方，期末将借方归集的各项营业外支出，由贷方结转至"本年利润"账户的借方，结转后该账户期末没有余额。"营业外支出"账户可按支出的种类设置明细账，进行明细核算。

例 39 光华公司收到与企业日常活动无关的政府补助 7 500 元存入银行。

借：银行存款　　　　　　　　　　　　　　　　　　7 500

　　贷：营业外收入　　　　　　　　　　　　　　　　　　7 500

例 40 光华公司向希望工程捐款 7 500 元。

借：营业外支出　　　　　　　　　　　　　　　　　　7 500

　　贷：银行存款　　　　　　　　　　　　　　　　　　　7 500

由以上可知，企业利润增加的因素包括主营业务收入、其他业务收入、投资净收益、资产处置收益、营业外收入等；企业利润减少的因素包括主营业务成本、税金及附加、其他业务成本、投资净损失、管理费用、营业费用、财务费用和营业外支出等。若各项收入和各项支出的差额为正数，表示盈利；反之，则表示亏损。

例 35~例 40 笔经济业务在总分类账户的记录如图 3-5 所示。

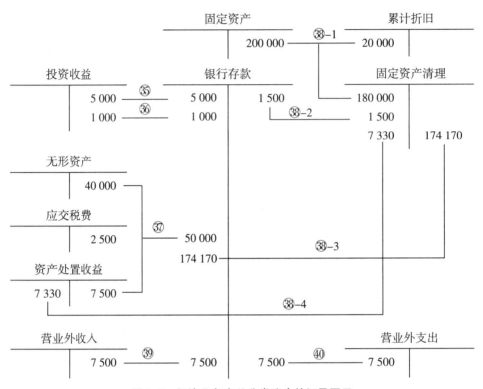

图 3-5　经济业务在总分类账户的记录图示

（二）利润总额的核算

1. 设置账户

企业利润（或亏损）通过设置"本年利润"账户进行核算。"本年利润"账户是所有者权益类账户，汇总企业的一切收益和一切费用，以计算确定企业的经营成果，借方汇集本期利润的一切减少因素，贷方汇集本期利润的一切增加因素；借方余额反映本年累计发生的亏损总额，贷方余额反映本年累计实现的净利润；年末决算时，借、贷方余额均应转入"利润分配——未分配利润"账户。结转后该账户没有余额。

企业在一定期间内所实现的利润或亏损总额，是先通过结转本期收入、费用类账户，再将损益汇总，加以比较确定的。

2. 损益类账户的结转和结清

损益类账户包括收入、费用、支出账户。它们是在一定期间内归集各项收入和费用的过渡性账户，其目的是为编制本期利润表提供资料。期末，为了确定本期利润，应将过渡性账户的余额，结转至"本年利润"账户，从而结清各损益类账户。这种把过渡性账户的余额结转至"本年利润"账户，使过渡性账户的余额为零的账务处理程序称为结清，它是会计循环的最后一个步骤。

收入、费用、支出账户结转和结清的基本做法如下：

（1）将利润增加因素从有关收入账户的借方，结转至"本年利润"账户的贷方；

（2）将利润减少因素从有关费用、支出账户的贷方，结转至"本年利润"账户的借方；

（3）划线结清所有过渡性账户。

现以光华公司本月的经济业务（本章中涉及收入、费用的相关业务）为例，来具体说明收入、费用、支出账户的结转、结清及本年利润的核算。本例中假定1~11月的累计利润总额为245 900元，企业所得税税率25%。

（1）根据本月账簿记录，结转本期主营业务收入235 000元、其他业务收入4 620元、投资收益6 000元、资产处置收益170元、营业外收入7 500元。编制会计分录如下：

借：主营业务收入	235 000
其他业务收入	4 620
投资收益	6 000
资产处置收益	170
营业外收入	7 500
贷：本年利润	253 290

（2）根据本月账簿记录，结转本期营业成本136 000元、税金及附加10 550元、其他业务成本4 200元、管理费用32 140元、财务费用3 050元、销售费用5 750元、营业外支出7 500元。编制会计分录如下：

借：本年利润	199 190
贷：主营业务成本	136 000
税金及附加	10 550
其他业务成本	4 200
销售费用	5 750
管理费用	32 140
财务费用	3 050
营业外支出	7 500

以上有关收入费用结转的经济业务在总分类账户中的记录如图3-6所示。

（3）根据结转分录，分别转出损益类账户的借方或贷方，使各账户的余额为零，从而结清各损益账户。

（三）净利润的确定

企业实现的利润应按税法的规定对其进行必要的调整，确定应纳税所得额，然后按规定的税率计算出应纳所得税额。利润总额扣除应纳所得税额后的差额称为净利润或税后利润。利润总额、应纳税所得额、所得税以及净利润之间的关系，用公式表示如下：

利润总额+（或-）税收调整项目=应纳税所得额

应纳所得税=应纳税所得额×所得税税率

净利润=利润总额-所得税

为了核算企业确认的应从当前利润总额中扣除日所得税费用，应设置"所得税费用"账户。"所得税费用"账户是费用类账户。其借方登记按税法规定计算确定的本期应交所得税。期末，将本账户的借方发生额从贷方结转至"本年利润"账户的借方。结转后该账户无余额。

相关链接 3-3

企业所得税是指国家对境内企业的生产、经营所得和其他所得依法征收的一种税，它是以企业的纯收益额作为课征对象的一种税，是国家参与企业收入分配的一种主要形式。由于企业会计准则、《企业会计制度》（财政部［2000］25 号）和《企业所得税税法》（2017 年修正本）对企业收入、费用的确认存在差异，因而企业利润总额和应纳税所得额之间必然存在差异。计算企业应纳所得税的依据是应纳税所得额，纳税人在期末应将利润总额按照税法的规定调整为应纳税所得额。

纳税调整问题比较复杂，将在《财务会计》中做详细介绍。《初级会计学》中，假定企业没有需要调整的账项，利润总额与应纳税所得额相等。

光华公司本月实现的利润总额为 54 100 元，本年累计实现利润 300 000 元，按规定的税率 25%计算，应纳所得税为 75 000 元（300 000×25%）。这项经济业务应编制如下会计分录：

①计算应交所得税

借：所得税费用	75 000	
贷：应交税费——应交所得税		75 000

②期末结转所得税

借：本年利润	75 000	
贷：所得税费用		75 000

将以上分录过入有关总分类账户，结清所得税费用账户，参见图 3-6 所示。

从图 3-6 可以看出，本年累计净利润为 225 000 元。

企业所实现的利润应根据董事会的决定，按照有关法律、法规的规定进行分配。

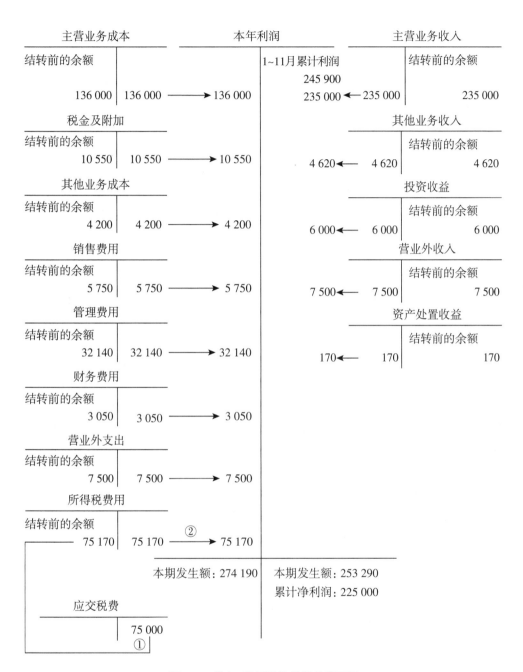

图 3-6 收入、费用结转的总分类图示

二、财务成果分配的核算

（一）利润分配及其顺序

利润分配是将企业本期所实现的净利润按照有关法规和投资协议所确认的比例和顺序，在企业和投资者之间所进行的分配。

企业实现的净利润，根据《公司法》等有关法规的规定，应当按照如下顺序进行分配：

（1）提取法定公积金。法定公积金一般按净利润10%的比例提取。法定公积金累计达到公司注册资本的50%以上时，可以不再提取法定公积金。

（2）提取任意公积金。公司在提取法定公积金后，根据股东大会的决定，还可提取任意公积金。

（3）向投资者分配利润或股利。公司在提取法定公积金后，根据股东大会的决定可按股东出资比例或持有股份比例分配股利。

企业实现的利润在按上面顺序分配后，剩余部分即为未分配利润，留待以后会计期间进行分配。

（二）利润分配业务应设置的账户

企业利润分配业务应按照分配的内容，设置"利润分配""盈余公积""应付股利"账户。

为了核算企业利润分配和历年分配后的积存余额，应设置"利润分配"账户。"利润分配"账户是所有者权益类账户，其借方登记各种利润分配事项，包括提取公积金、支付投资者利润或股利等；贷方登记抵减利润分配事项，如用盈余公积弥补企业亏损等。年末借方余额表示累计未弥补亏损总额，贷方余额表示累计未分配利润总额。"利润分配"账户应按分配项目设置"盈余公积补亏""提取盈余公积""应付现金股利或利润""未分配利润"等明细账户，进行明细分类核算。

企业的利润分配通常于年末进行。在办理年终决算时，应将本年实现的利润总额和本年的利润分配数转入"利润分配——未分配利润"明细账户，以便确定本年的未分配利润。"未分配利润"账户贷方记录转入的本年已实现利润总额，借方记录转入的本年已分配的利润总数。贷方余额表示企业历年积存的未分配利润总额，借方余额则表示未弥补的亏损总额。

"盈余公积"账户是所有者权益类账户。它用于核算企业按规定从净利润中提取的盈余公积。企业按规定提取的盈余公积记入账户的贷方；用盈余公积弥补亏损或转增资本，记入借方。期末贷方余额反映企业提取的盈余公积的余额。"盈余公积"账户应按其种类设置明细账，进行明细核算。

"应付利润（或应付股利）"账户是负债类账户。它用于核算企业与投资人之间的利润（或股利）的结算情况。应分给出资人的利润（或股利）记入该账户的贷方，表示负债的增加；以现金或其等价物支付利润（或股利），记入该账户的借方，表示负债的清偿。其贷方余额表示应付未付的利润（或股利）。

（三）利润分配业务的账务处理

按照分配顺序，税后利润应先提取盈余公积作为资本积累，然后再在投资人之间进行分配；在以上分配后若有结余，则为未分配利润，可留待以后年度分配。企业盈余公积与未分配利润又统称为留存收益，是所有者权益的一个组成部分。

1. 提取盈余公积业务

盈余公积是企业按照规定从税后利润中提取的积累资金。计提盈余公积的目的是：①控制向投资者分配利润的水平，避免各年利润分配的大幅度波动，防止企业的短期行为。②保证企业简单再生产和扩大再生产的顺利进行。企业每年都应从盈利中提取一定比例的盈余公积，一方面为企业亏损的弥补准备资金来源，另一方面为企业拓展业务奠定雄厚的资金基础。③转增公司资本。在法定公积金转为资本时，所留存的该项公积金不得少于转增前公司注册资本的百分之二十五。

企业在提取盈余公积时，一方面记入"利润分配——提取盈余公积"明细账的借方，另一方面记入"盈余公积"账户的贷方，表示盈余公积的增加。

2. 出资者利润分配业务

企业实现的利润在扣除应提取的盈余公积后，余下部分可按出资人的出资比例或协议规定的其他办法，在出资人之间进行分配。

当董事会决定向投资者分配利润（或股利），应在财务报表附注中披露。当分配方案经股东大会批准后，一方面应记入"利润分配——应付利润（或股利）"明细账的借方，另一方面记入"应付利润或应付股利"账户的贷方，表示债务的增加。

3. 未分配利润的确定

未分配利润是企业留于以后年度分配的利润或待分配利润。

在市场经济条件下，企业逐步成为自负盈亏、自主经营、自我约束、自我发展的经济实体。国家财政不再对企业直接拨款，企业发展所需的资金主要来自企业内部的积累。为了均衡各年度的利润分配水平，以丰补歉、留有余地，保证正常生产经营活动所需的资金供应，企业一般不将实现的利润全部分配完，而是留下一部分利润待以后年度根据经营活动的需要进行分配。这部分尚未确定用途的利润，也是企业所有者权益的组成部分。

如前所述，未分配利润是通过"利润分配——未分配利润"明细账户核算的。年末应将"本年利润"账户登记的本年已实现的净利润转入"利润分配——未分配利润"账户的贷方；再将"利润分配"各明细账户的余额转入"利润分配——未分配利润"明细账的借方，即：

（1）将本年实现的利润转入"利润分配——未分配利润"明细账

借：本年利润

　　贷：利润分配——未分配利润

（2）将本年已分配的利润转入"利润分配——未分配利润"明细账

借：利润分配——未分配利润

　　贷：利润分配——提取盈余公积

　　　　　　　　——应付利润（或应付股利）

这样在"未分配利润"明细账的借方归集了本期已分配的利润总额，贷方归集了本期已实现的利润总额，借、贷方的差额即为本期未分配的利润总额。而"未分配利润"明细账的贷方余额则反映企业累计的未分配利润。

有关利润分配核算的具体内容，现以实例予以详细说明。

假定光华公司董事会决定并经股东大会批准对本年实现的利润，按下述方案进行分配：

年初未分配利润 100 000 元。

本年实现的净利润 201 000 元按 10% 的比例计提盈余公积，按 5% 的比例计提任意盈余公积金，向投资者分配利润 50 000 元。

根据上述资料计算：

①计提法定盈余公积

$201\ 000 \times 10\% = 20\ 100$（元）

②计提任意盈余公积

$201\ 000 \times 5\% = 10\ 050$（元）

③应付利润 50 000 元

④年末未分配利润

$100\ 000 + (201\ 000 - 20\ 100 - 10\ 050 - 50\ 000) = 220\ 850$（元）

编制会计分录如下：

①借：利润分配——提取盈余公积 　　　　　　　　　　　　　　　30 150

　　贷：盈余公积——提取法定盈余公积 　　　　　　　　　　　　　　20 100

　　　　　　　　——提取任意盈余公积 　　　　　　　　　　　　　　10 050

②借：利润分配——应付利润（或应付股利） 　　　　　　　　　　　50 000

　　贷：应付利润（或应付股利） 　　　　　　　　　　　　　　　　　50 000

③将本年利润转入"未分配利润"明细账。

借：本年利润 　　　　　　　　　　　　　　　　　　　　　　　　201 000

　　贷：利润分配——未分配利润 　　　　　　　　　　　　　　　　201 000

④将"利润分配"各明细账的余额转入"未分配利润"明细账。

借：利润分配——未分配利润 　　　　　　　　　　　　　　　　　80 150

　　贷：利润分配——法定盈余公积 　　　　　　　　　　　　　　　20 100

　　　　——任意盈余公积　　　　　　　　　　　　　　　　　　　　　 10 050
　　　　——应付利润（或应付股利）　　　　　　　　　　　　　　　　 50 000
以上业务在有关总分类账中的记录如图3-7所示：

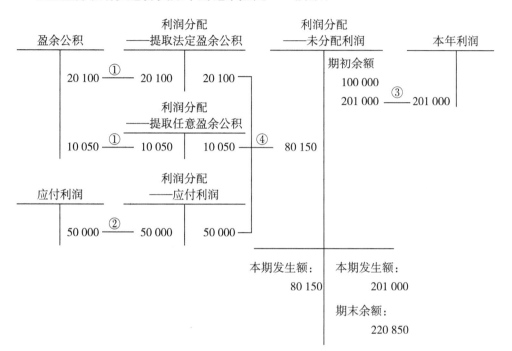

图 3-7　利润分配核算图示

本章小结

　　本章以制造业为例，具体介绍怎样运用借贷记账法进行资金的筹集、供应过程、生产过程和销售过程及其财务成果分配的账务处理；本章采用分类的方法，分节介绍了资金筹集的内容、资本、资本公积的来源及其账务处理；材料采购业务的内容、材料采购成本的计算及其会计分录的编制方法；生产业务的内容、生产费用如何对象化、生产成本的计算及其会计分录的编制方法；产品销售业务的内容、销售成本的计算和结转及其会计分录的编制方法；财务成果分配的程序、核算的内容及其会计分录的编制方法；本章在各节中，具体详尽地介绍了如何根据经济业务的特点来设置和运用账户，如何对收入、费用、成本进行确认和计量；本章是全书的重点，通过本章的学习，应熟练掌握资金的筹集、供应过程、生产过程和销售过程及其财务成果分配的账务处理；能够根据经济业务的内容来设置和运用一套完整的账户体系，对经济业务产生的数据分类进行记录，提供会计要素增减变动的指标。

思考题

1. 怎样进行筹资业务的账务处理？

2. 采购业务需要设置和运用哪些账户？

3. 在采购过程中，如何计算和分配共同性采购费用？

4. 生产费用与生产成本有什么关系？

5. 怎样根据生产业务的内容设置和运用账户？

6. 试述产品生产费用对象化的过程。

7. 销售过程需设置和运用哪些账户？

8. "主营业务收入"和"主营业务成本"账户有什么特点？

9. 对发出存货的计价有哪些主要方法？这些方法有什么优缺点？

10. 其他业务收入、其他业务成本包括哪些内容？怎样进行核算？

11. 营业外收入、营业外支出包括哪些内容？怎样进行核算？

12. 期间费用包括哪些内容？怎样进行核算？

13. 利润总额是怎样构成的？

14. "利润分配"账户有什么特点？

15. 资本公积和盈余公积有什么关系？

16. 当一项经济活动发生后，从企业发生业务到利用会计信息提供给使用者，需要哪些步骤？

17. 在经济活动的过程中，维护交易公平的意义何在？

18. 客观公正是会计工作的基本要求，请你谈谈对坚守会计客观公正性原则的理解。

第四章
期末账项调整

课程思政：

1. 引导学生形成权利与义务对等的观念。在深入研究期末账项调整的过程中，特别关注学生对权责发生制的理解。要引导学生认识到在会计的专业领域中，权益的产生同时伴随着相应的责任。这样的理念不仅贯穿于会计处理，更是人际、社会关系中的基本准则。

2. 强调对学生专业判断能力的培养。针对按照权责发生制进行账项调整这一较为抽象、专业性强的知识特点，强调学生需要培养高水平的专业判断能力。期末账项调整是财务会计领域中一项重要而复杂的任务，需要学生在实践中灵活运用理论知识，做出正确判断，要引导学生在专业判断中注重合法性、公正性，并明白自己的专业决策对社会的影响。

3. 强调对法治观念与会计准则的遵循。在介绍期末账项调整的原因时，引导学生要遵循相关的法规和会计准则，要具备法治观念，注重在财务活动中遵循法律法规的基本原则。

学习目标与要求：

1. 了解期末账项调整的原因、依据和内容，搞清权责发生制和收付实现制两种不同的会计处理基础对确定经营成果的影响；

2. 了解本期收入、本期费用的含义及其构成，并能正确设置和运用有关账户进行收入、费用等调整业务的账务处理。

在上一章中，我们详细介绍了怎样运用借贷记账法，对制造企业日常生产经营活动的各个环节进行核算，然而对涉及期末调整事项的业务，仅做了一般的账务处理。本章主要介绍权责发生制和收付实现制两种不同的会计处理基础对损益的影响，期末账项调整的原因、依据、内容等，以及如何设置和运用相关账户对收入、费用等调整业务进行核算。

121

第一节 会计分期与会计基础

一、持续经营与会计分期

持续经营是会计的基本假设之一。它有两个含义：

（1）企业的经营活动是无限期的。在任何社会中，人们创办企业总是希望它能够按照预定的目标持续不断地经营下去。尤其是在商品经济社会中，企业的连续生产或继续经营便成了人们的客观要求。正如马克思所指出的那样：不管生产过程的社会形式怎样，它必须是连续不断的。① 伴随着社会化大生产的不断发展，这种连续性本身就是一种劳动生产力。② 这就从理论上揭示了：任何一个企业，如果不是预先确定有特定的存续期间，那么这个企业的生产经营活动都将无限期地持续下去，而绝不会预期破产清算。正是由于这种"持续经营"假设，使会计核算建立在"非清算基础"之上，从而解决了资产计价和收益确定等问题。例如，企业对经营活动中长期使用的固定资产（如房屋、机器设备等）的价值，在会计处理上都是按其使用年限分期转作费用，就正是以这一假定为前提的。

（2）在持续经营的前提下，会计连续不断地对企业的经营活动进行反映和控制。在持续经营的前提下，企业对会计信息的收集和处理的方法才能保持相对稳定，并按公认的会计原则和会计处理方法去连续地、全面地、系统地、综合地记录和编报；企业所拥有的经济资源，才能按既定的用途使用；企业的资产才能按历史成本进行核算；企业所承担的债务才能按照规定的条件进行偿还。在清算的情况下，资产的价值应按实际变现的价值计算，负债则按资产变现后的实际负担能力清偿。

会计分期也称为会计期间，它是会计的又一基本假设。在持续经营的假设下，任何一个会计实体的经济活动都是持续不断的。要计算企业的经营成果，从理论上讲，只有等到企业所有的生产经营活动最终结束后，才能通过现有净资产与投入资本的对比来确定。但是这种做法，实际上是行不通的，也是不允许的。因为，企业的经营者、投资者、债权人、国家财政税收部门等都需要及时地了解企业的经营情况，这就要求企业定期提供作为决策、征税依据和信贷依据的财务信息，以便考核、分析和评价企业的财务状况和经济效益。因此，这就必须人为地将持续不断的生产经营过程分为若干个相等的时间段落，以便按一个时间段落分期计算损益，以反映企业的财务状况和经营成果。这种将持续不断的生产经营活动或业务活动人为划分为若干等份的会计起讫时间，称为会计分期或会计期间。

---

① 马克思，恩格斯．马克思恩格斯全集：第23卷［M］．北京，人民出版社，1972：621.
② 马克思，恩格斯．马克思恩格斯全集：第24卷［M］．北京，人民出版社，1972：321.

确定会计分期是进行会计工作的一个重要前提条件。

会计期间的划分，不仅有利于企业及时结算账目、定期编制财务报表、及时反映企业的财务状况和经营成果，而且还有利于把不同会计期间的情况进行分析、对比，以便更好地实施对企业的经营管理。

会计期间的划分，对于确定会计核算的程序和方法也具有极为重要的作用。正是有了会计分期，在会计处理上才产生了本期与非本期的区别；有了本期和非本期的区别，才产生了权责发生制和收付实现制，才使不同类型的会计主体有了记账的标准。例如，采用权责发生制进行会计核算，就必然会出现应计费用、预付费用、应收收入、预收收入等特殊会计事项，就应在期末以所属会计期间为标准，进行收入和费用的账项调整。

会计期间的划分，为会计核算工作提出了时间的要求。一切记账、算账、报账工作都必须在规定的会计期间内予以合理地安排，以及时地提供满足多方需求的会计信息。

二、收付实现制和权责发生制

会计期间的确定，为企业等单位正确地计算费用成本、收入成果等规定了一个起讫的时间界限。但是，它并没有解决在这一期间内确定上述内容的原则和方法。由于会计的分期，企业在经营活动中，各项业务的结果对企业财务状况的影响就有可能与会计期间不一致。如何确认特定会计期间内的收入、费用，从而正确地计算出特定期间的损益，会计面临两种选择：①直接根据本期会计账簿日常记录的收入、费用资料来计算本期的损益；②在本期账簿日常记录的收入、费用的基础上，先按照收入、费用的归属期进行调整，再据以计算本期的损益。这两种选择代表了确认收入、费用的两种不同会计基础。会计基础是指确定收入和费用归属期间的标准，亦称记账基础。它主要有两种：收付实现制和权责发生制。

（一）收付实现制

收付实现制亦称现金收付制。它是以货币资金的实际收付为标准来计算确定本期收益和费用的一种方法。在收付实现制下，货币资金收付行为在其发生的期间内，全部记做收入和费用，而不考虑与货币资金收付行为相关的经济业务实质上是否发生。因此，凡在本期收到的收入和付出的费用，不论是否属于这一会计期间，都作为本期的收入和费用处理；相反，凡在本期未收到的收入和支付的费用，即使应该属于本期，也不作为本期的收入和费用处理。

例如，某企业1月份发生下列两项经济业务：①收到租用单位预付固定资产上半年的租金12 000元；②以银行存款900元预付本季度的财产保险费。按照收付实现制的要求，收到固定资产的租金收入应借记"银行存款"账户12 000元，贷记"其他业务收入——租金收入"账户12 000元；而支付财产保险费应借记"管理费用"账户900元，贷记"银行存款"账户900元。可见12 000元的租金收入和900

元的预付费用均作为本期收入和本期费用入账。这样，会计账簿日常记录的收入和费用与收付实现制确定本期收入和费用的要求是完全一致的。因而，期末就不需要对会计账簿日常记录的收入和费用进行调整，而直接根据账簿记录便可确定本期损益。

（二）权责发生制

权责发生制亦称应计制。权，是指取得收入的经济权利；责，是指承担费用的责任。它是以经济权利和责任的发生，即应收应付为标准来计算确定本期收益和费用的一种方法。权责发生制与收付实现制是截然相反的一种记账基础。

在企业的日常经营活动中，有关收入、费用等经济业务的发生与货币资金收付行为的发生总是不一致的，有些货币资金收付行为先于经济业务发生，有些经济业务则先于货币资金收付行为发生。按照权责发生制的要求，凡应属本期的收入、费用，不论是否实际收到或付出，均应作为本期的收入、费用处理；凡不属于本期的收入、费用，即使本期已经实际收到或付出，均不应作为本期的收入、费用处理，这样就必然形成预收、预付、应收、应付等特殊的资产、负债项目。

例如在上例中，本期收到的 12 000 元租金是 1~6 月份的收入，按照权责发生制的要求，就只能作为预收收入处理，月末只将预收收入的 1/6 即 2 000 元转作本期收入入账；而本期所支付的 900 元财产保险费，应作为预付费用处理，按其受益期，应由 1、2、3 月三个月来共同承担这笔费用。到了月末，应将本期承担的 300 元转作本期费用。由此可见，由于在会计账簿中，日常记录的收入和费用与权责发生制的要求不一致，所以，期末就存在一个按照归属期对收入、费用进行账项调整的问题。

收付实现制和权责发生制的根本区别在于收入和费用的确认与入账时间的标准不同。前者是以收入或费用的实际收付时间作为确认和入账时间，后者则是以收入或费用的应收、应付时间作为确认和入账的时间。这就是说，权责发生制是以收入、费用应予归属的会计期间作为会计确认的时间基础，其核心是根据权责关系的实际发生和影响期间来确定企业的收入和费用。采用收付实现制，其实际手续比较简单，但不能准确地计算企业的各期损益。因此，它只适用于业务比较简单或不计算损益的行政、事业等非营利单位。采用权责发生制，其核算手续比较复杂，但按照权责发生制的要求所进行的收入和费用的核算，能够更加准确地反映特定会计期间内真实的财务状况和经营成果。因此，《企业会计准则——基本准则》规定：企业应当以权责发生制为基础进行会计确认、计量和报告。

三、两种会计处理基础的比较

下面我们通过具体的实例来说明两种会计处理基础的区别：

靖华公司本月发生的经济业务如下：

（1）出售产品 200 件，售价 20 000 元，成本 14 000 元，货款已收存银行。

（2）收到 W 公司上月所欠货款 4 000 元，其成本 2 800 元，已存入银行。

（3）销售产品 50 件，售价 12 000 元，成本 8 400 元，货款尚未收到。

（4）以存款支付本月水电费 3 200 元。

（5）以存款 1 200 元预付下季度的报刊费。

（6）向 M 单位预收货款 10 000 元。

（7）按合同规定向 M 单位发出产品，价值 150 000 元，成本 105 000 元。除以原预收款抵付货款外，余款暂欠。

（8）计提本月借款利息 2 000 元。

（9）以银行存款支付全年营业用房租金 120 000 元，本月应摊销 10 000 元。

（10）以银行存款支付上季度预提的租入设备的租金 6 000 元。

采用两种不同的会计处理基础对上述 10 笔经济业务的处理结果如表 4-1 所示。

表 4-1　两种不同的会计处理基础下的经济业务处理结果　　　　单位：元

业务序号	收付实现制		权责发生制	
	收入	费用	收入	费用
（1）	20 000	14 000	20 000	14 000
（2）	4 000	2 800		
（3）			12 000	8400
（4）		3 200		3200
（5）		1 200		
（6）	10 000			
（7）			150 000	105 000
（8）				2 000
（9）		120 000		10 000
（10）		6 000		
合计	34 000	147 200	182 000	142 600
损益	−113 200		39 400	

从表 4-1 的记录可以看出，在企业的经营活动中，当收入和费用等经济业务的发生与货币资金收付行为的期间一致时，不论是采用收付实现制还是权责发制，会计处理的结果都是一样的，如业务（1）、（4）；相反，则不一样。按收付实现制计算的结果：本期亏损总额为 113 200 元；按权责发生制计算的结果，本期利润总额为 39 400 元。相同的经济业务在不同的会计处理基础下，导致了完全相反的结果。

四、账项调整

如前所述，按照权责发生制的要求，企业生产经营过程中的各项实际收支，虽然都已在会计账簿中做了记录，但是，这些记录还不能确切地反映企业本期的收入和费用。日常记录的实际收支，有的确属本期的收入和费用，有的则只是预收收入和预付费用，不应属于或不应全属于本期的收入和费用；相反，在本期实现的跨期

125

收入和费用却并不是本期的实际收支。因此，在期末结账之前，应按照权责发生制原则对日常的账簿记录予以必要的增减、补充，使收入和费用能进行配合比较，从而正确计算期间损益。会计期末，将会计账簿日常记录的收入和费用调整为应属本期的收入和费用的会计处理程序，称为账项调整。

账项调整的目的是正确地划分相邻会计期间的收入和费用，使报告期的全部收入和全部成本与费用相匹配，以便正确地计算并考核各期的财务成果。

期末账项调整在日常账簿记录的基础上进行，调整的内容主要有预收、预付、应收、应付等业务，具体有以下几种情况：

（1）本期实际收支，因归属期间尚未确定，故作为负债（如预收收入）或资产（如预付费用或资本性支出等）确认入账。对这些记录，期末应将按归属原则确认为应属本期的部分，作为本期收入、费用调整入账，其余部分则继续保留原记录，留待后续会计期间确认。

（2）本期虽未实际收付，但应属本期的收入和费用，又分两种情况：

① 收付时间在以前的会计期间，但当时并未按收入、费用加以确认，而应属本期的收入（如本期实现的预收收入）和费用（如应由本期承担的预付费用）；

② 收付时间在后续会计期间，但应属本期的收入（如应收收入）和费用（如应计费用）。

这些应属本期的收入和费用也应于期末调整入账。

第二节　收入的账项调整

作为会计要素，收入是指企业日常活动中形成的、会导致所有者权益增加的、与所有者投入资本无关的经济利益的总流入。在经营活动中实现的营业收入，包括主营业务收入、其他业务收入和投资收益。广义的收入概念还包括作为利润增加因素的营业外收入，以及作为财务费用中利息抵减因素的存款利息收入。以上各项收入包括的具体内容和确认（实现）的条件已在本书第三章做过介绍。根据上一节的分析，期末收入账项调整的内容可归纳为两个方面：①将本期和本期以前实际收到时被确认为负债入账的预收收入，根据本期实现情况，调整为本期收入，即预收收入的调整；②将应属本期但尚未收到的各项收入，作为本期收入予以补充记录，即应收收入的调整。

一、预收收入的调整

预收收入是指本期或前期已经收到入账，但又不应归属本期，而应待后续会计期间才能获得的各项收入，如预收销货款、预收劳务收入、预收固定资产及包装物租金等。预收销货款、预收劳务收入，是在发出产品或提供劳务之前预先向对方收取的款项。这部分预先收到的款项，由于产品和劳务交易活动尚未发生，所以不能在收到时确认为收入，而只是对预付款单位的一笔负债。只有待发出产品或提供劳务之后，才能按受益期转作本期收入。基于同样理由，预收固定资产和包装物等租金，也应该在租出的使用期间内分期转作各期的收入。

为了区别于企业本期所获得的收入，应设置"预收账款"账户，来反映企业预先所取得的各项收入及实现情况。"预收账款"是一个负债类账户。收到预收收入时，记入该账户的贷方，按受益期结转已实现的收入，记入该账户的借方；期末贷方余额反映尚未实现的预收收入总额。由于企业实际收到预收收入时，已经登记入账，所以期末账项调整是将本期已实现的部分转作本期的收入并予以入账。

现以科利公司 2018 年 4 月份的经济业务为例，来说明预收收入的账项调整业务。

例 1　3 月份已预收某单位一个季度的包装物租金 3 000 元。用满一月，实现出租包装物租金收入 1 000 元。

上月预收 3 000 元租金收入时，企业已编制会计分录，借记"银行存款"账户 3 000 元，贷记"预收账款"账户 3 000 元。出租包装物的租金收入是企业的其他业务收入，因此，本月末应将预收收入的 1/3 即 1 000 元转作本期其他业务收入，编制调整分录如下：

借：预收账款——预收某单位租金收入　　　　　　　　　　　　1 000
　　贷：其他业务收入——租金收入　　　　　　　　　　　　　　　　1 000

例 2　本年 1 月 1 日与全新公司签订一项合同，允许全新公司使用本公司的一项专利技术，时间 3 年，租金每年 30 000 元，于每年初支付。

根据合同，本年的租金 30 000 元，已在年初收到。收到该项租金时，作为预收收入入账。企业已编制会计分录，借记"银行存款"账户 30 000 元，贷记"预收账款"账户 30 000 元。出租无形资产的租金收入也是企业的其他业务收入，因此，本月末应将已使用满一月的租金收入 2 500 元（30 000/12），由预收收入转作其他业务收入，编制调整分录如下：

借：预收账款——预收全新公司无形资产租金收入　　　　　　　2 500
　　贷：其他业务收入——无形资产租金收入　　　　　　　　　　　　2 500

例 3　本月初公司将一机器出租，租期两年，总计租金 120 000 元。月初收到第一年的租金 60 000 元，款项已存入银行。

本月初收到第一年的租金时，作为预收收入入账，编制会计分录如下：

借：银行存款　　　　　　　　　　　　　　　　　　　　　　　60 000
　　贷：预收账款——预收某单位　　　　　　　　　　　　　　　　60 000

月末，该机器已使用一个月，应将其本月已实现的收入 5 000 元（60 000/12）转作本月收入，编制会计分录如下：

127

借：预收账款——预收某单位出租固定资产收入   5 000

  贷：其他业务收入——出租固定资产收入   5 000

二、应收收入的调整

应收收入是指本期已经获得但尚未收到的收入。它包括向外界提供劳务或财产物资的使用权，而尚未结算和收到的收入，如应收出租固定资产收入、包装物的租金收入、应收银行存款利息等，均属该类收入。

应收收入与预收收入的性质相反，它是先提供劳务或财产物资的使用权，再按期结算。例如，本月出租一台机器设备，租金 6 000 元，租期半年，按协议规定使用期满后办理结算。这笔租金虽然半年后才能收到，但在每月末都应将 1/6 即 1 000 元的租金列作本期收入。

应收收入和应收账款虽然都是企业的债权，但两者也有区别。其主要区别在于债权的性质和确认、结算收入的时间。应收账款核算企业购销活动中形成的债权。交易成立时，按收入确认的条件，一方面确认为本期收入，另一方面确认为应收账款。而应收收入核算企业非购销活动中形成的债权，主要适用于对外提供劳务或财产使用权的按期结算，所以，期末一方面确认为本期收入，另一方面确认为应收收入。

应收收入可单独设置"其他应收款、应收利息"等账户进行归类记录。发生应收收入时记入借方，表示债权的增加；对方清偿时，记入贷方，表示债权的减少；余额在借方，表示尚未收到的应收收入。应收收入也可合并到"其他应收款"等账户进行核算。

由于企业本期应收未收的收入，在日常账簿记录中尚未入账，因此，期末应将计算出的本期已经赚得的应收收入补记入账。现以出租固定资产的租金收入和银行存款利息为例来说明应收收入的账项调整业务。

例 4 出租闲置未用的运输设备给某单位，租赁合同规定租金按季结算，本月应收租金 1 500 元。

这笔应收租金 1 500 元在账簿日常记录中并未入账，所以，在月末计算出本期应收租金之后，应列作本期收入补记入账。编制调整分录如下：

借：其他应收款——应收某单位租金收入   1 500

  贷：其他业务收入——租金收入   1 500

例 5 根据计算，本月应收银行存款利息 2 500 元。

由于企业与银行利息的结算，是采用按季结算的办法，月末应将已实现尚未收到的银行存款利息收入补记入账。利息收入一般不单独予以反映，而是采用冲减利息费用的办法，归入"财务费用"账户的贷方来进行记录。月末，计算出应收利息收入，一方面反映应收收入（或其他应收款）的增加，另一方面冲减财务费用。编制调整分录如下；

借：其他应收款——应收利息收入（或应收收益）   2 500
　　贷：财务费用——利息收入   2 500

到季末结算时，应按实际收到的银行存款的利息收入编制会计分录如下：

借：银行存款
　　贷：其他应收款

如利息收入的应计入账数与实际数不符时，其差额可在季度末的应计入账数中
进行调整。编制会计分录如下：

借：银行存款（第二季度银行存款利息）
　　贷：其他应收款（或应收利息）（4、5月份已预计入账的利息收入）
　　　　财务费用（以上两项的差额）

以上例1~例5的收入账项调整业务记入有关总分类账户的情况如图4-1所示。

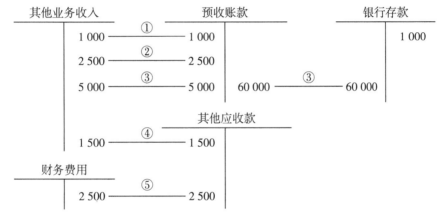

图 4-1　收入账项调整业务总分类核算图示

第三节　费用的账项调整

一、费用和配比原则

费用是指企业在日常活动中发生的、会导致所有者权益减少的、与向所有者分
配利润无关的经济利益的总流出。它是企业为取得收入所必须花费的代价。对费用
的核算，要按照权责发生制的要求，使之与相应的收入相配比，以便正确计算本期
损益。

所谓配比是指收入应与其相关的成本、费用相互配合比较，即在会计核算中，
同一会计期间内的各项收入和与其相关的成本、费用，应当在同一会计期间内进行
确认。

正确配比的关键是确定收入与费用、成本之间的合理的内在联系。这种联系方式有：①经济上的因果性。即应予配比的成本、费用项目与收入项目的经济内容具有必然的因果关系，有所得必有所耗，一定收入的取得必然要花费相应的费用。②时间上的一致性。即一定期间的费用成本，必须与相同期间的收入相配比：本期的收入与本期的费用相配比，后续会计期间实现的收入，其相应的费用、成本也应递延分配到后续受益的会计期间。

按照收入与费用相互配比的要求，与取得本期收入相联系的有关费用包括：为取得营业收入而发生的费用，如主营业务成本、税金及附加和其他业务成本等；与特定时期相关联的费用有管理费用、财务费用、销售费用等期间费用。

尽管在企业日常的经营活动中，我们已经将有关的费用在发生时做了归类记录，但是对企业进行生产经营活动所发生的全部耗费，并没有归集完毕。按照权责发生制的要求，期末还要对应予调整的费用事项进行账务处理，这些需要调整的费用包括：

（1）预付费用，即过去已经支付，但应由本期负担的费用。如本期应摊销的各种长期待摊费用。

（2）应计费用，即应属本期，但尚未支付的费用。如按年（季、月）计提的各种预提费用。

（3）由资本性支出转化而来的各种费用。如固定资产折旧费、无形资产及长期待摊费用的摊销等。

在上述费用调整结束后，就可以对本期产品生产所发生的制造费用，采用一定的标准进行分配，并计算结转完工产品的成本和已售产品的成本。这些问题已在上一章的相关部分进行了介绍，这里不再赘述。

二、长期待摊费用的调整

长期待摊费用是指企业已经支出，但摊销期限在一年以上的各项费用，包括经营租赁方式租入的固定资产的改良工程支出，以及摊销期在一年以上的其他待摊费用。它和待摊费用的主要区别在于费用摊销的时间。摊销期限在一年以内的各项预付费用称为待摊费用，一年以上的则为长期待摊费用。

对于这类长期待摊费用，一般都通过"长期待摊费用"账户进行核算。企业发生的各项长期待摊费用记入该账户的借方，摊销各项长期费用记入该账户的贷方；借方余额反映尚未摊销的长期待摊费用。为了提供有关各项长期待摊费用的发生和摊销的详细资料，应按照费用的种类设置明细账，进行明细核算。

例6 本月应摊销厂部以经营租赁方式租入的固定资产的改良工程支出2 000元。

经营租赁方式租入的固定资产的改良工程支出，在支付时已记入"长期待摊费用"账户的借方，本期应摊销的长期待摊费用，应于期末调整入账，编制会计分录如下：

借：管理费用　　　　　　　　　　　　　　　　　　　　　2 000

　　贷：长期待摊费用　　　　　　　　　　　　　　　　　　　　2 000

三、应计费用的调整

应计费用是指本期已经耗用或已经受益，按受益原则应由本期负担，但本期并未实际支付的费用。这些费用有的是由后续会计期间支付或账项调整后弥补支付，有的是由资产定期转作费用，无须再行支付。由于本期尚未实际支付的费用在日常账簿记录中并没有入账，如果在会计期末不将这些费用记入本期，则必然会影响收入和费用的正确配比，因此，期末必须将应计费用调整入账。应计费用主要包括：预提费用、固定资产折旧和无形资产摊销。

（一）应计费用

应计费用是指应由本期负担，但本期尚未支付而预先提取的费用。例如，预提银行借款的利息，预提固定资产的租金、保险费等均属这类费用。预提费用通过"其他应付款、应付利息"等账户来进行核算。它是一个负债类账户，预先按受益期提取的费用记入贷方，作为企业的一笔负债，待后续会计期实际支付时，不再记入有关费用成本账户，而直接记入本账户的借方以冲销以前各期预提的数额。企业实际发生的支出大于已预提的金额，应视同为待摊费用。期末贷方余额反映已经预提但尚未支付的费用总额。如为借方余额，反映实际支付的费用大于预提金额的金额。

现以预提租金和预提银行借款利息为例，来说明预提费用的账项调整业务。

例 7　4 月末预提租入固定资产本月应付的租金 800 元，其中：车间 600 元，行政管理部门 200 元。

租入固定资产的租金是本月已经发生的耗费，但由于结算期的原因，12 月末才予以支付。若将全年的租金由支付当期承担，显然是不合理的。为了均衡各期的费用负担，正确计算各期的费用，需对应付未付的租金采用预先提取的办法给予调整。预提时，按租入固定资产的使用部门分别计入有关费用成本账户。编制调整分录如下：

借：制造费用　　　　　　　　　　　　　　　　　　　　　600

　　管理费用　　　　　　　　　　　　　　　　　　　　　200

　　贷：其他应付款　　　　　　　　　　　　　　　　　　　　800

待实际支付租金费用时，借"其他应付款"账户，贷记"银行存款"账户。

例 8　预提本月银行借款利息 900 元。

由于企业向银行借款需按借款数额和规定利率计付一定利息，而这些利息通常又是由银行按季与企业结算，于季末支付。为了均衡负担，月末应将由本月负担的借款利息计入本期费用。编制调整分录如下：

借：财务费用   900

    贷：应付利息   900

如果季末实际支付的借款利息与预提数额不符，则其差额可在该月的预提数额中进行调整。编制会计分录如下：

借：财务费用（实付数与预提数间的差额）

    应付利息（4、5月份已预提的借款利息）

    贷：银行存款（本季度实际支付的借款利息）

（二）无形资产摊销

无形资产是指企业拥有或者控制的没有实物形态的可辨认非货币性资产。无形资产主要包括：专利权、非专利技术、商标权、著作权、土地使用权、特许权等。企业取得的无形资产通过"无形资产"账户予以反映。"无形资产"是资产类账户，企业取得无形资产的成本记入借方；转让无形资产的成本记入贷方；期末借方余额反映无形资产的成本。

无形资产可在较长时期内为企业提供经济效益，取得无形资产是一项资本性支出。企业的无形资产应当自取得当月起在使用寿命内系统合理摊销，其摊销方法一般采用直线法予以摊销，无形资产的摊销金额应当计入当期损益。企业对使用寿命有限的无形资产应设置"累计摊销"账户，反映无形资产计提的累计摊销。"累计摊销"账户是一个比较特殊的账户，从反映的经济内容看，属于资产类账户，但该账户的结构又与资产类账户相反。按月计提无形资产摊销，记入贷方；摊销的减少或冲销数记入借方；期末贷方余额，反映企业无形资产累计摊销额。

例9 本月以银行存款120 000元，购进一项专利权。该项专利权的使用期限为5年，本月应摊销2 000元（120 000/5/12）。

专利权是企业的一项无形资产，购置时应编制会计分录如下：

借：无形资产   120 000

    贷：银行存款   120 000

期末应将本期应摊销的无形资产调整入账，以正确反映本期费用。编制调整分录如下：

借：管理费用   2 000

    贷：累计摊销   2 000

（三）固定资产折旧

固定资产折旧是指在固定资产的使用寿命期内，按照确定的方法对应计折旧额进行的系统分摊。其中，应计折旧额是指应当计提折旧的固定资产的原价扣除其预计净残值后的金额。

企业的固定资产（如房屋、机器设备等），虽然可以长期参加生产经营活动而保持其原有的实物形态，但其价值却随固定资产的使用而逐渐转移到产品成本中去或构成企业的费用，并从本期取得的收入中得到补偿。因此，固定资产折旧计入成本、费用的过程，是随着固定资产价值的转移，以折旧形式在营业收入中得到补偿，并转化为货币资金的过程。

企业购置固定资产是一项资本性支出，这项支出的收益在该项资产投入使用后的有效使用期内实现，与此同时，这项支出也将在有效使用期内转化为费用。按照权责发生制的要求，期末应将该项费用调整入账。

相关链接 4-1

固定资产折旧的方法主要有平均折旧法和加速折旧法。平均折旧法是指按固定资产折旧年限或工作总量、产量总量等，平均计算折旧额的方法，包括年限平均法、工作量法等。加速折旧法是指每期计提的固定资产折旧费用在使用早期提得较多，呈逐年递减的趋势，使固定资产的价值得到更快速度补偿的一种计算方法，包括年数总和法和双倍余额递减法等。虽然不同的折旧方法不会影响企业固定资产的折旧总额，但是各种计算方法所计提的折旧额不同，必然会影响各期的费用、成本，进而影响企业当期的经营成果。按会计核算谨慎性的要求，企业一般应选择加速折旧法。关于加速折旧法，将在《财务会计》中介绍。本书仅介绍年限平均法。

年限平均法是将固定资产的折旧均衡地分摊到各期的一种方法。采用这种方法计算的每期折旧额是相等的。具体计算公式如下：

$$年折旧率 = \frac{固定资产原值 - 预计净残值}{原值 \times 使用年限} \times 100\%$$

$$= （1 - 预计净残值率） / 预计使用年限 \times 100\%$$

年折旧额 = 固定资产原值 × 年折旧率

月折旧额 = 固定资产原值 × 月折旧率

在计提固定资产折旧时，应根据固定资产的用途分别计入有关费用成本账户，以反映固定资产的价值损耗。由于固定资产的购置成本（即原始价值）不仅是提供固定资产原有生产能力的重要资料，而且也是计提折旧的重要依据。为了保留原始价值这个指标，"固定资产"账户只反映固定资产原始价值的增减变动。其价值损耗则由"累计折旧"账户来反映。该账户从其反映的会计对象要素来看，属于资产；但其结构又与资产类账户相反。按月计提固定资产折旧即折旧的增加数，记入贷方；折旧的减少或冲销数，记入借方；期末贷方余额反映截至本月止，固定资产的累计折旧额。若将"固定资产"账户的期末借方余额（即固定资产原值），减去"累计折旧"账户的期末贷方余额（即累计折旧额），则可得到反映固定资产现有生产能力的指标——固定资产净值。

现举例说明计提固定资产折旧的调整业务。

133

例10 科利公司本月计提固定资产折旧的有关资料如表4-2所示：

表4-2 折旧计算表 单位：元

	原价	月折旧率	应提折旧额
车间使用的固定资产	2 500 000	0.50%	12 500
管理部门的固定资产	600 000	0.40%	2400
合计	3 100 000		14 900

企业计提固定资产折旧，如果是某种产品的专用设备的折旧费，则可以直接计入该种产品的成本，即记入"生产成本"账户；如果是共同使用的固定资产折旧费，应按费用发生的地点或固定资产的用途，进行归集入账。其中，车间范围内使用的固定资产折旧应记入"制造费用"账户，月末再分配结转记入"生产成本"账户；厂部使用的固定资产折旧应记入"管理费用"账户，月末列作期间费用，从产品销售收入中得到补偿。在本例中，由于没有专有设备折旧费，所以，按固定资产的用途归集费用。应编制调整分录如下：

借：制造费用 12 500
　　管理费用 2 400
　　贷：累计折旧 14 900

相关链接4-2

"累计折旧""累计摊销"账户是调整账户。所谓调整账户是指用以提供调整指标，调整被调整账户，从而提供新的会计指标以满足经济管理对会计核算的特殊要求的账户。例如，固定资产是企业必备的劳动资料，管理上要求提供固定资产的原始价值、转移价值、净值等多项指标，以便掌握固定资产的价值构成，及时编制固定资产更新计划。因此，在会计核算上，应设置"固定资产"账户，用以记录固定资产原始价值的增减变动，固定资产转移价值的变动通过设置"累计折旧"账户予以记录。这两个账户所反映的经济内容相同，但账户的结构恰恰相反，我们把前者称为被调整账户，后者称为调整账户。固定资产净值指标则根据两个账户的差额来确定。在第三章中，我们设置"本年利润"账户记录企业本年实现的利润，设置"利润分配"账户记录企业利润分配的情况，同样的道理，"利润分配"账户是"本年利润"账户的调整账户。在财务会计中，原材料按计划成本计价的情况下，会计核算需设置"材料成本差异"调整账户，对原材料的计价进行调整。

上述调整账户，按其调整方式的不同，可以分为附加调整账户、备抵（或称抵减）调整账户和双用调整账户。用以调增被调整账户余额的账户称为附加调整账户，在这种方式下，调整账户和被调整账户的结构完全相同。用以调减被调整账户余额的账户称为备抵调整账户，在这种方式下，调整账户和被调整账户的结构相反。如"累计折旧"账户、"累计摊销"账户、"利润分配"账户。在财务会计中，我们还将接触许多这类账户，只要把基本原理搞清楚，就可以触类旁通。

至于双用调整账户，即有时起附加，有时又起备抵作用的调整账户，如"材料成本差异"调整账户，将在财务会计中详细学习。

本章小结

本章首先分析了期末账项调整的原因、依据和内容；然后具体介绍了权责发生制和收付实现制两种不同的会计处理基础，在收入、费用确认等方面的差异。本章以权责发生制为例，具体介绍了如何按权责发生制的要求，确认本期收入、本期费用以及如何对企业需要进行账项调整的业务，运用借贷记账法的基本原理予以处理。

思考题

1. 如何理解收入和费用配比原则？
2. 划分会计期间有什么意义？
3. 什么是会计处理基础？为什么会出现两种不同的会计处理基础？
4. 什么是收付实现制？在这种会计处理基础下，如何确认本期的收入和费用？
5. 什么是权责发生制？在这种会计处理基础下，如何确认本期的收入和费用？
6. 为什么要进行期末账项调整？
7. 有哪些类型的收入和费用需要进行期末账项调整？
8. 应收款项和预收款项在账务处理上有什么区别？
9. 怎样进行无形资产的账项调整？
10. 固定资产折旧的账务处理有什么特点？
11. 什么是权利和义务的对等性？
12. 什么是权责发生制？权责发生制和收付实现制的区别何在？并举例说明。

第五章
会计凭证与会计账簿

课程思政：

1. 培养诚实守信、遵纪守法的价值观。会计凭证作为具有法律效力的证明文件，不允许在填制中有任何歪曲事实和弄虚作假行为，要让学生明白不得伪造、编制会计凭证，也不得擅自销毁会计凭证的原因；做到以事实为依据，用证据说话。

2. 培养严谨细致、客观公正的工作态度。会计凭证是保障会计资料真实性和客观性的直接依据。填制时要求内容完整、手续完备，强调记录的准确性和精确性，以保障会计信息披露质量。

3. 培养社会责任感。会计凭证与会计账簿是会计信息产出的直接来源，学生应当了解会计信息对于维护公共利益、稳定市场经济的重要性，因此在记录会计凭证与会计账簿时应该要诚实与谨慎，力求为社会披露高质量的会计信息。

4. 坚持党的领导，强调协同、合作、整合的思想。在会计体系中，各账簿相互关联，形成一种"统御与被统御"的关系。要求会计人员在履行职责的同时，应当坚持党的领导。各账簿之间存在一种"补充与被补充"的关系。这与合作共赢、互补优势的理念相一致，要求会计人员在工作中强化协同合作，确保各类账簿信息的完整性和一致性。各账簿之间存在一种"分散与综合"的关系。这反映了社会主义条件下个体与集体的关系，要求会计人员既要关注细节，又要具备全局观念，确保整个财务信息系统的一体化。

学习目标与要求：

1. 了解会计凭证的意义、种类、传递和保管的内容；
2. 掌握会计凭证的填制和审核方法；
3. 掌握会计账簿的设置和登记方法；
4. 了解账簿的更换和保管的内容；
5. 熟练运用常用的错账查找和更正方法。

第一节　会计凭证

一、会计凭证的意义和种类

（一）会计凭证的意义

会计凭证是用来记录经济业务、明确经济责任，并作为记账依据的书面证明。

会计凭证是保证会计资料的客观性和真实性的直接依据。任何一项经济业务的发生，首先都必须由经办人员取得或填制凭证，用以记录经济业务的有关内容，并在凭证上签名盖章，以便对其真实性、正确性负责；其次，有关人员还要对凭证进行审核，确保凭证所反映的内容真实、合法，填制的手续完备、齐全。

会计部门以正确无误的会计凭证作为依据，将其反映的经济业务记入有关账户中。填制和审核会计凭证是真实反映经济业务、监督经济活动的专门方法，是会计核算方法体系的重要组成部分，也是会计工作的起点和基础。

填制和审核无误的会计凭证可以如实反映各项经济业务的发生和完成情况，为登记账簿提供真实、可靠的依据；同时也为会计检查、会计分析提供必要的原始资料；此外，通过填制和审核会计凭证，可以明确经济责任，加强经营管理，也可以对经济活动的合理性、合法性进行监督，保证财产物资的安全完整和合理使用。

（二）会计凭证的种类

会计凭证的种类很多，一般按其填制的程序和用途，可以分为原始凭证和记账凭证两大类。

1. 原始凭证

原始凭证是指在经济业务发生时取得或填制的，用以记录经济业务、明确经济责任、具有法律效力，并作为记账原始依据的书面证明。

（1）原始凭证按其来源不同，可以分为自制原始凭证和外来原始凭证。

自制原始凭证是在经济业务发生或完成时，由本单位内部经办业务的部门或个人自行填制的凭证。如收料单、领料单、工资单以及本单位销售产品时开出的销货发票等。收料单的一般格式如表 5-1 所示。

表 5-1　收料单

| 供货单位 | | 年　月　日 | | | 凭证编号 | |
| 发票号码 | | | | | 收料仓库 | |

材料编号	材料规格及名称	计量单位	数量		价格	
			应收	实收	单价	金额
备　注					合计	

仓库负责人：　　　　记账：　　　　仓库保管：　　　　收料：

外来原始凭证是指在经济业务发生或完成时，从企业外部的有关单位或个人取得的原始凭证。如购买材料时从供货单位取得的增值税专用发票（如表5-2所示）、收款单位开出的收据、银行转来的收款通知单等。

表5-2 增值税专用发票
发票联

开票日期　　年　月　日　　　　　　　　　　　　　　No.

购货单位	名　　称				纳税人登记号		
	地址、电话				开户行及账号		
商品或劳务名称	计量单位	数量	单价	金额	税率（%）		税额
合计							
价税合计（大写）							
销货单位	名　　称				纳税人登记号		
	地址、电话				开户行及账号		
备注							

收款人：　　　　　　　　　　开票单位（未盖章无效）：

（2）原始凭证按其填制手续和方法的不同，可以分为一次凭证、累计凭证和原始凭证汇总表。

一次凭证是一次填制完成的反映一项或若干项同类经济业务的原始凭证，如购货发票、收款收据等。外来原始凭证一般都属于一次凭证。

累计凭证是在一定时期内，连续反映不断发生的同类经济业务的原始凭证。如限额领料单（见表5-3）等。

原始凭证汇总表是按一定标准，将若干同类的一次或累计凭证定期归类汇总而得出的汇总凭证，如发出材料汇总表（见表5-4）、工资结算汇总表等。

表5-3 限额领料单

领料部门　　　　　　　　　　　　　　　　　　凭证编号
用　　途　　　　　　　　年　月　日　　　　　发料仓库

材料类别	材料编号	材料名称及规格	计量单位	领用限额	实际领用	单价	金额	备注
日期	数量		领料人签章	发料人签章	扣除代用数量	退料		限额结余
	请领	实发						

供应部门负责人：　　　　　　　　　　生产计划部门负责人：

表 5-4　发出材料汇总表

年　　月　　日

会计科目	领料部门	A 材料	B 材料	……	合计
基本生产	一车间				
	二车间				
	……				
	小计				
辅助生产	供电车间				
	锅炉车间				
	……				
	小计				
制造费用	一车间				
	二车间				
	……				
	小计				
合计					

会计负责人：　　　　　　复核：　　　　　　制表：

2. 记账凭证

记账凭证是由会计人员根据审核无误的原始凭证或原始凭证汇总表填制的，用以记载经济业务简要内容、明确会计分录，并作为记账依据的会计凭证。

原始凭证能证明经济业务已经发生或完成，但不能直接反映应记入账户的名称和方向。为了便于登记账簿，必须填制记账凭证，明确应记账户的名称、方向及应记金额。这样不仅可以减少记账差错，而且便于对账和查账，从而提高记账工作的质量和会计核算的效率。

记账凭证多种多样，可以按不同的标准了以分类。

（1）按记账凭证的用途和格式，可以分为通用记账凭证和专用记账凭证。

通用记账凭证是指不分经济业务的类型，统一使用相同格式的记账凭证。如表 5-5 所示。

表 5-5　记账凭证

年　月　日　　　　　　　　凭证编号：

摘要	一级科目	二级科目或明细科目	借方金额	贷方金额	记账
张某报销差旅费，不足部分以现金补付	管理费用		800		√
	其他应收款			600	√
	库存现金			200	√
合　　计			800	800	

会计主管：　　　　记账：　　　　出纳：　　　　复核：　　　　制证：

附件一张

专用记账凭证按其反映的经济业务是否与现金或银行存款相关，可以分为收款凭证、付款凭证和转账凭证三种。

收款凭证与付款凭证是分别用来记录现金和银行存款收款业务与付款业务的记账凭证，它们是根据有关现金和银行存款收款与付款业务的原始凭证填制的，其中收款凭证的借方、付款凭证的贷方只可能是"库存现金"或"银行存款"科目，为了醒目起见，通常将收款凭证的借方科目和付款凭证的贷方科目放在凭证的左上角，其格式如表5-6与表5-7所示。

值得注意的是，对于现金和银行存款之间的收付业务以及银行存款之间的划转业务，一般只编制有关的付款凭证，以避免重复记账。

表 5-6　收款凭证

借方科目：银行存款　　　　　　年　月　日　　　　　　银收字第 1 号

摘　　要	贷方科目		金额	记账
	一级科目	二级科目或明细科目		
出售甲产品100件	主营业务收入	甲产品	88 000	√
合　　计			88 000	

会计主管：　　　　记账：　　　　出纳：　　　　审核：　　　　填制：

附件一张

表 5-7　付款凭证

贷方科目：现　金　　　　　　　年　月　日　　　　　　现付字第 1 号

摘　　要	借方科目		金额	记账
	一级科目	二级科目或明细科目		
将现金存入银行	银行存款		26 000	√
合　　计			26 000	

会计主管：　　　　记账：　　　　出纳：　　　　审核：　　　　填制：

附件一张

转账凭证是用来记录不涉及现金和银行存款收付的其他经济业务的记账凭证，它是根据有关转账业务的原始凭证填制的，其格式如表5-8所示。

表5-8 转账凭证

年 月 日　　　　　　　　　　　转字第1号

摘　　要	一级科目	二级科目或明细科目	借方金额	√	贷方金额	√	
销售甲产品冲减	预收账款	M公司	108 000				附件一张
M公司预收款	主营业务收入	甲产品			108 000		
合计			108 000		108 000		

会计主管：　　　　记账：　　　　审核：　　　　填制：

（2）记账凭证按其是否经过汇总，可以分为汇总性记账凭证和非汇总性记账凭证。

前面所讲的通用凭证和专用凭证都属于非汇总性凭证。汇总性记账凭证按照汇总方法的不同，可以分为全部汇总和分类汇总两类记账凭证。全部汇总是将企业一定时期内编制的记账凭证全部汇总在一张记账凭证汇总表（通常称之为"科目汇总表"）上。分类汇总是定期根据收款凭证、付款凭证、转账凭证分别汇总编制汇总收款凭证、汇总付款凭证、汇总转账凭证。

（3）记账凭证按其填制方式又可以分为单式记账凭证和复式记账凭证。

单式记账凭证是在每张凭证上只填制一个会计科目，把一项经济业务涉及的每一个会计科目分别填入不同的记账凭证中。复式记账凭证则是把一笔经济业务所涉及的会计科目集中填列在一张记账凭证上。

二、会计凭证的填制与审核

（一）原始凭证的填制与审核

1. 原始凭证的基本内容

虽然各种原始凭证所反映的经济业务多种多样，每一种原始凭证所包括的具体内容也不尽一致，但作为证明经济业务发生或完成、明确经办单位和人员经济责任的原始证据必须具备一些基本内容，这些内容是如实反映经济业务的必备要素，也是原始凭证审核的重要环节。

任何一张原始凭证都应具备如下基本内容：

（1）原始凭证的名称；

（2）原始凭证的编号及填制日期；

（3）接受凭证的单位名称；

（4）经济业务的基本内容，包括经济业务的内容摘要、实物数量、单价、金额等；

（5）填制单位和经办人员的签章。

此外，为了更好地满足经营管理的需要，有些原始凭证还应填列相关内容。例如，为了掌握计划、预算或合同的执行和完成情况，可在凭证上填入相关的计划、定额、预算、合同等指标，以满足财务、计划、统计部门的需要。

2. 原始凭证的填制

原始凭证是具有法律效力的书面证明文件，是进行会计核算的重要原始资料和依据。为了保证原始凭证能够真实、完整、及时地反映各项经济业务，确保账簿记录如实反映经济活动，填制原始凭证必须符合以下要求：

（1）记录真实。这是填制原始凭证最基本，也是最重要的要求。数字和内容必须符合有关经济业务的实际情况，不得弄虚作假。

（2）内容完整。原始凭证必须按规定的格式和内容逐项填写，不准遗漏。同时须由经办部门或人员签字盖章，对凭证的真实性、正确性负责。

（3）填制及时。经济业务发生后，应及时填制与之相关的原始凭证，并按规定的程序传递、审核，不得任意延误或隔时补填，确保原始凭证填制的及时性。

（4）书写规范。原始凭证上的文字和数字都要认真填写，要求字迹清楚，易于辨认，不得任意挖补、涂改、刮擦，更不能用褪色药剂改写。凭证如发生错误，应按规定方法进行更正（更正方法将在后面介绍）。但提交银行的各种结算凭证的大小写金额一律不准更改，如填写错误，应加盖"作废"戳记，重新填写。

3. 原始凭证的审核

原始凭证的审核是保证会计记录真实正确，充分发挥会计监督作用的重要环节。因此，会计部门对各种填制完成的原始凭证，不论是自制的还是外来的，都应该从形式和实质两方面进行严格审核。

形式上的审核主要是审核凭证格式是否符合规定要求，内容是否完整，数字计算是否正确，大小写金额是否一致，书写是否清楚，有关人员签章是否齐全，有无刮、擦、挖、补或涂改现象等。

实质性审核主要是对原始凭证记录的经济业务的真实性与合法、合理性进行审核。首先要保证原始凭证所记录的经济业务符合实际情况；其次要以国家的方针、政策、法令、制度和企业的计划、合同等为依据，审核原始凭证的内容是否合法、合理，是否违反财经制度，是否符合预算计划，是否符合成本开支范围等。

在审核过程中，如发现问题，应按不同情况进行处理：凡出现手续不完备、数字计算不正确、文字书写不清楚、项目填写不齐全等一般差错的原始凭证，应退还经办部门或人员，限期补办手续，进行更正；对于不合理、不合法的凭证，会计人员有权拒绝支付或报销；对于违法乱纪、伪造冒领等非法行为，应扣留凭证，根据有关法规进行严肃处理。

（二）记账凭证的填制与审核

1. 记账凭证的基本内容

审核无误的记账凭证是登记账簿的直接依据，为保证账簿记录的正确性，记账凭证必须具备以下基本内容：

（1）记账凭证的名称；

（2）记账凭证的填制日期和编号；

（3）填制单位的名称；

（4）经济业务的内容摘要；

（5）会计分录，即应借应贷的账户名称及其金额；

（6）会计主管人员、审核人员及填制和记账人员的签章，收、付款凭证还要有出纳人员的签章；

（7）所附原始凭证张数。

2. 记账凭证填制的要求

记账凭证的正确与否直接关系到记账的真实性和正确性。所以，记账凭证的填制除必须做到记录真实、内容完整、填制及时、书写规范外，还应符合以下要求：

（1）"摘要"栏的填写，一要真实准确，二要简明扼要，以满足登账的要求。

（2）按会计准则统一规定的会计科目名称及其核算内容，结合经济业务的性质确定应借、应贷的会计科目，保持会计核算口径的一致，以便于综合汇总核算指标。

（3）会计分录的填制必须能够反映经济业务的来龙去脉，会计科目的对应关系要准确无误。不得将不同类型的经济业务合并填制在一张记账凭证上，同时在借贷记账法下，一般不应编制多借多贷分录的记账凭证，防止账户对应关系不清。

（4）记账凭证必须连续编号，以便查证，避免凭证丢失。在进行编号时，一般以一个结账期为号码的起讫期，如果企业每月结账一次则每月应分别从 1 号编起。当一笔经济业务需要填制多张记账凭证时，可采用"分数编号法"。例如，一笔经济业务需填制三张转账凭证，凭证的顺序为 16，则可编为"转字第 $16\frac{1}{3}$ 号""转字第 $16\frac{2}{3}$ 号""转字第 $16\frac{3}{3}$ 号"。在每月末最后一张记账凭证的编号旁应加注"全"字。

（5）每张记账凭证都必须注明所附原始凭证的张数，以便日后查对。如果根据同一原始凭证填制两张或两张以上的记账凭证，则应在未附原始凭证的记账凭证上注明其原始凭证在哪张记账凭证下，以便查阅。

非汇总性记账凭证的编制方法参见表 5-5、表 5-6、表 5-7、表 5-8。

下面，我们具体介绍科目汇总表和分类汇总记账凭证的编制方法。

科目汇总表是根据非汇总性记账凭证定期整理，汇总各账户的借、贷方发生额，并据以登记总账的一种汇总性记账凭证。为了便于科目汇总表的编制，首先一次性记账凭证只能编制简单分录。其次应根据本单位的实际情况确定汇总时间，业务量多的单位可逐日汇总编制；业务量少的单位，也可三五日汇总一次，但一般不要超过十天。编制科目汇总表的具体方法与程序如下：

（1）将汇总期内的记账凭证按种类依编号顺序整理排列，将该期间内记账凭证涉及的总分类账户填入科目汇总表的"会计科目"栏。为了节省"会计科目"栏的填制时间，可将使用的全部总账科目事先印制在科目汇总表上，其排列顺序与总分类账簿中的账户顺序保持一致，以便登记。

（2）分别汇总每一总分类账户本期借、贷方的发生额，将汇总数填入相应会计科目的"借方""贷方"金额栏内。这一步骤分两次完成。先将汇总期内的各类记账凭证以借方账户相同为标准归类，加计合计数，填入各账户借方金额栏。再将汇总期的各类记账凭证以贷方账户相同为标准归类，加计合计数，填入各账户贷方金额栏。

（3）汇总完毕后，应加计借、贷方发生额的合计数，进行试算平衡，核对相等后，填入"总计"栏内。

（4）将汇总期内的记账凭证的种类及编号，填入"记账凭证起讫号数"栏。

（5）过入有关总账后填写"记账标记"栏。

例1　20××年4月1日~10日某公司发生的业务如下：

（1）从A公司购进甲材料5吨，单价10 000元，A公司垫付运杂费5 000元，以银行存款付讫。

（2）从B公司购进乙材料1吨，取得普通发票，发票开列单价40 000元，共计40 000元，B公司垫付运杂费200元，价款及垫付运杂费尚未支付。

（3）从C公司购进甲材料10吨，账单发票开列单价10 000元，共计100 000元，C公司垫付运杂费2 000元。两项共计102 000元。企业当即开出面额为102 000元的商业汇票一张，抵付两项货款。

（4）按照合同规定，企业以银行存款支付供应单位D公司的乙材料预付货款40 000元。

（5）D公司按照合同规定发来乙材料2吨，账单发票开列单价40 000元，共计80 000元，代垫运杂费400元，两项共计80 400元。其中的40 000元，企业以原预付账款抵付，其余部分以银行存款付讫

（6）接铁路货场通知，上述业务采购的各项材料已经运达。企业从货场将上述材料运回并验收入库，应付装卸搬运费2 700元，乙材料整理检验费200元，两项费用共计2 900元，以银行存款付讫。

（7）根据材料入库单，甲物资采购数量为15吨，实际入库数量15吨，乙物资采购数量为3吨，途中损耗60千克，实际入库数量2.94吨，计算结转材料采购的实际成本。

（8）各生产车间本月领用的原材料情况如表5-9所示：

表5-9 各生产车间本月领用的原材料情况

领料单编号	领用材料	用途	数量（吨）	单位成本（元）	金额（元）
401	甲	子产品生产	5	10 270	51 350
402	甲	丑产品生产	6	10 270	61 620
403	乙	子产品生产	0.1	48 000	4 800
404	乙	丑产品生产	0.2	48 000	9 600
405	甲	子产品生产	2	10 270	20 540
406	丙	车间一般耗用	0.3	2 000	600
407	丙	车间一般耗用	0.2	2 000	400

会计部门根据以上领料单整理汇总，编制原辅材料耗用汇总表如表5-10所示：

表5-10 原辅材料耗用汇总表

20××年4月

用途	甲材料		乙材料		丙材料		材料耗用合计
	数量(吨)	金额(元)	数量(吨)	金额(元)	数量(吨)	金额(元)	
产品生产 　子产品生产 　丑产品生产	7 6	71 890 61 620	0.1 0.2	4 800 9 600			76 690 71 220
小计	13	133 510	0.3	14 400			147 910
车间一般耗用					0.5	1 000	1 000
合计	13	133 510	0.3	14 400	0.5	1 000	148 910

（9）车间机物料消耗领用丁材料1 200元，厂部办公用房日常维修领用丁材料800元。

（10）车间领用低值工具800元。

（11）本月应付职工薪酬情况如下：生产工人工资28 000元，车间有关人员工资3 000元，厂部管理人员工资1 600元，合计32 600元。

（12）按职工工资总额的14%计提本月职工福利费。

（13）从银行取回现金支付本月职工薪酬32 600元。

（14）以银行存款12 000元支付企业一季度的利息（利息已预提）。

（15）厂部设计室职工王某出差借支差旅费2 000元，开出现金支票一张，由王某持票自行到银行取款。

（16）王某报销差旅费2 200元，出纳另外付王某现金200元，结清其借支手续。

（17）以银行存款支付本月水电费4 000元，据水、电表查得，车间耗用水电费

3 200 元,厂部办公用水电费 800 元。

(18) 以现金支付业务招待费 600 元。

(19) 以银行存款支付未来两年的房屋租金 4 200 元。

(20) 以银行存款支付商标注册费 4 000 元

(21) 销售子产品 100 件,每件售价 2 000 元,价款计 200 000 元。购买单位交来转账支票一张,面额 200 000 元,货已提走,支票送存银行。

(22) 按合同向购买单位 A 发出销售丑产品 10 件,单位售价 8 000 元,价款计 80 000 元,另以现金垫付运杂费 2 000 元,两项共计 82 000 元。合同规定,购买单位收货后,应于半月内付款,现货款未付。

(23) 销售子产品 20 件,单位售价 2 000 元,价款 40 000 元,购买单位 B 交来由其承兑的商业汇票一张,面额 40 000 元,收讫。

(24) 按合同规定预收购买单位 E 公司货款 22 000 元存入银行。

(25) E 公司从本企业提走子产品 9 件,每件售价 2 000 元,价款 18 000 元。差额用现金退还。

(26) 在例 21 的交易中,买方因产品质量问题退回子产品 1 件,应退价款 2 000 元,以银行存款付讫。

(27) 以银行存款支付产品电视广告费 10 000 元。

(28) 以现金支付产品销售所发生的运输装卸费用 1 000 元。

(29) 以银行存款偿还前欠供应单位 D 工厂货款 20 000 元。

(30) 接银行通知,本企业 2 月份开出的一张面额为 10 000 元的商业汇票到期,已由持票人到银行兑付。

(31) 收到 F 单位原欠本企业货款 36 000 元,存入银行。

(32) 1 月份收到的一张面额为 10 000 元的商业汇票到期,向银行兑付后转存银行。

根据以上经济业务编制分录簿如表 5-11 所示:

表 5-11 分录簿(两栏式)

20××年 4 月 1 日~10 日

序号	凭证		内容摘要	账户名称	借方金额	贷方金额	过账
	种类	号码					
(1)	银付	1	购材料付款	材料采购 银行存款	55 000	55 000	
(2)	转字	1	购材料款未付	材料采购 应付账款	40 200	40 200	
(3)	转字	2	购材料付票据	材料采购 应付票据	102 000	102 000	
(4)	银付	2	预付材料款	预付账款 银行存款	40 000	40 000	

表5-11(续1)

| 序号 | 凭证 | | 内容摘要 | 账户名称 | 借方金额 | 贷方金额 | 过账 |
	种类	号码					
(5)	转字	3	预付款购材料	材料采购 　预付账款	40 000	40 000	
(5)	银付	3	购材料付款	材料采购 　银行存款	40 400	40 400	
(6)	银付	4	购材料付款	材料采购 　银行存款	2 900	2 900	
(7)	转字	4	材料入库	原材料 　材料采购	280 500	280 500	
(8)	转字	5	领用材料	生产成本 制造费用 　原材料	147 910 1 000	148 910	
(9)	转字	6	领用材料	制造费用 管理费用 　原材料	1 200 800	2 000	
(10)	转字	7	领用低耗	制造费用 　周转材料	800	800	
(11)	转字	8	分配工资	生产成本 制造费用 管理费用 　应付职工薪酬	28 000 3 000 1 600	32 600	
(12)	转字	9	计提福利费	生产成本 制造费用 管理费用 　应付职工薪酬	3 920 420 224	4 564	
(13)	银付	5	提取现金	库存现金 　银行存款	32 600	32 600	
(13)	现付	1	发工资	应付职工薪酬 　库存现金	32 600	32 600	
(14)	银付	6	付利息	应付利息 　银行存款	12 000	12 000	
(15)	银付	7	借支差旅费	其他应收款 　银行存款	2 000	2 000	
(16)	转字	10	报销差旅费	管理费用 　其他应收款	2 000	2 000	
(16)	现付	2	报销差旅费	管理费用 　库存现金	200	200	
(17)	银付	8	付水电费	制造费用 管理费用 　银行存款	3 200 800	4 000	

表5-11(续2)

序号	凭证 种类	凭证 号码	内容摘要	账户名称	借方金额	贷方金额	过账
(18)	现付	3	付招待费	管理费用 银行存款	600	600	
(19)	银付	9	预付租金	长期待摊费用 银行存款	4 200	4 200	
(20)	银付	10	付商标注册费	无形资产 银行存款	4 000	4 000	
(21)	银收	1	销货收款	银行存款 主营业务收入	200 000	200 000	
(22)	转字	11	销货款未收	应收账款 主营业务收入	80 000	80 000	
(22)	现付	4	代垫费用	应收账款 库存现金	2 000	2 000	
(23)	转字	12	销货收票据	应收票据 主营业务收入	40 000	40 000	
(24)	银收	2	预收货款	银行存款 预收账款	22 000	22 000	
(25)	转字	13	结清预收款	预收账款 主营业务收入	18 000	18 000	
(25)	现付	5	补付货款	预收账款 库存现金	4 000	4 000	
(26)	银付	11	支付退货款	主营业务收入 银行存款	2 000	2 000	
(27)	银付	12	支付广告费	销售费用 库存现金	10 000	10 000	
(28)	现付	6	支付装卸费	销售费用 库存现金	1 000	1 000	
(29)	银付	13	支付欠款	应付账款 银行存款	20 000	20 000	
(30)	银付	14	付票据款	应付票据 银行存款	10 000	10 000	
(31)	银收	3	收回欠款	银行存款 应收账款	36 000	36 000	
(32)	银收	4	收回票款	银行存款 应收票据	10 000	10 000	
			合计		1 339 074	1 339 074	

根据以上分录簿编制科目汇总表如表5-12所示：

表 5-12　科目汇总表

20××年 4 月 1 日~10 日

会计科目	记账	本期发生额		记账凭证起讫号数
		借方	贷方	
材料采购		280 500	280 500	（1）现金收款凭证第×号到第×号
银行存款		268 000	239 100	（2）现金付款凭证第1号到第 6 号
应付账款		20 000	40 200	（3）银行收款凭证第1号到第 4 号
应付票据		10 000	102 000	（4）银行付款凭证第1号到第 14 号
预付账款		40 000	40 000	（5）转账凭证第 1 号到第 13 号
原材料		280 500	150 910	
生产成本		179 830		
制造费用		9 620		
管理费用		6 224		
周转材料			800	
应付职工薪酬		32 600	37 164	
库存现金		32 600	40 400	
应付利息		12 000		
其他应收款		2 000	2 000	
长期待摊费用		4 200		
无形资产		4 000		
主营业务收入		2 000	338 000	
应收账款		82 000	36 000	
应收票据		40 000	10 000	
预收账款		22 000	22 000	
销售费用		11 000		
合　计		1 339 074	1 339 074	

149

科目汇总表的优点是编制手续简单，可以简化登记总账的工作量。通过科目汇总表试算平衡后再记账，还可以减少记账差错。其缺点是以科目汇总表为依据登记总账时，由于无法填写摘要栏，因而不便于了解经济业务的内容，同时从科目汇总表上也无法反映账户的对应关系。

分类汇总记账凭证的编制方法如下：

（1）汇总收款凭证。汇总收款凭证是根据汇总期内的收款凭证汇总填制的一种汇总凭证。在填制这种凭证时，首先应将汇总期内的全部收款凭证按借方账户归类，分现金账户和银行存款账户两类，并将借方账户分别填入为每一类设置的汇总收款凭证左上方的"借方账户"处；其次在上述归类的基础上，再将对应账户进行第二次归类，并将合计数填入各汇总期的金额栏。同时，将各汇总期所依据的收款凭证起讫号数填入"附件"栏内。月末加计累计数，再根据累计数逐笔过入有关总账，过账以后，在"记账"栏内做出记账标记。

（2）汇总付款凭证。汇总付款凭证是根据汇总期间的付款凭证汇总填制的一种汇总凭证。要填制这种凭证，首先应将汇总期内的全部付款凭证按贷方账户归类，分现金账户和银行存款账户两类，并将贷方账户分别填入为每一类账户设置的汇总付款凭证左上方的"贷方账户"处；其次在上述归类的基础上，按对应的借方账户进行第二次归类，并将合计数填入各汇总期的金额栏。同时，将各汇总期所依据的付款凭证起讫号数填入"附件"栏内。其余步骤与汇总收款凭证相同。

（3）汇总转账凭证。汇总转账凭证是根据汇总期间的转账凭证汇总填制的一种会计凭证。要填制这种凭证，首先应将汇总期内的全部转账凭证按非货币资金账户贷方归类，并填入为每一类账户设置的汇总转账凭证左上方的"贷方账户"处。其余步骤与汇总付款凭证的填制完全相同。

表 5-13 至表 5-15 的银行存款汇总收款凭证、现金汇总付款凭证和原材料汇总转账凭证就是根据例 1 某公司 20××年 4 月 1 日~10 日的银行存款收款凭证、现金付款凭证和有关贷记"原材料"账户的转账凭证，按上述方法每 10 天汇总一次编制而成的。

表 5-13　汇总收款凭证

借方账户：银行存款　　　　　　　　20××年 4 月　　　　　　　　汇收第×号

贷方账户	金额				记账	
	（1）	（2）	（3）	合计	借方	贷方
主营业务收入	200 000					
预收账款	22 000					
应收账款	36 000					
应收票据	10 000					
合　计	268 000					
附　件	（1）1 日~10 日凭证共 4 张 （2）11 日~20 日凭证共×张 （3）21 日~30 日凭证共×张					

表 5-14 汇总付款凭证

贷方科目：库存现金　　　　　　　　　20××年 4 月　　　　　　　　　汇付第×号

借方账户	金额				记账	
	（1）	（2）	（3）	合计	借方	贷方
应付职工薪酬	32 600					
管理费用	800					
应收账款	2 000					
预收账款	4 000					
销售费用	1 000					
合　计	40 400					
附　件	（4）1 日~10 日凭证共 6 张 （5）11 日~20 日凭证共×张 （6）21 日~30 日凭证共×张					

表 5-15 汇总转账凭证

贷方账户：原材料　　　　　　　　　20××年 4 月　　　　　　　　　汇转第×号

借方账户	金额				记账	
	（1）	（2）	（3）	合计	借方	贷方
生产成本	147 910					
制造费用	2 200					
管理费用	800					
合　计	150 910					
附　件	（7）1 日~10 日凭证共 2 张 （8）11 日~20 日凭证共×张 （9）21 日~30 日凭证共×张					

3. 记账凭证的审核

记账凭证是根据正确无误的原始凭证填制的，因此记账凭证的审核在一定意义上可以说是对原始凭证的复核，只有审核无误的记账凭证才能作为登记账簿的依据。记账凭证的审核主要有以下内容：

（1）是否附有原始凭证，附件张数填列是否正确；记账凭证的内容是否与原始凭证一致。

（2）记账凭证上记载的会计分录是否正确。即应借应贷账户的名称、金额及其对应关系有无错误，一级科目金额与所属明细账目金额是否相符。

（3）记账凭证中有关项目填列是否齐全，有关人员是否签字盖章，填写是否符合规范等。

审核中，对于手续不全、内容不完整的记账凭证应进行补办、补填；对于有错误的凭证，应根据有关规定进行重新填制或更正错误。

三、会计凭证的传递与保管

（一）会计凭证的传递

会计凭证的传递是指会计凭证从取得或填制时起，经过审核、登账，直至归档保管的全过程。其具体内容包括两个部分：一是会计凭证在企业内部有关部门及经办人员之间传递的线路和程序，二是会计凭证在各个环节的停留及传递时间。

在企业中，一项经济业务的完成，往往需要几个业务部门共同进行，会计凭证也就随着实际业务的进程在有关部门之间流转。组织好会计凭证的传递工作，对于确保会计核算的及时性，加强经营管理上的责任制，提高企业经营效率具有重要意义。因此，企业应对此予以足够重视。

一般来说，正确、合理地组织会计凭证的传递工作应从以下三个方面入手：

1. 确定传递线路

要根据经济业务的特点、经营管理的需要以及企业内部机构的设置和人员的分工情况，合理确定各种会计凭证的联数和所流转的必要环节。既要做到使有关部门和人员能利用会计凭证了解经济业务的发生和完成情况，确保对会计凭证按规定程序进行处理和审核，又要避免会计凭证传递经过不必要的环节，影响传递速度，降低工作效率。

2. 规定传递时间

要根据各个环节办理经济业务的各项手续（如检验、审核、登记等）的需要，明确规定会计凭证在各个环节的停留时间和传递时间。既要防止不必要的延误，又要避免时间定得过紧，影响业务手续的完成。

3. 建立会计凭证交接的签收制度

为了保证会计凭证的安全、完整，在各个环节中，都应指定专人办理交接手续，做到责任明确、手续完备且简便易行。

会计凭证的传递办法是企业经营管理的一项规章制度，会计部门应会同有关部门在调查研究的基础上共同制订，报经本单位领导批准后，有关部门或人员必须遵照执行。同时可以把若干主要业务绘成流程图或流程表，供有关人员使用。

（二）会计凭证的保管

会计凭证的保管是指会计凭证在登账后的整理、装订和归档存查工作。会计凭证是重要的会计核算资料，同时也是重要的经济档案和历史资料，它是事后了解经济业务，检查账务，明确经济责任的重要证明。所以，对会计凭证必须妥善保管，不得丢失和任意销毁。

（1）会计凭证的保管，必须安全完整，同时又要便于事后查找。为此，会计部门在记账之后，应定期对各种会计凭证加以分类整理，将记账凭证按照编号顺序，连同所附原始凭证折叠整齐，然后加上封面、封底，装订成册，并在装订线上加贴封签；最后在封面上注明单位名称、记账凭证种类、起止号数、年度月份和起止日期，并由有关人员签字盖章。对数量过多的原始凭证，可以单独装订保管，但要在记账凭证上加注说明，以便查阅。

（2）装订成册的会计凭证，应指定专人保管，年度终了，应移交财会档案室登记归档，集中保管。会计凭证的保管期限和销毁手续，必须严格执行会计制度的有关规定。根据各种会计凭证的重要程度，分别规定保管期限。对保管期限已满需要销毁的会计凭证，必须开列清单，并按规定手续进行报批处理，经上级主管部门批准后方可销毁。

第二节　会计账簿

一、会计账簿的意义和种类

（一）会计账簿的意义

会计账簿是以会计凭证为依据，由具有专门格式而又相互联系的账页组成，用以连续、系统、全面地记录和反映各项经济业务的簿籍。设置和登记账簿是会计核算的一种专门方法。

通过会计凭证的填制和审核，虽然可以正确、及时地反映和监督各项经济业务的发生和完成情况，但是，会计凭证的数量很多，又比较分散，每张凭证一般只反映一项经济业务，所提供的核算资料是零星的，缺乏系统性。因此，为了集中、全面、系统、连续地反映一定时期经济业务的全貌，充分发挥会计的作用，必须设置和运用会计账簿。

科学地设置和登记会计账簿，可以系统反映经济业务，提供管理上所需要的总括指标和明细指标；可以反映企业各项财产物资状况及其变化情况，有助于保护财产的安全完整，便于监督各项资金的合理使用。并且，设置和登记账簿可以为编制财务报表提供资料来源和依据。此外，利用账簿所提供的资料，还可以进行会计分析和会计检查。

（二）会计账簿的种类

会计账簿的种类多种多样，在会计核算中，为了便于了解和正确运用各种账簿，可以按不同的标准，对其进行分类。

1. 会计账簿按用途可以分为序时账簿、分类账簿、备查账簿

（1）序时账簿，又称日记账。它是按照经济业务发生的时间先后顺序，逐日逐笔进行连续登记的账簿。在实际工作中，它是按会计部门收到的会计凭证的先后顺

序，亦即按照凭证号码的先后顺序登记的。序时账簿按其记录内容的不同，又可分为特种日记账和普通日记账。

特种日记账是将某一类比较重要的经济业务，按其发生的时间顺序记入账簿中，以反映某个特定项目的详细情况。"库存现金日记账"和"银行存款日记账"就属于特种日记账。

普通日记账是将每天发生的全部经济业务按照业务发生的先后顺序，编制成会计分录，登入账簿中，因此又称为分录簿，见表5-11所示。

（2）分类账簿。它是按照账户对全部经济业务进行分类登记的账簿。分类账簿依据其概括程度的不同，又可分为总分类账和明细分类账。

总分类账简称总账，是根据总分类科目开设的，用来分类记录全部经济业务总括核算资料的分类账簿。

明细分类账简称明细账，是根据明细分类科目设置的，用以记录某一类经济业务详细核算资料的分类账簿。

序时账簿和分类账簿还可以结合起来，形成一种联合账簿。联合账簿兼有序时账簿和分类账簿的特点。日记总账就是这种结合的例子。

（3）备查账簿，又称辅助账簿。它是指对某些在序时账和分类账等主要账簿中未能记载或记载不全的事项进行补充登记，以备查证的账簿。它可以对某些经济业务的内容提供必要的补充参考资料。例如，租入固定资产登记簿、委托加工材料登记簿均属于备查账簿。

2. 会计账簿按其外表形式又可分为订本式账簿、活页式账簿和卡片式账簿

（1）订本式账簿，是在账簿启用之前，就将账页按顺序编号装订成册的账簿。这种账簿能够避免账页散失，防止抽换。目前，库存现金日记账、银行存款日记账和总分类账一般采取这一形式。但由于账页是固定的，在同一时期内，只能由一个人登记，不便于分工，影响工作效率；此外，这种账簿还存在账页不能增减，多则浪费，少则不够的缺点。

（2）活页式账簿和卡片式账簿。它们是由若干零散的账页、卡片组成的账簿。它们的账页、账卡不是固定地装订在一起，而是存放在账夹和卡片箱中，可以随时取出和放入。其优点是灵活方便，账页、账卡可以根据需要增减，还可以根据不同需要进行归类，同时也便于分工记账；缺点是账页、账卡容易散失和被抽换。因此，在使用活页式账簿或卡片式账簿时，使用前要编制序号，使用中要妥善保存在账夹或卡片箱中，使用完毕后要装订成册或封扎保管。

目前，明细分类账一般采用活页式账簿，"固定资产"和"低值易耗品"等明细账一般可用卡片式账簿。

3. 会计账簿按其账页格式可以分为两栏式账簿、三栏式账簿、多栏式账簿和数量金额式账簿

（1）两栏式账簿的账页只设"借方"和"贷方"两个金额栏。

（2）三栏式账簿是由设置"借方""贷方"和"余额"三个金额栏的账页组成的账簿。该种账簿只设金额栏，不设数量栏。

（3）多栏式账簿是根据会计核算的需要，对经常发生的经济业务设置若干专栏，把同类业务在专栏里进行汇总，然后一次过账。多栏式账簿只设金额栏，不设数量栏。

（4）数量金额式账簿账页的格式是在三栏式账簿的基础上，增加数量专栏，从而既提供金额指标，又提供数量指标。该类账簿只适用于某些明细分类账户的登记，如"原材料"明细账就通常采用这种格式。

二、账簿的设置

（一）设置会计账簿的原则

一个会计主体应设置哪些种类的账簿，采用什么格式，都应在符合国家统一规定的前提下，根据本单位经济业务的性质、特点以及经营管理的实际需要来具体确定，但不管各单位具体情况如何，在设置会计账簿时，都应遵循下列原则：

（1）账簿的设置要能保证系统、全面地核算和监督经济活动的情况，为企业的经营管理者及各有关方面提供适用的会计核算资料及信息。

（2）账簿的设置要能保证组织严密，各账簿之间既要有明确的分工，又要密切联系，并且要考虑人力和物力的节约，力求避免重复或遗漏。

（3）账簿的格式应简便实用、便于查账。

（二）会计账簿的基本内容

尽管各种会计账簿所记录的经济业务不同，其结构和形式可以多种多样，但一般都应具备以下基本内容：

（1）封面。说明账簿的名称和记账单位的名称。

（2）扉页。注明账簿的启用日期和截止日期；账簿的页数，册数；经管账簿人员的姓名、签章和交接日期；会计主管人员签章；账户目录。

（3）账页。反映的经济业务内容的不同，账页的格式会有所不同，但其基本内容应包括：①账户名称，包括一级科目、二级科目和明细科目的名称；②登账日期；③凭证种类和号数；④摘要栏；⑤金额栏。

三、日记账的登记

前面已经讲过，日记账可以分为普通日记账和特种日记账。如果单位的经济业务比较简单，可以只设一本日记账，按时间的先后顺序逐笔记录全部业务，即普通日记账。如果某些经济业务重复发生的次数较多，可以设置特种日记账用以专门登记。

下面分别介绍普通日记账、现金日记账和银行存款日记账的登记方法。

（一）普通日记账的登记

普通日记账可以采用两栏式和多栏式两种格式。

1. 两栏式日记账

两栏式日记账主要由借方金额、贷方金额两个基本栏次构成。除此之外还设有记账日期、摘要、账户名称、过账等栏目以满足过入分类账的需要。其格式和登记方法见表 5-16。其中，在有关账户已过入分类账之后，一般应在过账栏中相应位置打"√"号。

表 5-16　日记账（两栏式）

20××年		摘　要	账户名称	借　方	贷　方	过账
月	日					
3	1	生产领用材料	生产成本	6 400		√
			原材料		6 400	√
	⋮					

2. 多栏式日记账

多栏式日记账的最大特点是依照对应账户设置金额专栏，月末根据专栏合计数一次过入分类账。从理论上讲，在多栏式日记账中可以为每一账户设置一个专栏，但这样做可能造成账页过长，给记账带来不便，同时也无多大意义。因此，在实际工作中，常常只对现金、银行存款等频繁发生的业务设置专栏，对其他业务只设置一个"其他账户"栏进行反映。

在登账时，设有专栏的账户，只需在该专栏的借方或贷方填入相应金额；未设专栏的账户，应在"其他账户"栏登记。

月末过入分类账时，对于设有专栏的账户，将其合计数过入相应的总分类账中（明细分类账应逐笔过入）；未设专栏的，则同两栏式日记账一样，应逐笔过入分类账中。

多栏式日记账的格式和登记方法见表 5-17。

表 5-17　日记账（多栏式）

20××年		摘要	银行存款		库存现金		主营业务收入		其他账户			过账
月	日		借方	贷方	借方	贷方	借方	贷方	账户名称	借方	贷方	
4	1	出售产品	8 400					8 400				
		提现		6 000	6 000							
	2	偿还欠款		5 600					应付账款	5 600		
	2	借支差旅费				700			其他应收款	700		
	⋮											

与两栏式日记账相比，多栏式日记账由于设有账户专栏，从而大大减少了过账的工作量。但两者都存在不便于会计人员分工协作的弊端。

（二）特种日记账的登记

特种日记账是对特定经济业务进行序时记录的账簿。各单位应根据自身业务的特点和经营管理的需要设置不同种类的特种日记账，如库存现金日记账、银行存款日记账、销货日记账、购货日记账等。在格式上一般可采用三栏式和多栏式两种。现以现金日记账和银行存款日记账为例来说明特种日记账的登记方法。

库存现金日记账和银行存款日记账是出纳人员根据有关审核无误的收、付款凭证，分别对会计核算单位的现金业务和银行存款业务进行序时登记的特种日记账。具体地讲，库存现金日记账是根据现金收款凭证、现金付款凭证以及记录"提现"业务的银行存款付款凭证来逐笔登记的；银行存款日记账则是根据银行存款收款凭证、银行存款付款凭证以及记录"将现金存入银行"业务的现金付款凭证来登记的。

1. 三栏式日记账

三栏式日记账在账页上设置"收入（借方）""付出（贷方）"和"余额"三个金额栏，此外还设置"日期""凭证字号""摘要""对方科目""过账"等栏次。现将其登记方法简要说明如下：

（1）日期栏与凭证字号栏，应该与有关记账凭证的内容相一致。

（2）摘要栏，应简明扼要地说明库存现金（银行存款）的收入来源及支出用途。

（3）对方科目，登记与库存现金（银行存款）收入或支出相对应的会计科目。

（4）收入（借方）栏应根据库存现金（银行存款）收款凭证逐笔登记，"付出（贷方）"栏应根据库存现金（银行存款）付款凭证登记。此外，当发生库存现金与银行存款之间的业务，如提现、将现金存入银行时，收入栏还应根据对方的付款凭证填入相应金额，即库存现金日记账或银行存款日记账的收入栏应根据银行存款付款凭证或现金付款凭证填入相应金额。

此外，在登记库存现金日记账时，还应逐笔结出余额，以加强对现金的控制。

表 5-18 为三栏式现金日记账的格式。

157

表 5-18　库存现金日记账（三栏式）

20××年		凭证编号	摘　要	对方科目	过账	收入	付出	结存
月	日							
			期初余额					5 120
7	1	现付1	借支差旅费	其他应收款	√		1 000	4 120
	2	现收1	出售原材料	其他业务收入	√	1 900		6 020
	4	现付2	支付采购费	材料采购	√		1 500	4 520
	5	银付1	提现	银行存款		3 000		7 520
	⋮	⋮						
	31		本月发生额及余额			18 000	17 520	5 600

三栏式库存现金（银行存款）日记账过账时，应注意以下几点：

（1）对于"库存现金（银行存款）"账户，按照借方（收入）、贷方（付出）的合计数过入相应的分类账中。

（2）对于对应科目，应逐笔过账。且当日记账中的金额为借方时，过入对应账户贷方，当日记账中的金额为贷方时，过入对应账户借方。

（3）过账后，应在过账栏中注明分类账的页码并打"√"符号，表示已经过账。

（4）两种特种日记账都有记录的业务，对应科目不再过账。例如，在设置现金日记账和银行存款日记账后，现金日记账中对应的"银行存款"科目就不再过账，以免重复。

2. 多栏式日记账

多栏式日记账是在三栏式日记账的基础上，对库存现金（银行存款）的收入事项，按其来源渠道设置相应的贷方科目专栏，以反映现金（银行存款）增加的理由；对库存现金（银行存款）的付出事项，按其用途设置相应的借方科目专栏，以反映现金（银行存款）减少的原因。为了避免账页过长，对那些不经常重复出现的对应科目，通常不设置专栏，而是通过设置"其他科目"栏予以反映。

多栏式日记账的登记方法，是在确定应借、应贷方向之后，将设有专栏的对应科目的金额记入相应位置，对应科目没有专栏的，应填入"其他科目"栏。

表5-19列示了多栏式银行存款日记账的格式（此处省略了"其他科目"栏）。

表5-19 银行存款日记账（多栏式）

20××年		凭证编号	摘要	收入				付出					余额
月	日			对应贷方科目				对应借方科目					
				库存现金	主营业务收入	应收账款	合计	库存现金	材料采购	应付账款	财务费用	合计	
8	1		期初余额										40 000
		银收1	出售产品		84 000		84 000						124 000
		银付1	提现					4 000				4 000	120 000
	2	银付2	购材料						16 000			16 000	104 000
		银付3	偿还欠款							13 200		13 200	90 800
		现付1	现金存入	6 000			6 000						96 800
		银收2	收到欠款			10 000	10 000						106 800
	31		全月合计	70 000	192 000	16 000	278 000	16 000	70 000	132 000	2 000	220 000	98 000

在多栏式日记账过账时，应注意以下几点：

（1）多栏式库存现金（银行存款）日记账的借方（收入栏）、贷方（付出栏）合计数应过入现金（银行存款）总账的借、贷方。

（2）设有专栏的会计科目，应将对应科目的合计数过入分类账中。

（3）对于"其他科目"栏里的账户，应逐笔过入相应的分类账中。

（4）多栏式现金日记账中的"银行存款"专栏的合计数，以及多栏式银行存款日记账中的"库存现金"专栏的合计数，无须过账，以免重复。

应用多栏式日记账，通过设置专栏汇总同类经济业务，可以大大减少过账的工作量，同时将"收入"和"付出"分别列示，以便综合反映一定时期内现金（银行存款）的收入渠道和支出方向，有利于加强对货币资金的控制。但在记账过程中，由于栏目增多，应避免因串行而造成记账错误。

在货币资金收付业务较多的单位，可以单独设置库存现金（银行存款）收入日记账和库存现金（银行存款）支出日记账，其登记的原理和方法与现金（银行存款）日记账相似，不再赘述。

四、分类账的登记

分类账是按类别登记全部经济业务的概括情况或某类经济业务的明细资料的账簿。在会计核算中，当经济业务发生后，一方面要按类别进行总括核算，即总分类账的登记，另一方面，对某些业务又要按层次进行明细分类账的登记。这样不仅能从总括指标和明细指标两个方面反映会计要素之间的增减变化情况和结果，而且，由于总分类账和明细分类账之间存在勾稽关系，也便于核对账目。

（一）总分类账的登记

总分类账简称总账，它是分类、连续、系统、全面地记录和反映各会计要素总括性情况的账簿，也是编制财务报表的主要依据。因此，每个单位都必须设置总账，并按会计科目的编号顺序，为每一个一级会计科目开设账户，并预留账页。

总分类账通常采用三栏式的订本账，即在每张账页上设置借、贷、余三个金额栏。其格式和填制方法见表5-20。

表5-20　总分类账

账户名称：应付账款

20××年		凭证编号	摘　要	借　方	贷　方	借或贷	余　额
月	日						
9	1		期初余额			贷	60 000
	2	转字1	从甲公司购入材料		50 000	贷	110 000
	12	转字4	从乙公司购入材料		30 000	贷	140 000
	18	银付1	偿还甲公司欠款	60 000		贷	80 000

表5-20（续）

20××年		凭证编号	摘　要	借　方	贷　方	借或贷	余　额
月	日						
	20	转字8	从甲公司购入材料		36 000	贷	116 000
	25	银付10	偿还乙公司欠款	40 000		贷	76 000
	30		本期发生额及余额	100 000	116 000	贷	76 000

　　总账的格式也可根据实际需要采用多栏式，即在同一账页上开设全部总分类账户，这种总账亦称日记总账，其格式和填制方法将在账务处理程序中介绍。

　　总分类账的登记依据和方法取决于核算单位所采用的账务处理程序。它可以直接根据各种记账凭证逐笔进行登记，也可以根据科目汇总表或分类汇总记账凭证定期汇总登记，还可以根据日记账逐笔或汇总登记。

　　（二）明细分类账的登记

　　明细分类账简称明细账，它是根据明细分类账户开设账页，用以记录某一类经济业务具体情况的账簿。各会计核算单位应根据有关会计制度和经营管理的需要，开设适量的明细账，一般而言，对重要的财产物资、债权债务、费用成本、收入成果等都应设置相应的明细分类账。

　　明细分类账的格式一般采用三栏式、数量金额式和多栏式三种。其外表形式可以采用活页账，也可以采用卡片账形式。

　　1. 三栏式

　　三栏式明细账的格式与三栏式总账的格式基本相同。它适用于只需进行金额核算的经济业务。如应收账款、应付账款、长期待摊费用等。其格式和登记方法见表5-21。

表5-21　应付账款明细分类账（三栏式）

账户名称：应付账款——甲公司

20××年		凭证编号	摘　要	借　方	贷　方	借或贷	余　额
月	日						
9	1		期初余额			贷	40 000
	2	转字1	从甲公司购入材料		50 000	贷	90 000
	18	银付1	偿还甲公司欠款	60 000		贷	30 000
	20	转字8	从甲公司购入材料		36 000	贷	66 000
	30		本期发生额及余额	60 000	86 000	贷	66 000

　　2. 数量金额式

　　数量金额式明细账是在收入、付出和结存栏内，进一步设置数量、单价和金额栏。它适用于需要同时核算价值指标和实物指标的材料、库存商品、低值易耗品等财产物资的明细账。其格式和登记方法见表5-22。

表5-22 材料明细分类账（数量金额式）

会计科目：材料

类别：×××　　品名及规格：×××　　　　　计量单位：千克　　存放地点：×××

20××年		凭证编号	摘要	收入			发出			结存		
月	日			数量	单价	金额	数量	单价	金额	数量	单价	金额
9	1		期初余额							1 500	40	60 000
	5	银付4	购入材料	2 000	40	80 000				3 500	40	140 000
	7	转字32	领用材料				2 500	40	100 000	1 000	40	40 000
	16	转字57	购入材料	3 000	40	120 000				4 000	40	160 000
	24	转字78	领用材料				2500	40	100 000	1 500	40	60 000
	30		本月发生额及期末余额	5 000	40	200 000	5 000	40	200 000	1500	40	60 000

3. 多栏式

多栏式明细账是在三栏式的基础上，根据经营管理的需要，开设若干专栏，以集中反映某一明细分类账户的增减变化情况。设置该类明细账的主要目的是便于分析经济业务。例如，通过对费用类账户设置多栏式明细账，可以集中反映某类费用的具体支出方向和原因。其格式见表5-23。

表5-23 制造费用明细分类账（多栏式）

会计科目：制造费用

20××年		凭证编号	摘要	借方					贷方	余额
月	日			工资和福利费	折旧费	办公费	水电费	修理费	生产成本	
10	6	现付3	支付工资	5 200						5 200
	9	现付5	支付办公费			1 200				6 400
	11	现付8	支付水费				600			7 000
	16	现付11	支付电费				1 000			8 000
	30	转字36	计提折旧		3 000					11 000
	31	转字37	转入生产成本						11 000	0
	31		本月发生额及余额	5 200	3 000	1 200	1 000	600	11 000	0

　　前面已经介绍了序时账簿和分类账簿的登记方法，而对于备查账簿，由于它主要是用以补充前两种账簿提供的资料的不足，为单位提供备查资料。因此，它没有固定的格式，各单位可根据自身的实际需要来设计和登记。

五、对账与结账

（一）对账

对账是指在一定会计期间（月份、季度、年度）终了时，对各种账簿的记录进行核对，做到账证、账账、账实、账表相符，以保证账簿记录和财务报表数字真实正确。

对账的主要内容包括：

1. 账证核对

账证核对即各种账簿记录与记账凭证及其所附原始凭证的核对。账簿与记账凭证核对，用于检查账簿登记工作的质量，记账是否符合规定；账簿与原始凭证核对，用于检查经济业务的合理性与合法性。

2. 账账核对

账账核对是指各种账簿之间有关数字的核对。账账核对主要包括：

（1）总分类账各账户期末借方合计数应与贷方合计数核对相符；

（2）各总分类账户期末余额应与其所属各明细分类账期末余额之和核对相符；

（3）日记账的期末余额应与相应总分类账的期末余额核对相符；

（4）会计部门的各类财产物资明细账应与保管使用部门的相应明细账核对相符。

3. 账实核对

账实核对是指各种财产物资的账面余额与实有数的核对。账实核对通常包括以下几方面的内容：

（1）现金日记账的余额应每日与库存现金数进行核对；

（2）银行存款日记账应定期与银行送来的对账单进行核对；

（3）应收账款、应付账款等往来款项应定期或不定期与有关单位或个人进行核对；

（4）各种原材料、产成品、固定资产等明细账的账面余额应与实存数进行核对。

4. 账表核对

账表核对即企业的月、季、年度报表中的数字，应与账簿中的有关数字核对，以保证账表相符。

（二）结账

企业的各种经济业务是不断发生、连续进行的，企业的资金运动也是周而复始、循环往复的。为了定期了解企业的财务状况和经营成果，及时编制财务报表，必须定期结账。所谓结账是指在会计期间结束时，在该期间内发生的经济业务已全部登记入账的基础上，将各类账户的本期发生额合计数和余额结算清楚。

结账工作的程序主要是：

（1）检查本期内发生的各项经济业务是否均已登记入账，若发现有漏记，应及时补上。值得注意的是，既不能提前结账，也不能将本期发生的经济业务推至下期登记。

（2）按照权责发生制要求，对应计入本期的预提、待摊业务编制会计分录（即调整分录），并登记入账；然后对各种收入、成本、费用等账户的余额进行结转。

（3）结算出资产、负债和所有者权益各类账户的本期发生额和余额。

结账工作分为月结、季结和年结三种。月结时，在结出本月发生额和期末余额后，在摘要栏内注明"本月发生额及余额"或"月结"，同时在"月结"行的上下方各划一条红线表示本月账簿记录已经结束；季结时，在本季末月结数下面结出本季度三个月的季发生额和季末余额，并在摘要栏内注明"季结"，然后在季结下面划一条单红线；年结时，在第四季度季结下结出全年的发生额和年末余额，并在摘要栏内注明"年结"，然后在年结下面划双红线，以示本年度账簿记录已经结束。在年度结账后，各账户的年末余额应转入新年度账簿中。

六、会计账簿的更换与保管

（一）会计账簿的更换

在每一会计年度结束，新的会计年度开始时，应按有关会计制度的规定，更换全部的总账、日记账和大部分明细账。而对于固定资产等少数明细账，则可继续使用，不必更换。

更换账簿后，可将有关账户的余额，从旧账中直接转入新账，而无须另编记账凭证，只是在新账簿中相关账户新账页的第一行填写日期1月1日。在"摘要"栏中注明"上年结转"字样，并在"余额"栏记入上年余额。

（二）账簿的保管

会计账簿是重要的经济档案和历史资料，必须妥善保管，不得任意销毁和丢失。年度终了，应将各种账簿装订成册或扎封，加具封面，统一编号，并归档保管；各种账簿的保管年限和销毁程序，应按会计制度的有关规定严格执行，未得批准，不得擅自销毁。

七、记账规则和错账更正

（一）记账规则

1. 会计账簿的启用

会计账簿是会计核算单位的重要会计档案和信息资料。为了确保账簿记录的合法性、完整性，明确记账责任，每本账簿都应有明确的分工，登记、审核、保管都应有专门人员负责，并且在启用新的账簿时，应在账簿的扉页中填列"账簿启用和经管人员一览表"（活页账、卡片账一般在装订成册后填列）。表中应详细注明：账簿名称、单位名称、账簿编号、账簿页数、账簿册数、启用日期及有关人员的签章等。更换记账人员时，应办理交接手续，并在表内注明交接日期，并由交接双方分别签字盖章，以明确责任。其格式见表5-24。

表5-24 账簿启用和经管人员一览表

账簿名称＿＿＿＿＿＿＿＿＿＿　　　　　　　　　　单位名称＿＿＿＿＿＿＿＿＿＿

账簿编号＿＿＿＿＿＿＿＿＿＿　　　　　　　　　　账簿册数＿＿＿＿＿＿＿＿＿＿

账簿页数＿＿＿＿＿＿＿＿＿＿　　　　　　　　　　启用日期＿＿＿＿＿＿＿＿＿＿

会计主管（签章）　　　　　　　　　　　　　　　　记账人员（签章）

移交日期		移交人		接管日期			接管人		会计主管	
年 月 日		姓名	盖章	年	月	日	姓名	盖章	姓名	盖章

2. 会计账簿的登记规则

登记会计账簿是会计核算的一个重要环节，为了保证会计核算工作的质量，确保账簿记录的正确、完整、清晰，必须严肃、认真、一丝不苟地做好记账工作。一般来说，登记会计账簿时应遵循下列规则：

（1）记账时必须根据审核无误的会计凭证进行登记。其方法是将记账凭证的日期、编号、摘要、金额等逐项记入账内，做到摘要简明、数字准确、登记及时。同时在记账凭证上注明登记账簿的页数或画"√"号标记，以表明已经记账，避免重记或漏记，便于查找。

（2）为了保证账簿记录清晰、耐用，防止涂改，登记账簿时必须用钢笔和蓝黑墨水填写，不能使用铅笔或圆珠笔。红墨水只限于改错、冲账、结账划线时使用。

记账的文字和数字必须清晰整洁。在账簿中填写的数字和文字应紧靠行格底线书写，约占全格的二分之一或三分之二的位置，留有余地，以便改错时书写。

（3）记账时必须按事先编好的账页顺序逐行连续登记，不得跳行、隔页。如不慎发生了隔页或跳行，应在空页、空行里划对角红线注销，并加注"作废"字样。不得任意撕毁、涂改。

（4）账簿登记时，每一页应留最后一行，结出发生额和余额，并在摘要栏内注明"转次页"。同时，在下一页第一行摘要栏注明"承前页"，并按要求记入相应金额。

（5）登记账簿后，发现错误，应根据错误的具体情况，按规定的方法进行更正，不得刮、擦、挖、补或涂改。

（二）错账的查找方法

在对账、结账过程中以及进行试算平衡时，有可能出现总账借、贷方发生额合计数不等，或者期末总账余额与所属明细账余额之和不相等等情况，由此可说明记账发生错误。造成错账的原因很多，只有掌握了一定的查错方法，才能做到有的放矢，迅速查明错账原因，节约查账时间。错账的查找方法通常有个别检查法和全面检查法两种。

1. 个别检查法

个别检查法就是针对错账的具体数字检查账目。这种方法适用于错误数较少或错账数字具有一定的规律、容易被查出的情况。诸如查找重记、漏记、数字错位、数字颠倒或记账方向错误等。常用的个别检查法有差额法、除 2 法、除 9 法三种。

（1）差额法。它是利用不平衡账目的差数检查记账错误的方法。差额法主要适用于检查账簿的重记、漏记错误，以及抄写时容易混淆的数字错误。

①发生重记、漏记错误时，差额即为重记、漏记的数字。

例如，试算平衡表中的借方金额合计数为 8 436 000 元，而贷方合计数为 8 436 900 元，两方差额为 900 元，可以利用"900"这个差额数去检查记账过程中是否有贷方重记 900 或借方漏记 900 的情况。

②抄错数字时，差额即为错记数与原来数的差异。

在检查错账时，对一些抄写时容易混淆的数字也应引起足够的重视。例如，将 1 误写为 7 时，差额即为 6（当然，若该数处于十位、百位时差额就相应变为 60、600，以此类推）。另外，还有 4 与 6，3 与 5 等也容易混淆。

（2）除 2 法。它是将错账的差异数除以 2 然后利用所得商数来检查记账错误的方法。除 2 法适用于查找因数字记反方向发生的错误记录。例如，一笔经济业务应记入某账户的贷方 600 元，而在记账时误记入其借方，结果使借方合计数比贷方合计数多 1 200 元，其差额恰好是记错方向的数字的 2 倍，以 1 200 除以 2 得 600，利用 600 这个差数，检查在记账过程中，有无将 600 贷方数字误记入借方的情况。

（3）除 9 法。该种方法适用于检查因数字错位或颠倒引起的记账错误。

①数字错位。数字错位就是在抄写时将正确数字的各个位数并列向左或向右移位所造成的记录错误。它分为数字左错位与数字右错位两种。下面以数字左错位为例来说明该类型错误的数字特征。数字左错位就是将正确数字的各位同时向左移动一位或几位所造成的记录错误。例如，将 56.3 写成 563，将 80 写成 8 000 等。数字发生左错位之后，错数字是正确数字的 10^N 倍，其中 N 是指数字错位的位数。例如，563 是 56.3 的 10^1 倍，表示错了一位，8 000 是 80 的 10^2 倍，表示错了两位。此时，错误数与正确数的差额是正确数的 99…9（N 个 9）倍。所以，此差额可以写成 9×X×11…1（N 个 1）的形式，其中，X 代表正确数字。

承上例：

563−56.3＝506.7＝9×56.3×1

8000−80＝7920＝9×80×11

而对于数字右错位，其特征与左错位相似，只不过此时，式中的 X 代表错误数。

根据数字错误的特征,我们就可以将试算平衡时出现的差额除以 9,若能转换成上述形式,就可能出现了该类错误,据此,可对有关记录进行检查。

②数字颠倒。数字颠倒是指两位以上的数字中有两个位数上的数字因前后顺序颠倒造成的记录错误。例如,将 906 写成 609,将 9478 写成 9748。数字发生颠倒时,正确数与错误数的差额的绝对值能够写成 $9 \times R \times 11 \cdots 1$(N 个 1)$\times 10^M$ 的形式。其中,R 表示发生颠倒的两个数字之差的绝对值;N 表示发生颠倒的两数字之间隔(N−1)位,例如当 N=1 时,表示邻位数字发生颠倒;N=2 时,表示颠倒数字中间隔 1 位……以此类推;M 表示发生颠倒的两个数字所处的两个位数中的较低者,当 M=0 时,表示在个位,M=1 时表示在十位,M=−1 时表示在小数点后一位,M=2 时表示在百位,M=−2 时表示在小数点后两位……依此类推。

例如:

$906 - 609 = 297 = 9 \times 3 \times 11 \times 10^0$

其中,3 表示 9 与 6 之差,11 表示颠倒的两数字中间隔 1 位,10^0 表示较低位数在个位。

了解了数字颠倒的特征后,就可以将试算平衡的差额除以 9,若能转换成上面的形式,就可能是出现了该类错误。据此,对有关记录进行检查。

2. 全面检查法

全面检查法,亦称普查法,是指将一定时期内的账目进行逐笔核对的查错方法。这种方法工作量较大,在检查前,应确定检查错账的范围。全面检查法又可分顺查法和逆查法两种。

(1)顺查法。顺查法就是按照会计核算程序,从原始凭证查找开始,直至查到编制试算平衡表为止的方法。首先,检查原始凭证的记录是否正确,记账凭证与原始凭证是否相符;其次,进行账簿与记账凭证的核对,检查两者是否相符;最后,检查试算平衡表的编制是否正确,账户余额有无错误。

(2)逆查法。逆查法是按照与会计核算程序相反的顺序,从试算平衡表查起,一直查到原始凭证为止的方法。首先,检查试算平衡表的编制是否正确;其次,检查总账与所属明细账以及相应的日记账簿是否相符,并核对账簿与记账凭证是否相符;最后,检查记账凭证与原始凭证是否相符,原始凭证的内容是否正确。

检查错账是一项十分繁杂的工作,因此,在日常的记账过程中,一定要严肃认真,一丝不苟,尽量减少错账的发生。但如果发生了错账,就必须按照规定的方法进行更正。

(三)错账的更正方法

由于发生错误的具体情况不同,发现错误的时间也有早晚,因而错账的更正方法也就有所不同,一般有以下几种:

1. 划线更正法

划线更正法主要适用于结账之前发现账簿记录有错误，而记账凭证正确的情况，包括过账时因笔误或计算错误而造成的文字或数字错误。另外，在过账前发现的记账凭证中的错误也可采用划线更正法。

划线更正法的一般做法是：先在错误的文字或数字（整个数字）上划一条红线，以示注销，但必须使原有字迹仍可辨认，以备查考。然后，将正确的文字或数字用蓝笔写在红线上端，并由记账人员在更正处盖章，以明确责任。

2. 红字更正法

红字更正法，亦称赤字冲账法。一般适用于记账凭证错误，并已据以登账从而造成账簿记录错误的情况。具体来说，有以下两种情况：

（1）记账以后发现记账凭证中的应借应贷会计科目使用错误。更正时，首先用红字金额填制一张内容与原错误凭证完全相同的记账凭证，并在摘要栏注明"更正第×号凭证的错误"，并据以登记入账，冲销原来的错误记录；然后再用蓝字填制一张正确的记账凭证，并据以登记入账。

例2　某职工出差预支差旅费 600 元，以现金支付。原来填制的凭证为：

①借：管理费用　　　　　　　　　　　　　　　　　　　　　　　600

　　贷：库存现金　　　　　　　　　　　　　　　　　　　　　　　　　600

并据以入账。经检查，该记账凭证的会计科目使用错误。更正方法分两步进行：

首先，用红字金额填制一张记账凭证，会计分录如下（□内数字表示红字，下同）：

②借：管理费用　　　　　　　　　　　　　　　　　　　　　　 600

　　贷：库存现金　　　　　　　　　　　　　　　　　　　　　　　　 600

然后，再用蓝字填制一张正确的记账凭证，会计分录如下：

③借：其他应收款　　　　　　　　　　　　　　　　　　　　　　600

　　贷：库存现金　　　　　　　　　　　　　　　　　　　　　　　　　600

根据上述分录，登记入账。有关登账过程用 T 型账户代替如下：

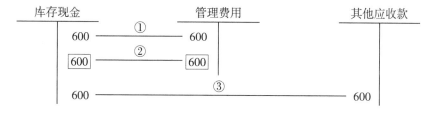

（2）记账以后，发现记账凭证中应借应贷会计科目正确，但记账凭证与账簿记录的金额大于应记的正确金额，更正时，将多记的金额用红字填制一张内容与原错误记账凭证完全相同的凭证，并在摘要栏内注明"冲销第×号记账凭证多记金额"，

并据以入账。

例3 用银行存款购买材料 800 千克，价值 5 600 元。原记账凭证的会计分录为：

④借：材料采购　　　　　　　　　　　　　　　　　　6 500
　　贷：银行存款　　　　　　　　　　　　　　　　　　　6 500

并据以入账。更正时将多记的 900 元（6 500－5 600）用红字金额填制一张记账凭证，做以下分录：

⑤借：材料采购　　　　　　　　　　　　　　　　　　　900

　　贷：银行存款　　　　　　　　　　　　　　　　　　　　900

并据以入账，其登账过程如下：

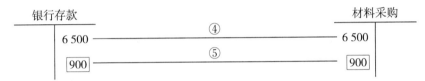

3. 补充登记法

补充登记法适用于记账后发现记账凭证中的账户对应关系正确，但所记金额小于应记金额的情况。更正时，将少记金额填制一张与原记账凭证账户对应关系相同的记账凭证，在摘要栏内注明"补充第×号凭证少记金额"，并据以入账。

例4 生产领用材料 800 千克，单价 4 元，共计 3 200 元。原记账凭证中会计分录为：

⑥借：生产成本　　　　　　　　　　　　　　　　　　2 300
　　贷：原材料　　　　　　　　　　　　　　　　　　　　2 300

更正时，将少记金额 900 元（3 200－2 300）用蓝字金额填制一张记账凭证，会计分录如下：

⑦借：生产成本　　　　　　　　　　　　　　　　　　　900
　　贷：原材料　　　　　　　　　　　　　　　　　　　　900

并据以入账，登账过程如下：

本章小结

　　填制会计凭证和登记会计账簿是两种重要的会计核算方法。本章对会计凭证和会计账簿的相关知识进行了系统的介绍，同时也较为详细地讲述了记账规则、常用的错账查找和更正方法。

思考题

1. 何谓会计凭证？会计凭证如何分类？
2. 简述原始凭证的填制要求和审核内容。
3. 记账凭证通常分为哪几种类型？它们各自如何填制？
4. 会计凭证传递与保管的基本内容包括哪些？
5. 会计账簿有哪几种分类方法？
6. 现金日记账和银行存款日记账的格式有哪几种？怎样进行登记？
7. 登记账簿有哪些基本规则？
8. 何谓结账？如何进行结账？
9. 何谓对账？对账包括哪些基本内容？
10. 更正错账的基本方法有哪几种？各适用于什么情况？
11. 随着信息时代的发展，电子会计凭证逐渐普及。请谈谈你对电子会计凭证出现的看法。
12.《账簿与权力》一书中提出"谁掌握账簿，谁就掌握了权力"，你是否认同这句话？请结合本章内容谈一谈你的理解。

第六章
财产清查

课程思政：

1. 强调"坚持诚信，守法奉公；坚持准则，守则敬业"的会计职业道德。财产清查是为了确保账簿记录的真实性、正确性，为编制财务报表提供可靠资料的依据。引导学生遵循财产清查中的诚信原则，包括真实记录、不隐瞒信息等。

2. 培养廉洁从业以及正确的法治观和廉政观。财产清查是一项促进廉洁从业的实际行动。通过对自身和组织财务状况的审查，引导学生在经济领域要坚持廉洁、正直的职业操守，强调反腐倡廉，倡导对不正当行为的零容忍。通过对财产的清查，维护社会的公平正义，推动社会向更为公正的方向发展。

3. 进一步理解财会监督是党和国家监督体系的重要组成部分。财产清查与财会监督密切相关，是全面从严治党的具体体现，是廉政建设的组成部分。通过对个体和组织的财务状况进行清查，可以发现并纠正潜在的违法违纪问题，加强廉政监督，从而守住廉洁底线，保障社会公平正义，有助于构建社会和平。

学习目标与要求：

1. 掌握财产清查的意义和种类；
2. 掌握有存货的盘存方法；
3. 能熟练运用财产清查的常用方法，并进行正确的账务处理。

第一节　财产清查概述

一、财产清查的意义

财产清查是指通过对各种实物和库存现金的实地盘点，对银行存款、往来账项进行核对，确定各种财产物资、货币资金和往来账项的实存数，并查明账存数与实存数是否相符的一种会计核算方法。它同时也是内部控制系统的一个有机组成部分。

在会计工作中，我们可以通过正确填制凭证，登记账簿，并进行严格审查来保证账簿记录的正确性，但账簿记录的正确性并不能说明其客观真实性，因为现实中还有很多原因可能使各项财产的账面数与实际结存数发生差异，即账实不符。例如，由于自然的因素使财产物资在保管过程中发生损耗和升重；由于管理不善，对应防潮、防晒、防高温、防严寒的物资管理不严；由于工作失误，如计量、检验不准确，保管员错收、错付物资；重记、漏记、错记保管账造成账实不符；由于贪污盗窃、营私舞弊等不法行为，造成财产物资的损失；由于未达账项引起的内外账不符等。

财产物资清查的主要目的就是为了确保账簿记录的真实性和正确性，为编制财务报表提供可靠的资料依据，同时它对加强财产物资的管理、维护国家财经纪律也具有重要意义。财产清查的意义和作用是：

1. 保证会计资料的真实可靠

财产清查通过查明各项财产物资、货币资金和往来账项的实存数，以确定是否账实相符，对不符的账项，进一步查明原因，落实责任，并及时调整账面数字，做到账实相符，从而保证会计资料的真实性。

2. 保护财产物资的安全完整

通过财产清查，可以查明财产物资有无短缺和毁损情况。一旦发现问题，应查明原因，认真处理。对于管理制度方面存在的问题，应及时采取措施，建立健全相关制度；对于因管理人员及其他工作人员失职而造成的损失应追究其经济责任，并给予必要的行政处分；对于贪污、盗窃行为，应给予必要的法律制裁从而保证财产物资的安全完整。

3. 保证财经纪律和结算制度的贯彻执行

通过检查企业与财政、银行及其他单位的往来关系，可以查明企业对相关的财经纪律和结算制度的遵守情况。如应交国家的款项是否及时足额上交，银行借款是否按期归还，与其他单位间的往来款项是否及时地进行结算等，并查明原因，采取措施，促使企业严格遵守财经纪律和结算制度。

4. 挖掘财产物资的潜力

通过财产清查，可以查明各项财产物资的储备和利用情况，了解有无储备不足或积压、呆滞以及不配套的财产物资。对于储备不足的应及时补足，确保生产需要，对积压、呆滞和不配套的，应及时处理，避免浪费，从而挖掘财产物资的潜力，加速资金周转，提高资金使用效率。

二、财产清查的种类

（一）按照清查的对象和范围，可以分为全面清查和局部清查

全面清查是指对所有财产物资、货币资金和往来结算款项进行全面、彻底的盘点和核对。

全面清查由于清查范围广、工作量大，不宜经常进行。一般说来，在以下几种情况下，需进行全面清查：

（1）年终决算前，应进行全面清查。

（2）企业在承包、租赁、联营、中外合资、股份制改制和"关停并转"或改变隶属关系时，需进行全面清查。

（3）企业要清产核资，彻底摸清家底时，必须进行全面清查。

局部清查是指对部分财产物资、货币资金和往来款项的清查。局部清查的范围和对象应根据业务需要和相关的具体情况而定，一般而言，对于流动性大的财产物资，如材料、在产品、产成品，应根据需要随时轮流盘点或重点抽查；对于各种贵重财产物资，每月都要进行清查盘点；对于库存现金，每日终了，应由出纳人员进行清点核对，做到日清日结；对于银行存款，至少每月同银行核对一次，等等。

（二）按照清查的时间，可以分为定期清查和不定期清查

定期清查是按照预定计划规定的时间对财产物资进行的清查。一般是在年末、季末或月末结账时进行。其对象和范围根据实际情况和需要而定，既可以是全面清查，也可以是局部清查。

不定期清查是根据实际需要进行的临时性清查，因而也叫临时清查。例如，在改换财产物资和现金的保管员时，发生自然灾害或意外损失时，上级和其他有关部门进行会计检查时，都必须进行临时清查。

三、财产物资的盘存制度

在会计核算中，由于确定财产物资账面结存额的依据不同，存在着两种盘存制度：永续盘存制和实地盘存制。

（一）永续盘存制

永续盘存制又称账面盘存制，是指对财产物资的收入和发出，都必须根据会计凭证在有关账簿中进行连续登记，并随时结出各种财产物资的账面结存数。其具体做法是：在收到或发出某项财产物资时（这里主要指存货），根据记录收入或发出业务的会计凭证，逐笔逐日在该存货明细账上做连续记录，并按原存货结存额加收入额减发出额计算出余额。

例如，华夏公司的材料盘存采用账面盘存制，2018年7月份甲材料的收发及结存情况如表6-1所示（数量的计量单位为千克，金额的计量单位为元）。

表6-1 材料明细账

明细科目：甲材料

2018年		摘要	收入			发出			结存		
月	日		数量	单价	金额	数量	单价	金额	数量	单价	金额
7	1	期初余额							1 500	40	60 000
	5	购入材料	2 000	40	80 000				3 500	40	140 000
	7	领用材料				2 500	40	100 000	1 000	40	40 000

表6-1（续）

2018年		摘要	收入			发出			结存		
月	日		数量	单价	金额	数量	单价	金额	数量	单价	金额
	16	购入材料	3 000	40	120 000				4 000	40	160 000
	24	领用材料				2 000	40	80 000	2 000	40	80 000
	31	本月发生额及期末余额	5 000	40	200 000	4 500	40	180 000	2 000	40	80 000

可以看出，采用永续盘存制其核算工作量比较大，但其核算严密，能够及时反映各项财产物资的收入、发出和结存情况，有利于加强对财产物资的管理，因此，在一般情况下，企业均采用这种盘存制度。

（二）实地盘存制

实地盘存制就是平时只记收入，不记发出，期末采用实地盘点的方法来确定存货的实存数量，从而计算出结存余额，倒挤出本期发出的财产物资的金额并予以入账的一种方法。其具体做法是：①平时在账簿中登记物资的收入数，不登记发出数；②期末实地盘点确定财产物资的实存数；③根据实存数，计算结存余额，根据"本期发出数=期初结存数+本期增加数-期末实存数"倒挤出本期发出的财产物资的金额。

假如在上例中，由于甲材料的耗用情况平时难以准确计量，故采用实地盘存制进行核算，平时不记录发出情况。月末通过实地盘点，确定的期末结存数为2 000千克。该月甲材料的发出数于月末倒挤求出：

1 500+（2 000+3 000）-2 000=4 500（千克）

该月发出甲材料的成本为：

4 500×40=180 000（元）

采用实地盘存制，其日常核算工作比较简单，但不能及时通过账簿记录来反映财产物资的发出和结存情况，并且用倒挤法算出的本期减少数掩盖了损失浪费甚至贪污盗窃财产物资的情况，不利于发挥会计的监督作用。因此，除价值低、品种杂、收发频繁的财产物资外，一般不宜采用这种盘存制度。

第二节　财产清查的方法

一、财产清查前的准备工作

财产清查是一项复杂细致的工作，其涉及面广，工作量大。为了使财产清查能够迅速而顺利地进行，必须先做好清查前的准备工作。

（一）组织准备

组织准备就是指在单位负责人员的领导下，建立有领导干部和专业人员（包括财会人员）参加的财产清查领导小组，负责组织和指导财产清查工作。财产清查领导小组的主要任务是：在财产清查前，根据本单位的实际情况和有关方面的要求，制定出财产清查的详细计划，确定清查对象和范围，配备清查验货员，明确清查任务；在清查过程中，做好具体组织、检查、督促和指导工作，对清查中出现的问题，要及时研究处理；在清查结束后，要把清查的结果和处理意见上报领导和有关部门审批。

（二）业务准备

业务准备是指各个业务部门（特别是会计部门）应该主动配合，积极做好各项准备工作。在进行财产清查之前，会计部门和会计人员应将有关账户登记齐全、核对清查并结出余额，做到记录完整、计算正确，确保账证、账账相符；保管人员必须把准备清查的物资整理清楚、排列整齐，并分别挂上标签，标明编号、品名、账面结存数等内容，以备核对；对银行借款、银行存款和结算款项，需取得对账单，以便清查核对；准备好各种必要的计量器具及有关清查时使用的登记表册。

二、实物财产的清查

实物财产是指具有实物形态的财产物资，主要包括材料、在产品、产成品、固定资产等。

在财产清查过程中，为了保证清查工作的顺利进行和明确经济责任，实物保管人员和盘点人员应同时到场。清查的程序如下：

（一）盘点实物

对于实物的盘点一般采用实地盘点法。实地盘点法是指在财产物资的存放地点进行逐一清点或运用计量器具来确定各项实物数量，同时还要检查其质量。在清查时，应根据财产物资的各自特点，采用相应的清查方法，对于无法逐一清点、过秤、度量的大量成堆实物，可采用测量体积等技术推算法；对于量大而价值低的实物，可采用抽样盘点的方法；此外，对清查中的账外固定资产，还可用"估计法"估计其重置完全价值和折旧额。

（二）登记盘存单

在清查实物后，应将盘点结果如实地登记在"盘存单"上，并由盘点人员和实物保管人员签字盖章。"盘存单"是记录实物盘点结果的书面文件，也是反映财产物资实有数量与质量的原始记录。"盘存单"一般一式三联，一联交由清点人员留存备查，一联交实物保管人员保存，一联交会计部门核对账面记录。盘存单的一般格式如表6-2所示。

表 6-2　盘存单

单位名称：　　　　　　　　　　　　　　　　　　　　　　编　　号：

财产类别：　　　　　　　　存放地点：　　　　　　　　盘点时间：

编　　号	名　　称	规格型号	计量单位	数　量	单　价	金　额	备　注

盘点人签章：　　　　　　　　　　　　　　实物保管人签章：

（三）编制实存账存对比表

为了进一步查明盘点结果与账面结存数额是否一致，还应根据"盘存单"和有关账簿记录编制"实存账存对比表"（如表 6-3）。"实存账存对比表"是调节账面记录的原始凭证，也是分析盘盈或盘亏原因、明确经济责任的重要依据。

表 6-3　实存账存对比表

财产类别：　　　　　　　　　　年　月　日

编号	名称及规格	计量单位	单价	实　存		账　存		盘　亏		盘　盈		备注
				数量	金额	数量	金额	数量	金额	数量	金额	

会计主管签章：　　　　　　　　　　　　　编表人签章：

三、库存现金的清查

库存现金的清查也是采用实地盘点的方法进行的。在确定库存现金的实有数后，再与"现金日记账"的结存余额进行核对，以查明账实是否相符。同时在清查过程中，还要注意检查现金的收支是否符合现金管理制度的规定，有无现金坐支、白条抵库等情况。为了明确经济责任，在进行清查时，出纳人员必须在场。

清查结束后应编制"现金盘点报告表"，并由清查人员和出纳签章，以示负责。"现金盘点报告表"既是盘存清单，又是实存账存对比表，是据以调整有关账簿记录的重要原始凭证。其格式如表 6-4 所示。

表 6-4　现金盘点报告表

年　月　日

实存金额	账存金额	盘　盈	盘　亏	备　注

盘点人签章：　　　　　　　　　　　　　出纳员签章：

四、银行存款的清查

银行存款的清查采用的是账目核对法，即将本单位的银行存款日记账与开户银行转来的对账单进行逐笔核对，以查明两方记录是否相符。在实际工作中其核对的结果往往会不一致，造成这种情况的原因主要有两个：一是双方记账出现了差错，如重记、漏记、错记或串户等；二是双方记账无误，因存在未达账项而造成双方记录的不符。所谓未达账项是指企业与银行之间一方已经入账，而另一方尚未收到有关凭证而未登记入账的款项。银行存款发生未达账项有以下四种情况：

（1）企业已记银行存款增加，而银行因尚未接到有关凭证未予入账；

（2）企业已记银行存款减少，而银行因尚未接到有关凭证未予入账；

（3）银行已记企业存款增加，而企业因尚未收到有关凭证未予入账；

（4）银行已记企业存款减少，而企业因尚未接到有关凭证未予入账。

上述任何一种情况发生都会引起双方账面余额的不符。其（1）、（4）两种情况会导致企业账面的存款余额大于银行账面的存款余额；而在（2）、（3）两种情况下，结果正好相反。由于未达账项造成的双方账面上的差异并不是记账错误，因此，在进行银行存款清查时，为了了解银行存款的准确余额，查明双方记账是否有误，就必须排除未达账项的影响。

清理未达账项的工作是通过编制"银行存款余额调节表"来实现的。"银行存款余额调节表"的编制方法是：先将双方调整前的账面余额分为两方，再各自补上对方已经入账而本方尚未入账的金额（包括增加额和减少额），然后验证经过调节以后的双方账面余额是否相等。如果不相等，说明双方（或某一方）记账有误，应及时查明原因，予以更正。

现将"银行存款余额调节表"的编制方法举例说明如下：

假设某企业的银行存款日记账月末余额为 182 400 元，银行对账单同期余额为 211 400 元，经逐笔核对，发现有以下四笔未达账项：

（1）企业将月末收到的转账支票 36 000 元，送存银行，企业已记账而银行尚未入账；

（2）企业开出现金支票 7 000 元，持票人尚未到银行办理取款手续；

（3）企业委托银行代收外地销货款 64 000 元，银行已入账而企业尚未收到收款通知；

（4）银行代企业支付水电费 6 000 元，但企业尚未收到付款通知。

根据上述材料，编制"银行存款余额调节表"如表6-5所示。

表 6-5　银行存款余额调节表

项　目	金　额	项　目	金　额
企业银行存款日记账余额	182 400	银行对账单余额	211 400
加：银行已入账企业未入账的 　　收入款项		加：企业已入账银行未入账的 　　收入款项	
银行代收销货款	64 000	企业存入转账支票	36 000
减：银行已入账企业未入账的 　　支出款项		减：企业已入账银行未入账的 　　支出款项	
银行代付水电费	6 000	企业开出现金支票	7 000
调整后的存款余额	240 400	调整后的存款余额	240 400

这里需要说明两点：第一，"银行存款余额调节表"只起到对账的作用，不能据以调整账簿记录，未达账项的登记必须在取得有关凭证以后才可以进行；第二，在余额调节表中，双方调整后的相等数额（例如上例的 240 400 元），在双方记账无误的情况下，表示为企业目前在银行的实际结存额。

五、往来款项的清查

往来款项是指各种应收、应付、预收、预付款。往来款项的清查一般采用发函询证的方法进行核对。清查单位在所记账目正确完整的基础上，编制往来款项对账单，送交对方单位进行核对。对账单一式两联，其中一联作为回联，如对方单位核对相等，应在回联上注明"核对相等"字样，并签章退回；如果有不符，应在回联上注明或另抄对账单一并退回，作为进一步核对的依据。

在清查过程中，如有未达账项，双方都应编制调节表予以调节；对于有争议的款项或确实无法收回或付出的款项，要及时采取措施，予以处理。

第三节　财产清查结果的处理

对通过财产清查而发现的财务管理和会计核算方面的问题，必须以国家有关政策、法令和制度为依据，在分清责任的基础上，予以严肃处理，并进行相应的账务调整。

对财产清查结果的处理分业务处理和账务处理两个方面。

一、业务处理

业务处理主要包括以下三项内容：

（一）查明原因，明确责任，并进行相应处理

对于在清查过程中发现的各种账存数与实存数的差异，应进行认真的研究，查

明原因，分清责任，并按规定进行处理。属于定额内或由自然原因引起的盘盈、盘亏和毁损，应及时办理手续并予以转账；对于因有关人员失职造成的盘亏或损失，应查明失职原因，报请有关领导做出处理；对于由于自然灾害等原因造成的财产损失，如属已向保险公司投保的，应向保险公司索取赔偿；对于贪污、盗窃案件，应会同有关部门或报送有关部门进行专案处理；对于有争议的应收、应付款项，应按有关法令、合同及协议做出结论，或诉诸法律。

（二）积极处理积压物资和长期不清的债权、债务

对于在清查过程中发现的多余积压物资，本单位能够利用的要积极利用，本单位不能利用的要及时对外处理，力求做到物尽其用；对于不配套的财产物资，应设法补齐配套，做好调剂处理；对长期积欠未清的债权债务，应指定专人负责，主动与对方单位协商解决，限期处理。

（三）总结经验教训，建立健全有关制度

对于清查过程中发现的各种问题，在查明其性质和原因的基础上，应及时总结经验教训，提出改进工作的具体意见和措施，建立健全财产管理制度，提高会计核算水平。

二、账务处理

财产清查的账务处理是指对在清查过程中出现的实存与账存的差异应及时调整账簿记录，做到账实相符。

为了核算和监督在财产清查中发现的各种财产物资的盘盈、盘亏和毁损数，应设置"待处理财产损溢"账户。该账户的借方登记各种财产物资的盘亏、毁损及企业按照规定程序批准的盘盈转销数；贷方登记各种财产物资的盘盈数及按照规定程序批准的盘亏毁损转销数。该账户下应设置"待处理固定资产损溢"和"待处理流动资产损溢"两个明细账户，进行明细分类核算。

对企业清查的各种财产的损溢，一般应于期末前查明原因，并根据企业的管理权限，经股东大会、董事会、经理（厂长）会议或类似机构批准后，在期末结账前处理完毕。在年终决算时，即使未查明原因，尚未得到有关部门批准，也应处理完毕。如果有部门批准处理的金额与已处理的盘盈、盘亏和毁损的金额不一致，应当调整当期财务报表相关项目的年初数。

（一）盘盈的账务处理

在审批前，对于盘盈的材料、产成品等流动资产，按其估计成本贷记"待处理财产损溢"账户。

在审批后，应按批复意见进行转账。盘盈的原材料产成品等流动资产通常是由于日常收发计量或计算上的差错等原因造成的，因此待按管理权限批准后，一般冲减"管理费用"等账户。

现举例说明如下：

例1 某企业在财产清查中，发现库存甲材料盘盈 1 500 元。

发现盘盈时：

借：原材料——甲材料	1 500	
贷：待处理财产损溢——待处理流动资产损溢		1 500

经批准冲减管理费用时：

借：待处理财产损溢——待处理流动资产损溢	1 500	
贷：管理费用		1 500

相关链接 6-1

对于固定资产等盘盈，准则规定应视为前期会计差错处理，通过"以前年度损益调整"账户核算，这里只讲基本原理，未涉及前期重大差错的追溯调整（具体处理将在"财务会计"中讲述）。

（二）盘亏、毁损的账务处理

在财产清查中发现盘亏、毁损时，固定资产应按其账面原值减折旧额后的差额借记"待处理财产损溢——待处理固定资产损溢"账户，流动资产应按盘亏、毁损的账面数借记"待处理财产损溢——待处理流动资产损溢"账户。

各项财产物资的盘亏和毁损损失，应按规定在报经上级审批后予以转销。固定资产应按其原价扣除累计折旧、变价收入和过失人及保险公司赔款后的差额，记入"营业外支出"账户。原材料等流动资产的盘亏和毁损，应根据不同情况分别处理。对于定额内的自然损耗，应借记"管理费用"账户；由于有关人员工作过失造成的损失，应借记"其他应收款"账户；由于自然灾害等原因造成的非常损失，在扣除残料价值和保险公司赔款后的净损失应记入"营业外支出"账户。

现举例说明如下：

例2 某企业经财产清查，发现丢失机床一台，其账面价值为 54 000 元，已计提折旧 24 000 元。

发现盘亏时：

借：待处理财产损溢——待处理固定资产损溢	30 000	
累计折旧	24 000	
贷：固定资产		54 000

经上级批准，同意将上项固定资产盘亏转作营业外支出处理：

借：营业外支出	30 000	
贷：待处理财产损溢——待处理固定资产损溢		30 000

例3 某企业经过财产清查，发现库存材料盘亏 18 000 元。其中，由于定额内自然损耗造成甲材料盘亏 2 000 元，由于仓库保管员王某的失职，造成乙材料盘亏

6 000 元，由于水灾造成丙材料毁损 10 000 元。

发现盘亏和毁损时：

借：待处理财产损溢——待处理流动资产损溢   18 000

 贷：原材料——甲材料   2 000

     ——乙材料   6 000

     ——丙材料   10 000

经上级批复，同意将上述材料盘亏和毁损做如下处理：定额内的自然损耗列作管理费用；由于王某失职造成的损失应由其本人赔偿；由于水灾造成的材料损失，其中 5 000 元应向××保险公司索赔，其余 5 000 元列做营业外支出：

借：管理费用   2 000

 其他应收款——王某   6 000

     ——××保险公司   5 000

 营业外支出   5 000

 贷：待处理财产损溢——待处理流动资产损溢   18 000

对于企业在财产清查中发现的有关债权、债务的坏账损失或坏账收益，经上级审核批准后直接转销，而不需要通过"待处理财产损溢"账户。有关内容将在以后"财务会计"课程中学习。

本章小结

本章主要阐述财产清查的方法和清查结果的账务处理。其具体内容包括财产清查的意义、种类和清查的一般程序；库存现金的清查方法、银行存款的清查方法及余额调节和编制；债权债务的清查方法；存货的永续盘存制和实地盘存制，盘点实物财产的方法；财产清查结果的处理程序以及实物财产盘盈盘亏的账务处理。

思考题

1. 什么是财产清查？财产清查的意义是什么？
2. 财产清查的种类有哪些？每种类型的适用范围是什么？
3. 简述财产清查的一般程序。
4. 如何进行库存现金的清查？
5. 什么是未达账项？有哪几种未达账项？
6. 如何编制银行存款余额调节表？该表有何作用？
7. 如何进行债权债务的清查？

8. 永续盘存制和实地盘存制各自有什么优缺点？如何使用这两种盘存制度？

9. 在进行财产清查时，财产物资、库存现金、银行存款和往来款项的清查方法有什么不同？对财产清查的结果应如何处理？

10. 财产清查对社会的公平与正义有何影响？它如何反映和促进社会责任感和共享价值观？

11. 如何通过提高财产清查的透明度来增强公众对政府或组织的信任？

第七章
财务报表

课程思政：

1. 培养责任意识。财务报表是会计工作的最终成果，能够为信息使用者提供有用信息，具有影响投资和资源再分配的作用。学生在掌握编制财务报表技能的基础上，还要具备责任意识，拒绝虚假报表，尽力为社会提供具备真实性、准确性、完整性和及时性的高质量会计信息。

2. 树立定期自我总结意识。习近平总书记指出，"勇于自我革命，是我们党最鲜明的品格，也是我们党最大的优势"。财务报表清晰反映企业特定日期和会计期间的情况。学生定期进行自我总结也是对行为、思维和成长的评估，使自己能更加清晰地认识到自身的优点、劣势、潜力以及局限，从而明确目标，在会计生涯中获得长足进步。

3. 认识权利和义务的对等关系。资产负债表依据"资产等于负债加所有者权益"编制，学生应明确对应项目，并进一步掌握具体填列方法。同时要深知获得一项权利的同时，必然要肩负起相应的责任，没有无义务的权利，也没有无权利的义务。

4. 牢记一分耕耘一分收获。利润表根据"收入减费用等于利润"编制，人生的盈利也是如此，只有付出足够的努力，才会得到正向的回馈，没有无依无据的利润，也没有坐享其成的成功。

5. 珍惜时间，时间属于奋进者。现金流量表反映企业现金和现金等价物的流入流出情况，不断流逝的时间对人生来说，比金钱还要宝贵，牢记习近平总书记教诲，"为了实现中华民族伟大复兴的中国梦，我们必须同时间赛跑、同历史并进"。

6. 重视个人成长和发展。所有者权益变动表反映所有者权益各个部分当期的增减变动情况，对个人而言，同样要注重个人会计能力和技能的积累，实现稳步进步。

7. 培养多元视角思考问题的能力。财务报表之间是彼此联系，可以相互印证的，报表内部各个项目同样存在勾稽关系。在此基础上，培养解读财务报表的能力，依据不同分析方法和财务指标，可以从财务报表中获得不同的信息，日常生活中面对问题，也要学会从各个方面去看待、分析问题，提升思维宽度与深度。

学习目标与要求：

1. 了解财务报表编制的意义及作用；

2. 了解财务报表体系的构成及其按不同标准的分类；

3. 掌握资产负债表和利润表意义、结构和编制方法；

4. 了解现金流量表的基本原理和结构；

5. 了解所有者权益变动表的基本原理和结构；

6. 了解财务报表分析的基本方法和常用的财务指标。

财务报表是企业会计核算的最终产品，也是企业财务报告的核心。企业财务报告由财务报表和财务报表附注两部分内容组成。财务报表以统一的表格形式提供企业的财务状况、经营成果和现金流量的信息；财务报表附注以文字的形式对报表的某些项目做进一步的补充说明，并对企业的会计政策和重大事项等予以披露。本章只介绍财务报表的编制。

第一节 财务报表

一、财务报表的意义

财务报表是以日常核算资料为依据，定期编制的、反映企业在某一特定日期财务状况和某一会计期间内经营成果与现金流量的文件。

财务报表是会计核算过程的最后结果，也是会计核算工作的总结。对企业日常发生的经济业务，我们已经按照会计准则的要求，对会计要素进行确认、计量，并按一定的账务处理程序，在会计凭证、会计账簿中进行了连续、系统的登记。但是，这些信息分散在数量多、种类杂的凭证、账簿中，不能集中揭示和反映企业经营活动的全貌。为了进一步发挥会计的职能作用，必须定期对日常核算资料进行整理、分类计算和汇总，并以书面的形式对外提供，才能满足会计用户对会计信息的需求。

企业财务报告包括资产负债表、利润表、现金流量表、所有者权益变动表和附注。它们既有区别又有联系，分别从不同的角度反映企业经营成果、财务状况、所有者权益及其变动原因，共同构成了一个完整的财务报告体系。财务报告的构成内容，如表7-1所示。

表7-1 财务报告的构成内容

组成项目	名称
财务报表	资产负债表
	利润表
	现金流量表
	所有者权益变动表
附注	

183

会计的目标是向用户提供有用的财务信息。会计信息的用户主要包括投资人、债权人、财税机关及其他政府部门等外部使用者和企业管理当局、企业职工等内部使用者。不同的用户对财务报表的需求不同，因而对财务报表使用的着眼点不同，财务报表所起的作用也不同。

企业现有和潜在的投资者需要利用财务报表信息了解企业管理层受托责任履行情况，以便做出合理的投资决策。在市场经济的条件下，企业的资源是由投资人和债权人提供的。由于所有权和经营权的分离，投资者不参与企业的经营和管理，所以会计信息就成为他们了解企业经营情况的主要来源。投资者需要利用报表信息来分析评价企业的资产状况、盈利能力和产品的市场竞争能力及其所处行业的发展前景等，以便做出是否投资的决策。

债权人需要利用财务报表信息分析与估计贷款的风险、报酬，以及企业资产的流动状况、偿债能力和资本结构等，为信贷决策寻求科学依据。

政府部门对企业的财务报表信息，通过综合、加工、汇总和分析，借以考核国民经济总体运行情况，从中发现存在的问题，从而对宏观经济运行做出准确的决策，为国民经济的宏观调控提供依据，有效地实现社会资源在各部门的合理配置，促进经济的良性循环。

企业管理当局借助于财务报表信息，可以评价其经营业绩，从中发现问题，找出差距，以便加强管理，提高经济效益。

在市场经济条件下，财务报表信息作用的范围越来越广。但是，财务报表信息也有其局限性。一是财务报表是依据会计准则编制的。会计准则具有较大的灵活性，有许多会计事项需要依据会计人员的职业判断来进行处理。由于人员的素质差异，业务水平不同，因而使财务报表信息包含了大量的主观因素。二是财务报表信息是一种历史信息。在市场经济条件下，外部环境的迅速变化，使得历史信息往往尚未加工出来就失去了相关性。特别是金融衍生工具的出现，使历史信息的局限性越来越明显。三是财务报表的信息仅以货币作为计量尺度。随着经济的发展，会计用户对非货币信息的需求越来越多。例如，企业的人力资源信息，企业所处的行业地位等信息。因此，会计用户在使用财务报表信息时，应充分考虑其局限性，以便做出正确的决策。

二、财务报表的种类

财务报表可以根据需要，按照不同的标准进行分类。

（一）按照财务报表编制的时间，可以分为月报、季报、半年报和年度报表

月报是按月编制的报表。季报是按季编制的报表。半年报是每个会计年度的前6个月结束后编制的报表。月报、季报和半年报统称为中期财务报表。年报又称年度决算报表，它是按年编制的报表。月报提供的信息简明扼要，年报提供的信息全面、系统，季报提供信息的详细程度介于月报和年报之间。资产负债表和利润表为

月报，现金流量表为年报。按照有关规定，上市公司还应编制和披露季报和半年度报表。

（二）按照财务报表编制的单位，可以分为单位报表和汇总报表

单位报表是由独立核算的基层企业根据会计主体日常核算资料定期编制的报表。汇总报表是由基层企业的主管部门，根据所属企业报送的单位报表，结合汇总单位本身的财务报表，综合汇总编制的报表。

（三）按照财务报表编制的基础，可以分为个别报表和合并报表

个别报表是会计主体根据日常核算资料进行加工整理后编制的报表，它反映了个别企业的财务状况、经营成果和现金流量。合并报表是由母公司根据子公司和母公司本身的个别财务报表，在对企业集团内部交易进行抵消后编制的报表，它反映了企业集团的综合财务状况、经营成果和现金流量。

（四）按照财务报表服务的对象，可以分为外部报表和内部报表

外部报表是按照会计准则的要求编制的报表。它主要满足企业外部会计信息用户的需求。例如资产负债表、利润表、现金流量表、所有者权益变动表等，均为外部报表。内部报表没有统一的格式和种类，它主要满足企业经营管理者的需求。例如成本报表，就是内部报表的一种。

（五）按照财务报表反映的价值运动的状态，可以分为静态报表和动态报表

静态报表是反映会计主体在特定时点的资产、负债和所有者权益情况的报表（如资产负债表）。动态报表是反映会计主体在某一报告期内经营成果和现金流量的报表（如利润表、现金流量表）。

三、财务报表的编制要求

企业财务报表的种类、格式、内容和编制方法应遵循会计准则的规定，符合会计准则对会计信息质量特征的要求。为此在编制财务报表时，应做到以下几点：

（一）内容完整，不得漏报或任意取舍，以充分揭示报表所应涵盖的全部内容

财务报表是一个完整的指标体系，必须按照会计准则所要求的报表种类进行编制。对于应填列的指标，无论是表内的各个项目，还是表外的各项补充资料，都必须填制齐全，不得根据企业的利益进行任意取舍或漏报。这样才能保证财务报表的内容完整，体现充分披露的要求，使会计信息的用户全面了解企业的经营情况及其成果。

（二）数字真实、计算准确，客观地反映企业的财务状况、经营成果和现金流量

可靠性是会计信息的主要质量特征。它要求财务报表提供的信息必须是真实可靠的。财务报表信息的真实与否关系到会计信息用户能否正确地判断企业的财务状况、经营成果和现金流量，关系到投资人、债权人对投资风险与贷款风险的估计判断。为了满足这一信息质量特征的要求，企业必须根据真实的交易事项进行相关的账务处理，并以审核无误的账簿资料作为依据来编制报表。财务报表中的各项数据

必须真实可靠，计算准确。企业不能以虚假的经济业务事项或者资料来进行核算，不能以估计数字填列报表，更不能弄虚作假、伪造报表信息。

为了保证财务报表信息的真实性、可靠性，在编制财务报表前后，应做好以下几方面的工作：

1. 按期结账

按期结账是会计分期的客观要求，也是保证财务报表信息具有可比性的有效措施，因此，企业应及时将本期发生的经济业务全部登记入账，并在规定的结账日进行结账，不得提前或延后。年度结账日为公历年度每年的 12 月 31 日。半年度、季度、月度结账日分别为公历年度每半年、每季、每月的最后一天。

2. 做好对账和财产清查工作

为了保证财务报表的准确性，企业还必须做好对账和结账工作。认真核对账证之间、账账之间、账表之间有对应关系的数字，如发现有不符应查明原因、及时更正。年度终了，应对企业的财产物资进行一次全面清查并及时调整账面记录，以保证账证、账账、账实和账表相符。

3. 对财务报表之间的相关数据进行稽核

财务报表是一个完整的指标体系。由于各报表之间存在内在联系，因此，财务报表之间、财务报表各项目之间，凡有对应关系的数字，应相互一致；在财务报表中，本期与上期的有关数字之间也应注意衔接。

（三）财务报表编制和披露的时间必须及时

由于财务报表具有较强的时效性，因此，只有及时编制和披露报表才有助于会计信息用户迅速准确地做出决策。为了便于不同的用户及时、有效地利用报表资料，必须按照规定的程序和时间进行编制、报送和披露。

按制度规定，月报应于月份终了后 6 天内对外提供，季报应在会计年度前 3 个月、9 个月结束后的 30 日内编制及对外提供，半年报应于半年度结束后 60 天内编制及对外提供，年报应于年度终了后 4 个月内编制及对外提供。

（四）财务报表的编制基础、编制依据、编制原则和编制方法必须符合会计准则的规定，以便提供口径一致的财务信息

会计准则对企业财务报表的编制基础、编制依据、编制原则和编制方法都做了具体的规定。这是维护社会主义市场经济秩序，保障投资人、债权人的根本利益，防止会计信息失真，提高财务报表信息的相关性和可靠性的重要措施。各企业只有按照会计准则规定的编制基础、编制依据、编制原则和编制方法来进行报表的编制，才能保持各企业财务报表和相关指标的计算口径一致，并具有可比性，才能便于会计信息的用户进行分析比较，从而做出正确的决策。

第二节 资产负债表

一、资产负债表的性质和作用

资产负债表是反映企业在某一特定日期财务状况的报表。

资产负债表是以"资产＝负债＋所有者权益"这一会计等式所体现的静态要素之间的内在联系为依据来设计和编制的。它反映了某一时点上企业所拥有和控制的经济资源及其分布情况、企业所承担的债务、投资者所拥有的权益总额及其构成情况。这些信息是进行财务分析的基本资料。通过资产负债表提供的信息可以满足会计信息用户在以下几个方面的需求：

1. 有助于评价企业的变现能力和偿债能力

偿债能力，包括短期偿债能力和长期偿债能力。短期偿债能力一般是指企业以流动资产支付流动负债的能力。这种能力的强弱主要体现在资产的变现能力上。一般情况下，变现能力越强，企业的财务风险就越小。若企业缺乏短期偿债能力，则当债务到期时，就不得不出售长期投资甚至固定资产以偿还债务。这些资产，一方面变现能力差，另一方面依靠出售长期资产偿债会导致企业的信用受损，对未来的盈利产生不利的影响。长期偿债能力是企业支付长期债务的本金和利息的能力。这种债务期限长、数额大，如果到期不能偿还，企业可能面临破产清算的危险。因此，无论短期债权人，还是长期债权人，都需要了解企业资产的构成情况、资产和负债之间的比例关系等，以便评价企业的变现能力和偿债能力。

2. 有助于评价企业的资本结构和财务弹性

财务弹性是指企业适应新经济环境和把握投资机会的能力。企业的财务弹性主要体现在资产的变现能力、生产经营活动产生的现金流入能力、向债权人融资和向投资者筹集资金的能力等方面。企业的经营环境充满着各种不确定性。一般而言，财务弹性强的企业可以适应各种复杂环境的变化，有较强的获利能力和筹资能力，善于抓住有利的投资机会，即使在市场不景气的情况下，也能及时偿还债务，不至于陷入财务危机。财务弹性是由资产和资本结构决定的，资本结构是指在企业的所有资本来源中，债务资本和权益资本的比重。若其债务资本比重较大，则其财务弹性就相对较差。会计用户在决策过程中往往需要判断企业的财务风险和预测企业的未来现金流量。为此，他们必须分析资产负债表所提供的资本、负债和所有者权益等信息，并结合其他报表资料，评价企业的变现能力和财务弹性。

3. 有助于评价企业经济资源的利用情况，预测财务状况的变动趋势

资产负债表可提供企业资源的构成和分布情况。据此，可以评价企业经济资源的利用情况，寻求提高经济资源利用率的途径，同时，通过前后几期连续分析，比

较资产、负债和所有者权益的变化及其相互关系就可以预测企业财务状况的变动趋势。

二、资产负债表的基本格式

资产负债表的基本格式有报告式和账户式两种。

（一）报告式资产负债表

报告式资产负债表又称垂直式资产负债表。它依据会计等式"资产−负债＝所有者权益"，将资产、负债和所有权益三个项目采用垂直分列的形式顺序排列，上方首先列示资产类各个项目，然后扣减负债类项目，最后列示所有者权益项目。这种格式的特点是突出地反映了企业的净资产，以便向企业的所有者报告他们在企业中所拥有的权益，故称报告式。报告式资产负债表的简化格式如表7-2所示。

表7-2　报告式资产负债表

项　　目	金　　额
资　产 　流动资产 　非流动资产	
资产合计	
减：负债 　流动负债 　非流动负债	
负债合计	
所有者权益	
所有者权益合计	

（二）账户式资产负债表

账户式资产负债表又称平衡表。它依据会计等式"资产＝负债＋所有者权益"，将报表分为左右两个部分。资产项目排列在报表的左边，负债和所有者权益项目依次排列在报表的右边，且资产项目的总额与负债和所有者权益项目的总额相等。这种格式的主要特点是突出地反映了资产、负债和所有权益三个要素之间的内在联系，便于报表使用者通过对左右两边相关项目的比较，了解企业的财务状况及其变动趋势。账户式资产负债表的简化格式如表7-3所示。

表 7-3 账户式资产负债表

资 产	金 额	负债和所有者权益	金 额
流动资产 非流动资产		流动负债 非流动负债 负债合计 所有者权益 所有者权益合计	
资产合计		负债和所有者权益合计	

会计准则规定采用账户式资产负债表。在此表中，资产、负债和所有者权益应分类分项列示，资产和负债应当分别流动资产和非流动资产、流动负债和非流动负债列示，所有者权益则按实收资本、资本公积、盈余公积和未分配利润等项目列示。

三、资产负债表的基本内容

资产负债表由表首和正表两部分组成。

（一）表首

表首应填写企业的名称、报表名称、编制报表的日期和计量单位，它体现了会计主体和会计分期假设的要求。

（二）正表

资产负债表按资产、负债和所有者权益项目分类列示。

1. 资产类项目

资产类各项目，应按流动资产和非流动资产分类分项排列。

资产满足下列条件之一的，应当归类为流动资产：

（1）预计在一个正常营业周期内变现、出售或耗用。

（2）主要为交易目的而持有。

（3）预计在资产负债表日起一年内（含一年，下同）变现。

（4）在资产负债表日起一年内，交换其他资产或清偿负债的能力不受限制的现金或现金等价物。

流动资产以外的资产应当归类为非流动资产，并按其性质分类列示。

（1）流动资产

在资产负债表中，流动资产各项目应按其流动性顺序排列。流动资产包括货币资金、以公允价值计量且其变动计入当期损益的金融资产、应收票据、应收账款、预付账款、应收利息、应收股利、其他应收款、存货等。

（2）非流动资产

非流动资产主要包括债权投资、其他债权投资、长期股权投资、其他权益工具投资、投资性房地产、固定资产、在建工程、无形资产、商誉、长期待摊费用、递延所得税资产等。

2. 负债类项目

负债类各项目应按流动负债和非流动负债分类分项列示。

负债满足下列条件之一的，应当归类为流动负债：

（1）预计在一个正常营业周期内清偿。

（2）主要为交易目的而持有。

（3）在资产负债表日起一年内到期应予以清偿。

（4）企业无权自主地将清偿推迟至资产负债表日后一年以上。

流动负债以外的负债应当归类为非流动负债，并应按其性质分类列示。

（1）流动负债

流动负债的排列顺序为短期借款、以公允价值计量且其变动计入当期损益的金融负债、应付票据、应付账款、预收账款、应付职工薪酬、应交税费、应付利息、应付股利和其他应付款。

（2）非流动负债

非流动负债主要包括长期借款、应付债券、长期应付款、专项应付款、预计负债和递延所得税负债。

3. 所有者权益项目

所有者权益项目应按其形成的来源依次排列，包括实收资本、资本公积、其他综合收益、盈余公积和未分配利润。

四、资产负债表的编制方法

资产负债表是反映企业在某一特定日期财务状况的静态报表，表内各项目分别按年初数和期末数分专栏反映。"年初数"栏各项目的数字应根据上年末资产负债表"期末数"栏内所列数字填列。"期末数"栏各项目主要是根据有关账户的期末余额填列。其中：资产类项目应根据资产类账户的期末借方余额填列，负债和所有者权益项目应根据负债和所有者权益类账户的期末贷方余额填列。由于资产负债表各项目的名称、内容和会计账户的名称、内容并不完全相同，所以，资产负债表各项目的具体填列方法有以下几种：

（一）根据总分类账户、明细分类账户余额直接填列

资产类项目有：以公允价值计量且其变动计入当期损益的金融资产、应收票据、应收股利、应收利息、其他应收款、工程物资、在建工程、固定资产清理（"固定资产清理"账户期末为贷方余额的，以"-"号反映）等。

负债类项目有：以公允价值计量且其变动计入当期损益的金融负债、短期借款、应付票据、其他应付款、应付职工薪酬、应付股利、应交税费、其他应付款、应付债券、长期应付款和专项应付款等。

所有者权益类项目有：实收资本（股本）、资本公积、盈余公积、未分配利润。

（二）根据若干个总分类账户余额分析计算填列

其具体项目有："货币资金"项目，应根据"库存现金""银行存款"和"其他货币资金"等账户的期末余额合并填列。

"存货"项目，应根据"材料采购""原材料""在途物资""库存商品""委托加工物资""产成品""生产成本""材料成本差异""存货跌价准备"等账户的借方余额之和与贷方余额之和的差额计算填列。

（三）根据账户余额减去其备抵项目后的净额填列

按会计准则规定：凡计提资产减值准备的项目，应根据该项账户的余额减去其备抵项目后的净额填列（具体方法在"财务会计"中详细介绍）。

其中固定资产和无形资产，还应分别减去"累计折旧"与"累计摊销"账户余额后的净额填列。

相关链接 7-1

资产减值是指资产的可收回金额低于其账面价值。资产出现减值，应当将资产的账面价值减记至可收回的金额，减记的金额确认为资产减值损失，计入当期损益，同时计提相应的资产减值准备。关于资产减值的核算，我们将在《财务会计》中予以介绍。在资产负债表上凡是计提了资产减值的项目，应按该账户的余额减去其备抵项目后的净额填列。

（四）根据明细分类账户余额分析计算填列

资产负债表上，应分别列示债权、债务。当"应收账款""应付账款""预收账款""预付账款"账户所属明细账出现反方向余额时，有关项目应根据明细账余额按以下方法计算填列：

（1）应收账款项目＝"应收账款"明细账（借余）＋"预收账款"明细账（借余）

（2）预付账款项目＝"预付账款"明细账（借余）＋"应付账款"明细账（借余）

（3）应付账款项目＝"应付账款"明细账（贷余）＋"预收账款"明细账（贷余）

（4）预收账款项目＝"预收账款"明细账（贷余）＋"应收账款"明细账（贷余）

下面我们以××股份有限公司的相关资料为例，来说明资产负债表的编制方法。

××股份有限公司 2018 年 12 月 31 日有关总分类账户期末余额如表 7-4 所示，明细分类账户期末余额如表 7-5 所示。

表 7-4　××股份有限公司总分类账户余额表

2018 年 12 月 31 日　　　　　　　　　　　　单位：元

账户名称	借方余额	账户名称	贷方余额
库存现金	9 168	短期借款	1 900 000
银行存款	3 000 000	应付账款	268 080

表7-4(续)

账户名称	借方余额	账户名称	贷方余额
其他货币资金	300 000	预收账款	508 768
以公允价值计量且其变动计入当期损益的金融资产	272 000	应付股利	400 000
应收票据	20 000	其他应付款	487 600
应收账款	220 000	长期借款	589 600
其他应收款	2 000	股本	10 000 000
预付账款	22 000	资本公积	10 152 000
原材料	500 000	盈余公积	188 740
生产成本	700 000	利润分配	466 860
产成品	1 000 000	累计折旧	1 180 000
固定资产	20 080 000	应交税费	94 400
无形资产	112 832	累计摊销	1 952
合计	26 238 000	合计	26 238 000

表 7-5　××股份有限公司有关明细分类账户期末余额　　　　　　单位：元

总账名称	明细账名称	借方余额	贷方余额
应收账款	甲单位	200 000	
	乙单位	30 000	
	丙单位		10 000
预付账款	A 单位	30 000	
	B 单位	2 000	
	C 单位		10 000
应付账款	M 单位		200 000
	N 单位		70 000
	W 单位	1 920	
预收账款	X 单位		300 000
	Y 单位		226 024
	Z 单位	17 256	

根据表 7-4、表 7-5 的资料，编制资产负债表如表 7-6 所示。

表 7-6　资产负债表

编制单位：××股份有限公司　　　　　　　2018 年 12 月 31 日　　　　　　　单位：元

资产	年初数①	年末数	负债和所有者权益	年初数①	年末数
流动资产：			流动负债		
货币资金	2 618 088	3 309 168	短期借款	1 700 000	1 900 000
以公允价值计量且其变动计入当期损益的金融资产	120 000	272 000	以公允价值计量且其变动计入当期损益的金融负债		
应收票据	14 000	20 000	应付票据		
应收账款	295 112	247 256	应付账款	340 000	280 000
预付账款	10 000	33 920	预收账款	296 000	536 024
应收利息			应付职工薪酬		
应收股利			应交税费	300 000	94 400
其他应收款		2 000	应付利息		
存货	1 200 000	2 200 000	应付股利	200 000	400 000
持有待售资产			其他应付款	45 200	487 600
流动资产合计	4 257 200	6 084 344	持有待售负债		
非流动资产			流动负债合计	2 881 200	3 698 024
债权投资			非流动负债		
其他债权投资			长期借款	400 000	589 600
长期应收款			应付债券		
长期股权投资			长期应付款		
投资性房地产			专项应付款		
固定资产	19 200 000	18 900 000	预计负债		
在建工程			非流动负债合计	400 000	589 600
工程物资			负债合计	3281200	4 287 624
固定资产清理			所有者权益（或股东权益）		
无形资产	40 000	110 880	实收资本（或股本）	10 000 000	10 000 000
研发支出			资本公积	10 152 000	10 152 000
商誉			减：库存股		
			其他综合收益		
长期待摊费用			盈余公积	40 000	188 740
递延所得税资产			未分配利润	24 000	466 860
非流动资产合计	19 240 000	19 010 880	所有者权益（或股东权益）合计	2 021 600	20 807 600
资产总计	23 497 200	25 095 224	负债和所有者权益（或股东权益）合计	23 497 200	25 095 224

①表中的年初数为已知数。

第三节 利润表

一、利润表的性质和作用

利润表是反映企业在一定会计期间内经营成果的报表。企业在一定会计期间取得的利润，是在该会计期间内取得的收入减去与获得该收入相配比的费用后的余额。

利润表是根据"收入－费用＝利润"这一会计等式所体现的动态要素之间的内在联系来设计和编制的。

利润表提供企业收入、费用的构成情况，揭示企业的盈利能力等信息。这些信息是会计用户最关心的信息，是他们进行经济决策的重要依据和参考资料。利润表的作用可以概括为以下几个方面：

1. 可以评价和考核企业管理人员的经营业绩

利润是一个综合性的财务指标，它不仅反映了企业生产经营活动的最终结果，而且也反映了企业赚取收入和控制成本费用的经营管理水平。借助于这个指标，可以考核和分析利润计划的执行情况，了解影响利润增减变动的原因，评价和考核各职能部门的经营业绩，找出存在的问题，以便改善加强经营管理，进一步提高企业的经济效益。

2. 可以评价、预测企业的盈利能力

盈利能力是报表使用者最关心的信息，它集中体现在利润表上。投资者借助于利润表提供的信息，可以计算出净资产收益率、每股收益等项指标，据以评估投资的价值和报酬。特别是通过编制比较利润表，可以分析和预测企业的盈利趋势，以便作出正确的决策。

3. 可以评价和预测企业的偿债能力

企业的偿债能力可以通过资产的流动性和资本结构等指标来反映。但是，企业的偿债能力归根结底取决于企业的盈利能力。只要企业能持续经营，盈利能力就会比资产的变现能力给债权人提供更大的安全保障。因此，债权人依据利润表提供的盈利能力信息，可以评价和预测企业的偿债能力，正确估计贷款风险。

二、利润表的基本内容

利润表的内容主要由以下项目构成：

（1）"营业收入"项目，指企业经营主要业务和其他业务所取得的收入总额。

（2）"营业成本"项目，指企业经营主要业务和其他业务发生的实际成本。

（3）"税金及附加"项目，指企业经营主要业务应负担的消费税、城市维护建设税、资源税、土地增值税和教育费附加等。

（4）"销售费用"项目，指企业在销售商品过程中发生的费用。

（5）"管理费用"项目，指企业为组织和管理生产发生的费用。

（6）"财务费用"项目，指企业在筹集和调度资金等财务活动中发生的费用。

（7）"资产减值损失"项目，指企业计提各项资产减值准备所形成的损失。

（8）"公允价值变动收益"项目，指企业交易性金融资产、交易性金融负债，以及采用公允价值模式计量的投资性房地产、衍生工具、套期保值业务中公允价值变动形成的应计入当期损益的利得（如为损失以"－"号填列）。

（9）"投资收益"项目，指企业以各种方式对外投资所取得的收益（如为投资损失，以"－"号填列）。

（10）"营业外收入"项目和"营业外支出"项目，指企业发生的与其生产经营活动无直接关系的各项收入和支出。

（11）"利润总额"项目，指企业实现的利润总额（如亏损，以"－"号填列）。

（12）"所得税费用"项目，指企业根据所得税准则确认的应从当期利润总额中扣除的所得税费用。

（13）"净利润"项目，又称税后利润，指企业利润总额减去应交的所得税后的余额（如为净亏损，以"－"号填列）。

（14）"其他综合收益"项目，反映企业根据会计准则规定未在损益中确认的各项利得和损失扣除所得税影响后的净额。

（15）"综合收益总额"项目，反映企业净利润和其他综合收益的会计金额。

（16）"每股收益"项目，包括基本每股收益和稀释每股收益两项指标，反映普通股或潜在普通股已公开交易的企业，以及正处在公开发行普通股或潜在普通股过程中的企业的每股收益信息。

三、利润表的基本结构

将上述利润表的各项目按一定的顺序排列，便构成了利润表的不同格式。利润表的格式一般有单步式和多步式两种。

单步式利润表是将报告期内的收入和费用项目分别汇总排列，通过收入总额扣减费用总额后的差额来确定企业的净收益。这种结构由于只有一个抵减步骤，故又称为单步式利润表。单步式利润表的格式如表7-7所示。

表 7-7　利润表（单步式）

2018 年 12 月　　　　　　　　　　　　　　　　　　　　　　单位：元

项　　目	金　　额
一、收入	
主营业务收入	4 000 000
其他业务收入	350 000
投资收益	−2 000
营业外收入	242 000
收入合计	4 590 000
二、费用	
主营业务成本	2 400 000
税金及附加	2 000
其他业务成本	176 000
销售费用	12 000
管理费用	320 000
财务费用	40 000
营业外支出	160 000
所得税费用	488 400
费用、成本合计	3 598 400
三、净利润	991 600

虽然单步式利润表的格式简单明了、易于理解、便于编制，但是这种格式不能按利润总额的构成来反映收入和费用之间的配比关系，更不便于报表用户进行财务分析，因此也就降低了报表的实用性。

多步式利润表是按照净利润的构成分类分项列示，从营业收入到净利润，经过多步计算，从中可得到多种收益信息。根据会计准则规定，企业应采用多步式格式。多步式格式的利润表如表 7-8 所示。

表 7-8　利润表（多步式）　　　　　　　　　　　会企 02 表

编制单位：××股份有限公司　　　2018 年 11 月　　　　　　单位：元

项　　目	本月数	本年累计数
一、营业收入		
减：营业成本		
税金及附加		
销售费用		
管理费用		
财务费用		

表7-8（续）

项　　目	本月数	本年累计数
资产减值损失		
加：公允价值变动收益（损失以"-"填列）		
投资收益（损失以"-"填列）		
资产处置收益（损失以"-"号填列）		
其他收益		
二、营业利润（亏损以"-"填列）		
加：营业外收入		
减：营业外支出		
三、利润总额（亏损总额以"-"填列）		
减：所得税费用		
四、净利润（净亏损以"-"填列）		
（一）持续经营净利润（净亏损以"-"号填列）		
（二）终止经营净利润（净亏损以"-"号填列）		
五、其他综合收益		
六、综合收益总额		
七、每股收益		
（一）基本每股收益		
（二）稀释每股收益		

多步式利润表是按利润的构成因素，将其计算过程分为以下几个步骤。

第一步计算营业利润，其计算公式如下：

营业利润=营业收入-营业成本-税金及附加-销售费用-管理费用-财务费用-资产减值损失+公允价值变动收益+投资收益+资产处置收益+其他收益

第二步计算利润总额，其计算公式如下：

利润总额=营业利润+营业外收入-营业外支出

第三步计算净利润，其计算公式如下：

净利润=利润总额-所得税费用

第四步计算综合收益总额，其计算公式如下：

综合收益总额=净利润+其他综合收益

多步式利润表的编制步骤比较复杂，但是它从营业收入中分别扣除了不同性质的费用类别，这样可以反映某些中间项目，为报表使用者提供了更为有用的会计信息。

四、利润表的编制方法

利润表内的项目，设置"本期金额"和"上期金额"两栏。"本期金额"栏，反映各项目的本期实际发生数。"上期金额"栏，应根据上期利润表栏内所列数字填列。

在编报中期报表和年度报表时，应分别填列上年同期累计实际发生数和上年全年累计实际发生数。如果上年利润表与本年度利润表项目的名称和内容不一致，应对上年度利润表项目的名称和数字按本年度的规定进行调整，填入"上期金额"栏。

由于利润表是反映企业一定期间内经营成果的动态报表，因此利润表中的各项目，一般应根据收入、费用账户的本期发生额分析填列。具体填列方法如下：

1. 根据有关账户的发生额直接填列

利润表中大部分项目的"本期金额"可以根据收入、费用账户的发生额直接填列。如税金及附加、销售费用、管理费用、财务费用、投资收益、营业外收入、营业外支出、所得税费用等。

2. 根据有关账户的发生额计算填列

如在"营业收入""营业成本"项目中，应根据"主营业务收入"、"其他业务收入"、"主营业务成本"、"其他业务成本"账户的发生额计算填列。

3. 根据表内各项目的关系计算填列

表内没有对应账户的项目如"营业利润""利润总额""净利润"和"综合收益总额"等都是根据表内各项目的关系，按照一定的计算公式计算后填列。

下面我们以××股份有限公司的相关资料为例，来说明利润表的编制方法。

××股份有限公司本期损益类账户的发生额资料如表7-9所示：

表7-9　××股份有限公司本期损益类账户的发生额资料　　　单位：元

账户名称	借方发生额	贷方发生额
主营业务收入		4 000 000
其他业务收入		350 000
投资收益	2 000	
营业外收入		242 000
主营业务成本	2 400 000	
税金及附加	2 000	
其他业务成本	176 000	
销售费用	12 000	
管理费用	320 000	
财务费用	40 000	
营业外支出	160 000	
所得税费用	488 400	

根据表 7-9 所示资料编制利润表如表 7-10 所示：

表 7-10　利润表（多步式）　　　　　　　　　　会企 02 表

编制单位：××股份有限公司　　　　　　2018 年 12 月　　　　　　　　单位：元

项　　　目	本期金额	上期金额
一、营业收入	4 350 000	
减：营业成本	2 576 000	
税金及附加	2 000	
销售费用	12 000	
管理费用	320 000	
财务费用	40 000	
资产减值损失	—	
加：公允价值变动收益（损失以"-"填列）	—	
投资收益（损失以"-"填列）	-2 000	
资产处置收益（损失以"-"号填列）		
其他收益		
其中：对联营和合营企业的投资收益		
二、营业利润（亏损以"-"填列）	1 398 000	
加：营业外收入	242 000	
减：营业外支出	160 000	
三、利润总额（亏损总额以"-"填列）	1 480 000	
减：所得税费用	488 400	
四、净利润（净亏损以"-"填列）	991 600	
（一）持续经营净利润（净亏损以"-"号填列）		
（二）终止经营净利润（净亏损以"-"号填列）		
五、其他综合收益		
六、综合收益总额		
七、每股收益		
（一）基本每股收益		
（二）稀释每股收益		

第四节　现金流量表

一、现金流量表的性质和作用

现金流量表是反映企业在一定会计期间内现金及现金等价物（以下简称现金）流入和流出情况的报表。

现金流量表中的现金是个广义的概念，它包括库存现金和可以随时用于支付的存款。现金等价物是指企业持有的期限短、流动性强、易于转换成已知金额、价值变动风险很小的现金。我国现金流量表中的现金等价物仅限于自购买之日起三个月内到期的短期债券投资。它和现金一起构成了现金流量表的编制基础。

现金流量表是在资产负债表和利润表反映企业财务状况和经营成果的基础之上，通过计算经营活动、投资活动和筹资活动的现金流入量、流出量和现金净流量来反映企业财务状况的变动情况及其原因。

资产负债表提供了企业会计期末现金增减变动的总额，但无法揭示其变动的原因。利润表提供的收入、费用信息反映了经营活动对财务状况的影响，在一定程度上说明了财务状况变动的原因，但是利润表是按权责发生制确认的净利润，它包含了许多非现金的应计、递延因素。现金流量表以收付实现制为基础，消除了会计估计产生的获利能力和支付能力的影响，弥补了净利润指标的不足，成为评价企业经营状况的重要指标。

由于在市场经济条件下，企业现金的流转情况在很大程度上影响着企业的生存和发展，因此，现金流量无疑是现代企业至关重要的会计信息。现金流量表的作用可概括为以下几个方面：

1. 准确反映企业的偿债能力

通过资产负债表提供的信息可以计算出流动比率、速动比率等反映企业偿债能力的指标。但是，以现金偿债是企业清偿债务的主要形式。在计算上述指标时，其分子为流动资产，流动资产中包含有应收账款和存货等项目。在竞争激烈的市场经济条件下，应收账款收不回来的可能性很大，存货如不能顺利地销售就无法转化为现金，因此，以流动资产作为分子计算出来的偿债能力具有一定的虚假成分，而现金流量提供的现金净流量信息就可以准确地反映企业的偿债能力，从而就有利于帮助债权人正确地估计贷款风险，做出正确的决策。

2. 准确反映企业的支付能力

现金流量表可以反映企业获取现金的能力以及用现金支付费用、偿还债务的能力。具有一定的支付能力是企业进行正常生产经营活动所必备的能力。企业每天都会发生大量的支付行为，如支付材料款、支付工资、支付费用等。经营活动中的现金流入大于现金流出，则能保证生产经营活动中的正常开支。否则，企业只有通过举债或出售长期资产等方式来筹措资金才能满足生产经营活动的需要。借助于现金流量表的信息，企业管理当局可以正确地制订投资、筹资计划，投资人、债权人可以准确地评价企业的支付能力，以便对投资报酬、贷款回收情况做出正确判断。

3. 有助于正确分析和评价企业的收益质量和影响现金净流量的因素，提高报表的可比性

收益质量是指会计收益和现金流量之间的比例关系。会计收益中所包含的现金流量越大，说明收益质量越高。例如，甲、乙两个企业假定主营业务收入、主营业务成本和利润总额相同（不考虑其他因素），分别为 100 万元、80 万元和 20 万元。但甲企业采用现销方式，100 万元现金的经济利益已流入企业；乙企业则采用赊销方式，账面上反映为应收账款 100 万元。如果乙企业不能及时收回货款，这 20 万元利润则无现金做保证，因此甲企业的收益质量明显高于乙企业。

利润表示以权责发生制为基础确认的净收益，它与现金流量表以收付实现制为基础确认的现金净流量之间必然会出现差异。通过现金流量表一方面可以揭示产生差异的原因，有助于正确分析企业的收益质量；另一方面由于现金流量表剔除了在权责发生制下不同企业对同样交易、事项采用不同的会计处理方法所造成的影响，因而提高了报表的可比性。

4. 有助于加强现金管理，比较准确地编制现金预算，分析、评价和预测企业未来的现金流量

现金流量表可以提供企业对现金的需求情况，是管理部门编制现金预算的依据。通过投资活动和筹资活动的现金流入量和流出量，可以分析企业是否过度扩大规模；通过本期净利润和净现金流量之间的差异，可以看出非现金流动资产创造利润的情况，评价企业产生净现金流量能力的高低。特别是通过对前后几期现金流量表的分析，可以预测企业未来的现金流量。

二、现金流量表的分类

按照企业经营业务的性质，企业在一定会计期间内产生的现金流量可以分为经营活动现金流量、投资活动现金流量和筹资活动现金流量三大类。

（一）经营活动现金流量

经营活动现金流量是指因商品的购销、劳务的提供等交易所产生的与本期净收益直接相关的现金流入与流出。

（二）投资活动现金流量

投资活动现金流量是指购建和处置长期资产，以及不包括在现金等价物范围内和投资相关的业务所产生的现金流入与现金流出。

（三）筹资活动现金流量

筹资活动现金流量是指向债权人、投资人筹措资金等业务所产生的现金流入与现金流出。

三、现金流量表的基本结构

现金流量表包括现金流量表和附注两部分内容，其中一般企业的现金流量表的基本结构如表 7-11 所示。

表 7-11 现金流量表

编制单位： 　　　　　　　　　　　年度 单位：元

项　　　目	行次	金额
一、经营活动产生的现金流量 　　现金流入 　　现金流出		
经营活动产生的现金流量净额		

表7-11(续)

项　　目	行次	金额
二、投资活动产生的现金流量 　　现金流入 　　现金流出		
投资活动产生的现金流量净额		
三、筹资活动产生的现金流量 　　现金流入 　　现金流出		
筹资活动产生的现金流量净额		
现金及现金等价物净增加额		

（一）现金流量表的结构

现金流量表是按经营活动、投资活动和筹资活动三大项目分类顺序排列，每一项目又分别按现金流入和现金流出具体分为若干类别，并分别计算出各类活动的现金净流量；最后加计现金及现金等价物的净增加额。

现金流量表采用直接法反映经营活动的现金流量。这里所谓的直接法是指以营业收入为计算起点，将收益表上按权责发生制处理的应收、应付业务调整为收付实现制，并按现金收入和现金支出的主要类别来反映经营活动的现金流量。采用这种方法不仅便于分析经营活动现金流量的来源和用途，而且也有利于预测未来经营活动的现金流量。

（二）现金流量表附注的结构

附注又称补充资料，它主要反映如何将净利润调整为经营活动的现金流量。现金流量表的附注采用间接法反映经营活动的现金流量。这里所谓间接法是指以利润表上的净利润为起点，通过调整不涉及现金流量的收入、费用项目以及其他相关项目，将收益表中的净利润转换为经营活动的现金流量净额。采用这种方法，不仅便于将净利润与经营活动的现金流量进行分析比较，而且也便于了解净利润与经营活动现金流量净额的差异及其原因。

现金流量表的编制步骤比较复杂，涉及的具体问题也比较多，其具体编制方法将在财务会计中做详细的介绍。

第五节　所有者权益变动表

一、所有者权益变动表的性质和作用

所有者权益变动表是反映构成所有者权益的各个组成部分当期的增减变动情况

的报表。

所有者权益变动表，分别反映上年和本年所有权益各项目的增减变动。它不仅要列示引起所有者权益增加的净利润，而且还要列示企业直接计入所有者权益的利得和损失等项目；由于这些项目构成企业的综合收益，它有助于全面了解企业的所有者权益在年度内的变化情况。在资本市场日趋完善的情况下，所有者权益报表所提供的相关信息，愈来愈受到会计用户的关注，成为他们决策的重要依据。

所有者权益变动表的作用，可以概括为以下几个方面：

1. 有助于会计用户了解企业本期所有者权益增减变动的原因及其结果

由于所有者权益是企业资产扣除负债后由所有者享有的剩余权益，因此它不仅直接关系到所有者的利益，而且也是其他会计用户判断企业盈利能力、偿债能力，进而作出投资、贷款等决策的重要指标。虽然在一般情况下，企业净利润的增加是导致企业净资产增加的主要因素，但是采用公允价值对可供出售的金融资产、自用房地产或存货转换投资性房地产等计量时，当公允价值大于其账面价值时，其差额对所有者权益也会发生影响。

企业所有权益减少的主要原因：一是当期亏损；二是利润分配；三是投资者按法定程序撤走资本。不同原因引起的资本减少，其结果是不同的。由于企业所有者权益年末与年初的变动，反映了当期企业净资产的增加或减少。一个会计期间的所有者权益综合变动，代表了当期企业经营活动形成的收益总额和费用总额。因此，会计用户只有借助于所有者权益变动表，才能对各组成项目进行深入的分析，以确定各项目对所有者权益的影响程度，从而作出相关的决策。

2. 有助于了解企业本期所有者权益结构的变化

所有者权益包括实收资本、资本公积、盈余公积和未分配利润等项目。由于不同的项目所反映的经济内容不同，所以会计用户通过对企业所有者权益构成内容的分析、比较，并结合其他报表的相关资料，就可以判断企业所有者权益各项目比重的合理性、盈利能力以及未来资本结构变化的趋势，以利于会计信息使用者深入分析企业股东权益的增减变化情况，并进而对企业的资本保值增值情况作出正确的判断，从而获得对决策有用的信息。

二、所有者权益变动表的基本结构

所有者权益增减变动表具体说明所有者权益增减的各项内容，包括股本（实收资本）、资本公积、法定和任意盈余公积、未分配利润等。

所有者权益变动表具体由四部分内容构成，各部分内容分别按本年金额与上年金额反映所有者权益构成的具体内容。每个项目中，又分别具体情况列示其不同内容。

所有者权益变动表的基本结构，如表7-12所示。

表 7-12 所有者权益变动表

会企 04 表

编制单位：　　　　　　　　　　　　　　年度　　　　　　　　　　　　　　　　　　　　　　　单位：元

项　目	本年金额							上年金额						
	实收资本（或股本）	资本公积	减：库存股	盈余公积	其他综合收益	未分配利润	所有者权益合计	实收资本（或股本）	资本公积	减：库存股	盈余公积	其他综合收益	未分配利润	所有者权益合计
一、上年年末余额														
加：会计政策变更														
前期差错更正														
二、本年年初余额														
三、本年增减变动金额（减少以"-"号填列）														
（一）综合收益总额														
（二）所有者投入和减少资本														
1. 所有者投入资本														
2. 股份支付计入所有者权益的金额														
3. 其他														
（三）利润分配														
1. 提取盈余公积														
2. 对所有者（或股东）的分配														

表7-12（续）

项目	本年金额							上年金额						
	实收资本（或股本）	资本公积	减：库存股	盈余公积	其他综合收益	未分配利润	所有者权益合计	实收资本（或股本）	资本公积	减：库存股	盈余公积	其他综合收益	未分配利润	所有者权益合计
3. 其他														
（四）所有者权益内部结转														
1. 资本公积转增资本（或股本）														
2. 盈余公积转增资本（或股本）														
3. 盈余公积弥补亏损														
4. 设定受益计划变动额结转留存收益														
5. 其他综合收益转留存收益														
6. 其他														
四、本年末余额														

第一部分反映所有者权益上年年末余额。在此基础上加上由于会计政策变更和前期差错更正对所有者权益的影响。

第二部分反映所有者权益本期年初余额。

第三部分反映所有者权益本期增减变动金额。

本部分内容是该表的核心，它按影响所有者权益变动的具体原因，分别列示：

（1）综合收益；

（2）所有者投入和减少资本；

（3）利润分配；

（4）所有者权益内部结转。

第四部分所有者权益年末余额

各部分内容之间的内在联系，用公式表示如下：

本年年初余额+本年增加金额−本年减少金额＝本年年末余额

三、所有者权益变动表的编制方法

所有者权益（或股东权益）变动表是反映企业年末所有者权益（或股东权益）增减变动情况的报表。所有者权益（或股东权益）增减变动表各项目应根据"实收资本（或股本）""资本公积""盈余公积""利润分配"账户的发生额分析填列。

所有者权益变动表的具体编制方法将在"财务会计"中讲述。

第六节　财务报表分析

一、财务报表分析的意义

财务报表分析是指运用一定的方法和手段，对财务报表及相关信息进行加工、比较和分析，从而揭示报表各项目之间的内在联系及其变动趋势。其目的在于评价企业过去的经营业绩，衡量企业现在的财务状况，从而预测企业未来的发展趋势，帮助会计信息的用户作出更有效的经济决策。

财务报表分析是对财务报表信息进行精加工的过程。如果说财务报表是反映企业经营活动的一组照片，那么财务报表分析就是对这组照片进行加工、剪辑和制作成电视剧的过程。如果孤立地看财务报表所反映的各类项目的金额，那么它就没有多少实在的价值；但是，如果对报表相关项目进行计算加工，那么它就可以产生许多新的信息。由于财务报表提供的是通用信息，无法满足不同用户的特定需要，因此，只有通过报表分析才能找出各报表项目之间的内在联系，将报表中大量孤立的历史数据转化为有用的财务信息，计算出一系列财务指标，对企业的偿债能力、盈利能力和抵御风险的能力等作出合理的评价。

二、财务报表分析的方法

常用的财务报表分析方法有比较分析法、比率分析法和因素分析法。

（一）比较分析法

比较分析法是指对两期或数期财务报表中相同项目的数据进行对比，揭示出差异和找出存在的问题。报表分析的核心在于比较，只有通过比较才能发现问题、分析问题，进而找出解决问题的途径。

由于比较分析的具体方式不同，又分为横向分析法和纵向分析法两种。

1. 横向分析法

横向分析法又称水平分析法，它用来分析同一项目在不同期间的变动情况。横向分析法分两种形式，一种是趋势分析，即以某一会计期间为基础，以该期数为100%，计算各期数额占基期的百分比。另一种是比较财务报表。比较财务报表至少应当反映两个年度或者两个相关期间的比较数据。这类财务报表列示了本年度与上年度的有关资料，据此可以分析其增减变动的数额及百分比。由于比较财务报表反映的主要是变化的方向和幅度，显示的是一种趋势，因此，横向分析也可称为趋势分析。下面以××股份有限公司的资料为例，来说明比较财务报表（见表7-13）。

表 7-13　××股份有限公司比较利润表　　　　单位：元

项目	2016 年度	2015 年度	增加（减少）	
			金额	百分比（%）
营业收入	628 000	570 000	58 000	10.18
减：营业成本	（481 600）	（430 000）	51 600	12
税金及附加	（14 400）	（13 000）	1 400	10.77
销售费用	（9 600）	（8 400）	1 200	14.29
管理费用	（48 000）	（43 600）	4 400	10.09
财务费用	（12 000）	（14 000）	（2 000）	（14.29）
资产减值损失				
加：公允价值变动净收益				
投资收益	31 600	6 000	25 600	426.67
营业利润	94 000	67 000	27 000	40.30
加：营业外收入	2 000	4 000	（2 000）	（50）
减：营业外支出	（10 000）	（3 000）	7 000	233.33
利润总额	86 000	68 000	18 000	26.47
减：所得税费用	（28 380）	（22 440）	5 940	26.47
净利润	57 620	45 560	12 060	26.47

从表 7-13 可以看出，该公司本年度营业利润较上年增长了 40.30%，一是营业收入增长了 10.21%；二是投资收益的增长幅度高达 426.67%。但由于营业外支出增幅过大，从而导致本年净利润的增长小于营业利润的增长。

2. 纵向分析法

纵向分析又称垂直分析，它是对财务报表的内部结构进行的分析。采用纵向分析法一般以财务报表中的某一项目为基数，分别计算出其他项目数额占总额的百分比，以表示其结构状况。纵向分析法的主要形式是编制共同比报表。所谓共同比报表是指将财务报表中的某一关键项目如利润总额、资产总额等作为基数（100%），将其余项目分别换算为对关键项目的百分比，从而显示出各项目的相对地位。

下面仍以××股份有限公司的资料为例，来说明共同比利润表（见表 7-14 所示）。

表 7-14　××股份有限公司共同比利润表

2016 年度及 2015 年度

项目	2016 年度		2015 年度	
	金额	百分比（%）	金额	百分比（%）
营业收入	628 000	100	570 000	100
减：营业成本	（481 600）	（76.69）	（430 000）	（75.44）
税金及附加	（14 400）	（2.3）	（13 000）	（2.28）
销售费用	（9 600）	（1.53）	（8 400）	（1.47）
管理费用	（48 000）	（7.64）	（43 600）	（7.65）
财务费用	（12 000）	（1.92）	（14 000）	（2.46）
资产减值损失				
加：公允价值变动净收益				
投资收益	31 600	（5.03）	6 000	（1.05）
营业利润	94 000	14.97	67 000	11.75
加：营业外收入	2 000	（0.32）	4 000	（0.7）
减：营业外支出	（10 000）	（1.59）	（3 000）	（0.53）
利润总额	86 000	13.69	68 000	11.93
减：所得税费用	（28 380）	（4.52）	（22 440）	（3.94）
净利润	57 620	9.18	45 560	7.99

从表 7-14 可以看出，该公司 2016 年与 2015 年相比，营业成本在营业收入中所占的比重高达 76.69%，比 2015 年上升了 1.25%，期间费用变化不大，投资收益在收入中所占的比例大幅提高，导致本年的营业利润上升，但营业外支出比上年也有较大幅度的上升，所以使得净利润的增长幅度小于营业利润的增长。

（二）比率分析法

比率分析法是指对各报表之间或同一报表不同项目、不同类别之间具有内在联系的数据进行比较，并确定它们之间的比率。比率分析法的实质也是一种比较分析法。它利用相对数排除了企业规模的影响，使不同比较对象之间建立了可比性，从而将复杂的信息加以简化。这种方法揭示了报表内各有关项目之间的相关性，从而可以产生更多与决策相关的信息。

比率分析法主要包括偿债能力比率、营运能力比率和盈利能力比率。

（三）因素分析法

因素分析法又称连锁替代法，它是指依据分析指标和影响因素之间的关系，从数量上确定各因素对指标的影响程度。因素分析法是在比较分析和比率分析确定差异的基础上，将差异进行因素分解并建立计算公式，然后按一定顺序依次替换变动后的因素数量，并分别计算出各因素的影响程度。企业经营活动是一个有机的整体，每个指标的高低都会受到若干因素的影响。从数量上测定各因素的影响程度，可以帮助会计用户抓住主要矛盾，找出差异变动的原因。

三、财务报表分析中的常用指标

财务报表分析中的常用指标主要有偿债能力指标、营运能力指标和盈利能力指标三大类。

（一）偿债能力指标

偿债能力是指企业以资产清偿债务的能力，又可分为短期偿债能力和长期偿债能力。反映偿债能力的指标有以下几种：

1. 流动比率

流动比率又称营运资金比率，简称流动比，其计算公式为：

流动比率＝流动资产/流动负债

这一比率被普遍用来衡量企业短期偿债能力的强弱，它表明了企业以流动资产抵偿流动负债的能力。一般说来，流动比率越高，企业偿还短期债务的能力越强。西方的商业惯例一般要求制造企业的流动比率应保持在 2.0 左右。计算出来的流动比率应与同行业的平均流动比率、本企业历史上的流动比率及行业趋势比较，才能对流动比率的合理性做出正确判断。流动比率的不足之处在于没有考虑流动资产的结构，有些流动资产（如呆滞、积压的存货）往往不能按账面价值变现。这会影响流动比率的应用效果。

2. 速动比率

速动比率又称酸性试验比率，其计算公式如下：

速动比率＝速动资产（流动资产－存货）/流动负债

速动比率用来反映企业以速动资产偿还债务的能力。由于速动资产从流动资产中剔除了存货等项目，因此，它比流动比率更能反映企业的偿债能力。

3. 现金比率

现金比率的计算公式如下：

现金比率＝经营活动现金流量/流动负债

现金比率直接反映了企业支付流动负债的能力。现金比率如果太低，则说明企业不能及时支付应付款项；如果太高，则表明企业的现金未能发挥最佳效益，还应结合其他相关资料，以便做出正确评价。

4. 资产负债率

资产负债率又称负债比率，其计算公式如下：

资产负债比率＝（负债总额/资产总额）×100%

这一比率说明了在企业总资产中，债权人提供资金所占的比重以及企业资产对债权人的保障程度。从债权人的角度来看，负债比率越低，则表明企业的偿债能力越好，这样债权人的保障程度就越高，风险也就越小。从企业的所有者和经营者的角度来看，由于企业通过举债而筹集的资金与企业自有资金在经营中发挥的效用是相同的，因此，只要企业能保持较好的盈利能力，企业净资产收益率高于借款利率，那么较高的资产负债率就能给企业带来更大的收益。

5. 利息保障倍数

利息保障倍数的计算公式如下：

利息保障倍数＝（本期净利润+所得税+利息费用）/利息费用

这一比率是用来衡量企业用所获得的利润来偿还借款利息的能力。利息保障倍数高，说明企业负债尚未成为企业的负担，其债务的安全性就大，企业的偿债能力就强。

（二）营运能力指标

营运能力是指企业在经营过程中运用各项资产的效率。反映企业运营能力的指标主要有以下几种：

1. 应收账款周转率

应收账款周转率的计算公式如下：

应收账款周转率＝赊销收入净额/应收账款平均余额

应收账款平均余额＝（应收账款期初余额+应收账款期末余额）/2

这一比率反映了企业在某一会计期间收回赊销账款的能力。应收账款周转次数多，表明企业收款速度快，偿债能力强，故该指标也可用于说明短期偿债能力，并弥补流动比率和速动比率的不足。应收账款的周转速度也可以用应收账款周转天数来反映，其计算公式如下：

应收账款周转天数＝360 天/应收款周转率

2. 存货周转率

存货周转率的计算公式如下：

存货周转率＝销售成本/存货平均余额

存货平均余额＝（存货期初余额+存货期末余额）/2

这一比率反映了企业在某一会计期间对存货的利用程度，它是衡量企业在生产或销售环节中存货营运效率的一个综合性指标。在通常情况下，存货周转率越高，表示企业存货的管理效率愈佳。存货从投入资金到销售收回的时间愈短，在销售利润率相同的情况下，获取的利润也就越多。存货周转速度也可以用存货周转天数来反映，其计算公式如下：

存货周转天数＝360 天/存货周转率

3. 总资产周转率

总资产周转率的计算公式如下：

总资产周转率＝销售收入净额/总资产平均总额

总资产平均总额＝（期初资产总额＋期末资产总额）/2

这一比率反映了企业在报告期内对其全部资产使用的效率。总资产周转速度快，说明为取得相同销售收入需要的投入较少，企业的获利能力较强。

（三）盈利能力指标

盈利能力是指企业运用各项资产获取利润或取得报酬的能力，它可以从两个方面来看：一方面是以销售为基础的获利能力，即经营盈利能力；另一方面是以总资产或净资产为基础的获利能力，即投资收益能力。反映盈利能力的指标主要有以下几种：

1. 销售毛利率

销售毛利率的计算公式如下：

销售毛利率＝销售毛利/销售收入净额

销售毛利＝营业收入−营业成本

这一比率反映了每元销售收入净额中所实现的销售毛利有多少，用以评价企业销售收入的获利能力。

2. 销售利润率

销售利润率的计算公式如下：

销售利润率＝本期净利润/销售收入净额

这一比率反映了企业每元销售收入所带来的净利润，表示了企业销售收入的收益水平。此项指标越大，表明企业的盈利能力越强。

3. 资产利润率

资产利润率又称资产收益率，其计算公式如下：

资产利润率＝净利润/资产平均余额

资产平均余额＝（资产期初余额＋资产期末余额）/2

这一比率将企业一定期间的净利润与占用的资产相比较，反映了企业对全部投入资产的回报，表明了企业资产利用的综合效果。

4. 净资产利润率

净资产利润率的计算公式如下：

净资产利润率＝净利润/净资产平均余额

净资产平均余额＝（净资产期初余额+净资产期末余额）/2

这一比率是站在所有者的角度来分析企业的获利能力，反映了所有者权益的获利能力。

5. 资本收益率

资本收益率的计算公式如下：

资本收益率＝净利润/实收资本

这一比率反映了企业运用投资者投入资本的获利能力。该项指标越高，表明企业的盈利能力越强。

在股份制企业中，衡量企业盈利能力的指标还有以下几种：

1. 普通股每股收益

普通股每股收益又称每股盈余、每股净利等，其计算公式如下：

普通股每股收益＝（净利润-优先股股利）/普通股股数

这一比率反映了某一会计期间每股普通股获得的净收益额。每股盈利越高，股票的质量也越高。

2. 每股现金流量

每股现金流量的计算公式如下：

每股现金流量＝（经营活动的现金流量-优先股股利）/普通股股数

这一比率反映了普通股获得现金的能力和对每股收益的现金保障程度。一般说来，只有当每股现金流量大于每股收益时，才能保证企业有足够的现金来支付股利。

3. 市盈率

市盈率的计算公式如下：

市盈率（倍数）＝普通股每股市价/普通股每股收益

这一比率是投资者用来衡量某种股票投资价值和投资风险的指标。在市场价格确定的情况下，每股收益越高，市盈率越低，则投资风险越小；反之亦然。在每股收益确定的情况下，市价越高，风险越大；反之亦然。

根据××股份有限公司的资料（见表7-6、表7-8），各种财务比率指标的计算如表7-15所示。该公司本年现金流量净增加额为691 080元，其中假定经营活动的现金流量净额为531 216元，本年12月31日股票的收盘价为10元。

表7-15

项目名称	计算过程及其结果
一、偿债能力	
1. 流动比率	6 084 344÷3 698 024＝1.65
2. 速动比率	（6 084 344-2 200 000）÷3 698 024＝1.05
3. 现金比率	531 216÷3 698 024＝0.14
4. 资产负债比率	（4 287 624÷25 095 224）×100%＝17.09%
5. 利息保障倍数	（991 600+488 400+40 000）÷40 000＝38

表7-15(续)

项目名称	计算过程及其结果
二、营运能力	
1. 应收账款周转率	4 350 000÷(295 112+247 256)/2=16.04
2. 应收账款周转天数	360÷16.04=22.44(天)
3. 存货周转率	2 576 000÷(1 200 000+2 200 000)/2=1.52
4. 存货周转天数	360÷1.52=237(天)
5. 总资产周转率	4 350 000÷(23 497 200+25 095 224)×100%=17.9%
三、盈利能力	
1. 销售利润率	(991 600÷4 350 000)×100%=22.8%
2. 资产利润率	991 600÷(23 497 200+25 095 224)/2×100%=4.08%
3. 净资产收益率	991 600÷(2 021 600+20 807 600)/2=8.69%
4. 资本收益率	(991 600÷10 000 000)×100%=9.92%
四、上市公司盈利能力	
5. 普通股每股收益	991 600÷10 000 000=0.0992
6. 每股现金流量	531 216÷10 000 000=0.0531
7. 市盈率	10÷0.0992=100.8(倍)

相关链接 7-2

1. 两种不同的收益观点

在利润表中如何反映会计期间的净收益,存在两种不同的观点。一种是本期营业观,另一种是损益满计观。这两种观点的主要区别是报告收益的目的不同。

(1)本期营业观(Current Operating Concept)是指利润表中所计列的收益数额仅包括本期经常性的业务收支,至于非常项目的收益(或损失)和以前年度损益调整项目应在利润分配表中反映,不应包括在内。

持这种观点的学者认为,利润表中所反映的收益额应该是企业管理人员能够控制的业务活动和本期经营管理决策所获得的成果。这样的收益信息才能真实地反映企业的经营业绩,以便分析、比较企业各期的盈利能力和正确判断企业的盈利趋势。在这种观点下,应正确区分本期和非本期的收益、营业收益和营业外收益,并将营业外收益和以前年度损益调整项目在利润分配表中反映。

(2)损益满计观(Allinclusive Concept)又称总括收益观,它是指利润表所计列的收益数额不仅包括营业收益,也包括营业外收益和以前年度损益调整项目。

持这种观点的学者认为会计期间的一切营业收入、费用以及营业外收入、以前年度损益调整项目等都应当在利润表中予以反映。这样有助于客观、公允地反映企业的收益信息,便于报表的编制和使用。在会计实务中,本期确认和非本期确认的收支项目、营业收益和营业外收益项目难以划分,容易出现人为操纵收益的状况,使会计信息失真。在这种观点下,营业外收入、以前年度损益调整项目都在利润表中反映，并按不同的性质予以列示，在利润分配表中仅包括期初未分配利润。

2. 关于财务报表结构观念的问题

由于对企业收益的计量理论存在不同的观点，所以就必定会导致不同的财务报表结构的观念。这些观念主要有两种不同的观点，即收入费用观和资产负债观。

（1）收入费用观（Revenue-Expense View）。收入费用观是以收入与费用作为会计收益的主要计量过程，它重视收入与费用的计量，并主张以收入与费用的合理配比来计量企业收益。这种观点的主要特征是：①收入、费用的确认是建立在历史成本的基础上的。历史成本是买卖双方在市场上通过交易客观地确定的，并有凭证为依据，这就使会计信息具有客观性和可验证性。②收入费用观确定收益的核心是必须符合配比原则的要求。它要求一个会计期间的各项收入和与其相关的成本、费用应当在同一会计期间内予以确认、计量。那些不符合配比原则要求，但对企业收入、费用又有影响的项目，则应作为跨期收入、跨期费用在资产负债表中分别作为负债和资产处理，待以后会计期间再按受益原则转为各期的收入、费用。这种处理方法使资产负债表中计列的各项目，并不完全符合资产、负债的含义。例如递延费用，它并不是企业的经济资源，而只是为了进行收入与费用的配比和计算，而结转至下期的待摊费用。③历史成本会计下，会计处理是对已实现交易金额的如实反映。因此资产和负债以其初始取得价值进行后续计量，在未发生实际处置交易的情况下，不会因市场状况的变化而对其账面价值进行调整。在这种方法下，资产负债表中资产和负债的账面价值不能反映其当前的实际价值。

（2）资产负债观（Asset-Liability View）。资产负债观是将资产和负债作为企业收益的主要计量对象，以资产负债表中的净值增加额作为企业的收益。这种观点的主要特征是：①关注资产和负债的价值计量。只有如实反映资产和负债当前价值的信息，才能为报表使用者提供具有相关性的信息，因此能够反映资产和负债当前价值的公允价值合计，是"资产负债观"下的基本计量方法。②不通过计量收入和费用来确定收益，而是通过计量资产和负债以其净增加额作为收益。由于计量对象的改变，计量属性也会发生变化。③收益的确定不考虑是否已实现，将净资产的增加额全部作为收益处理。这样，收益的概念扩大了，不仅包括利润表中反映的本期净利润，而且还包括未实现的资产增值。

本章小结

编制财务报表是会计循环的最后一个步骤。本章介绍财务报表的作用、种类和编制要求；重点介绍了资产负债表、利润表的基本原理及其编制方法；对现金流量表的作用、基本结构，股东权益变动表的作用、基本结构、编制方法等，财务报表分析的基本方法和相关的财务指标的计算也做了简单的介绍。通过本章的学习，应初步掌握编制和分析主要财务报表所必备的基础知识。

思考题

1. 企业为什么要编制财务报表？

2. 企业应编制哪些财务报表？财务报表按不同的标准是怎样分类的？

3. 编制财务报表应满足哪些信息质量的要求，为什么？

4. 什么是资产负债表？它的基本格式是怎样的？怎样编制资产负债表？

5. 什么是利润表？它的基本格式是怎样的？怎样编制利润表？

6. 什么是股东权益变动表？它的基本格式是怎样的？

7. 现金流量信息对企业有什么重要意义？

8. 企业现金流量分为哪几类？

9. 现金流量表的编制基础是什么？现金等价物应具备哪些条件？

10. 财务报表分析有什么意义？

11. 反映企业偿债能力、营运能力和盈利能力的指标主要有哪些？这些指标是怎么计算的，有什么意义？

12. 资产负债表、利润表与现金流量表之间存在什么样的关系？

13. 结合本章内容思考"财务造假的目的是什么？"以及"作为会计人员，当你面临财务造假时将如何抉择？"

第八章
会计核算组织程序

课程思政：

1. 培养规划事项的能力。为了确保能及时提供会计信息，会计核算组织程序是必须的，在面对繁杂的事项时，提前规划同样重要。我们个人也要注重工作和学习的规划性，从而保证合理分配时间精力，提高效率。

2. 自觉增强程序意识。账务处理程序是将会计凭证、会计账簿组织起来以编制报表的方法，它严格规定了处理流程。在学习生活中同样需要增强程序意识，按照程序办事，才能不断推动各项会计工作落细落小落实。

学习目标与要求：

1. 了解会计账务处理程序的意义、种类；
2. 熟悉账务处理程序的基本模式；
3. 掌握各种账务处理程序的内容、方法及特点。

第一节 会计核算组织程序概述

一、会计核算组织程序的意义

填制和审核会计凭证、设置和登记账簿都是会计日常核算的重要工作，为了合理地组织会计工作，确保会计信息的及时提供，必须把日常核算中所涉及的各类凭证、账簿按一定的要求和程序有机地结合起来，形成一定的会计核算组织程序，即账务处理程序。

会计核算组织程序也称账务处理程序，是指从填制会计凭证起到登记会计账簿、期末结账、编制报表为止的整个记账程序，是规定凭证、账簿、报表的格式、体系和核算方法，确定各种凭证之间，以及凭证与账簿之间、账簿与报表之间相互联系的程序。

针对以前各章对账务处理分割介绍的缺陷，本章专门把会计信息载体体系和会计事务处理方法体系有机结合起来介绍。这一结合主要体现在两个方面：第一，凭证、账簿、报表等会计信息载体的组织，即会计核算形式，它是指记账凭证、账簿、报表的种类、格式及它们之间的相互联系。第二，以记账程序和记账方法为核心的会计事务处理方法体系，即会计核算方法、核算程序。由于会计账簿的信息来自会计凭证，同时又为财务报表提供信息来源，在整个会计信息载体中处于承上启下的中心地位，而记账程序和记账方法主导着整个会计核算的程序、核算方法，所以，我们把整个会计核算的形式、方法及程序简称为账务处理程序。

二、账务处理程序的基本模式

会计凭证组织、会计账簿组织与记账程序的不同结合方式，形成了不同的账务处理程序。其中，会计凭证组织是指会计凭证的种类、格式和各凭证之间的相互关系，会计账簿组织是指会计账簿的种类、格式和各账簿之间的相互关系，记账程序是指凭证填制、账簿登记以及根据账簿编制报表的顺序。

目前我国常用的账务处理程序主要有：记账凭证账务处理程序、科目汇总表账务处理程序、汇总记账凭证账务处理程序、日记总账账务处理程序、多栏式日记账账务处理程序。

在上述各种常用的账务处理程序中，填制记账凭证的依据、登记明细账的依据和方法以及编制财务报表的依据和方法基本相同，其主要区别在于登记总账的依据和方法不同。其中记账凭证账务处理程序和科目汇总表账务处理程序应用最为广泛。其账务处理的基本模式为：

（1）在经济业务发生或完成后，取得或填制原始凭证；

（2）根据原始凭证编制记账凭证；

（3）根据记账凭证登记现金日记账、银行存款日记账；

（4）根据记账凭证登记分类账；

（5）期末，日记账与总账、总账与明细账相互核对；

（6）期末，根据总账与明细账的资料编制财务报表。

按照上述步骤依次完成从经济业务发生到编制出各种财务会计报告的全部会计工作叫做一个会计循环。各单位经济活动年复一年地重复进行，会计工作也就按照上述程序连续不断地重复进行。

为了能够提供满足会计信息使用者需要的会计信息，各单位应根据各自经济业务的性质、规模的大小等特点，设置会计凭证、会计账簿、财务报表等的格式和内容，以及凭证、账簿、报表之间的关系，选择适当的账务处理程序。

第二节　记账凭证账务处理程序

记账凭证账务处理程序的主要特点是：直接根据收款凭证、付款凭证和转账凭证等记账凭证逐笔登记总账。其基本内容包括以下几个方面：

一、会计凭证组织

在记账凭证账务处理程序下，应设置两类会计凭证。一类是原始凭证（包括外来和自制的）；另一类是记账凭证（主要包括收款凭证、付款凭证和转账凭证）。各类凭证之间的相互关系是：根据原始凭证编制记账凭证，对于无法取得原始凭证的经济业务，可根据账簿资料填制记账凭证。

二、账簿组织

在记账凭证账务处理程序下，应设置分类账和日记账。日记账主要指库存现金日记账和银行存款日记账，用于序时登记现金和银行存款的收支业务，不作为登记总账的依据。分类账按提供指标的依据不同可分别设置总分类账和明细分类账。各类账簿之间的关系是：日记账、总账和明细账都应根据记账凭证分别过账，并定期相互核对。总账和明细账是按照平行登记的原则进行记录的，期末，总账和明细账的期末余额、本期借贷方发生额应核对相符。

三、一般步骤

记账凭证账务处理程序流程如图 8-1 所示：

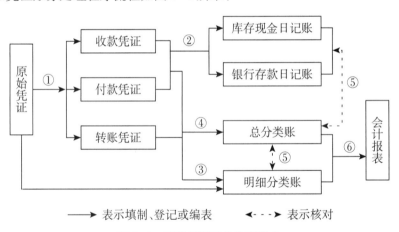

图 8-1　记账凭证账务处理程序

（1）根据原始凭证填制记账凭证；
（2）根据收款凭证、付款凭证登记库存现金日记账、银行存款日记账；
（3）根据收款凭证、付款凭证、转账凭证及其所附的原始凭证登记明细账；
（4）根据收款凭证、付款凭证、转账凭证逐笔登记总账；
（5）期末，日记账与总账、总账与明细账相互核对；
（6）期末，根据总账与明细账的资料编制财务报表。
由于记账凭证账务处理程序的特点是根据记账凭证逐笔登记总分类账，这就决定了记账凭证账务处理程序能够直观反映账务处理的全过程，因而较简单，容易理解，便于掌握。同时这一特点也决定了记账凭证账务处理程序的工作量较大，因为每一张记账凭证都需在明细账中记录一次，在总账中还需记录一次，所以登记总账的工作量比较繁重。

这种方法适用于规模不大、经济业务较少、记账凭证不多的单位。

第三节 科目汇总表账务处理程序

科目汇总表账务处理程序的主要特点是：根据记账凭证定期编制科目汇总表，并据以定期登记总账。

这种账务处理程序的会计凭证组织、会计账簿组织、账务处理程序与记账凭证账务处理程序相比较，其主要区别在于：①改进了凭证组织，增设了汇总记账凭证——科目汇总表；②增加了编制科目汇总表的步骤；③改变了登记总账的依据和方法。

科目汇总表账务处理程序流程如图 8-2 所示：

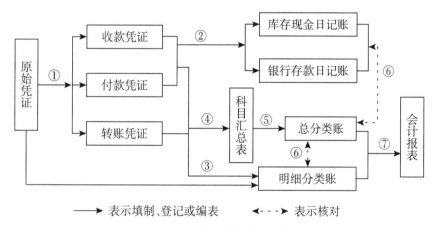

—→ 表示填制、登记或编表 ←- - → 表示核对

图 8-2 科目汇总表账务处理程序

（1）根据原始凭证填制记账凭证；

（2）根据收款凭证、付款凭证登记库存现金日记账、银行存款日记账；

（3）根据收款凭证、付款凭证、转账凭证及其所附的原始凭证登记明细账；

（4）根据记账凭证定期汇总编制科目汇总表；

（5）根据定期编制的科目汇总表登记总账；

（6）期末，日记账与总账、总账与明细账相互核对；

（7）期末，根据总账与明细账的资料编制财务报表。

科目汇总表账务处理程序的优点是：通过编制的科目汇总表汇总登记总账，不仅可以简化登记总账的工作量，而且还可以起到入账前的试算平衡作用，提高总分类账所登记数据的质量，同时科目汇总表的编制方法也比较简单。缺点是：无论总账还是科目汇总表，都无法反映账户的对应关系，因而不利于对总账的分析和对账目的详细查对以及无法分析经济业务的来龙去脉。

这种方法一般适用于经济业务频繁，但又不很复杂的大中型企业、事业单位。

第四节　汇总记账凭证账务处理程序

汇总记账凭证账务处理程序的主要特点是：根据记账凭证定期编制汇总记账凭证，月末根据汇总记账凭证累计数登记总账。这种记账程序，由于采用了累计记账凭证（汇总记账凭证），因而改变了登记总账的依据和步骤，这是这一记账程序的显著特点。

这种账务处理程序的会计凭证组织、会计账簿组织、账务处理程序与记账凭证账务处理程序相比较，其主要区别在于：①改进了凭证组织，增设了汇总记账凭证——汇总收款凭证、汇总付款凭证、汇总转账凭证；②增加了编制汇总记账凭证的步骤；③改变了登记总账的依据和方法。

汇总记账凭证账务处理程序流程如图8-3所示：

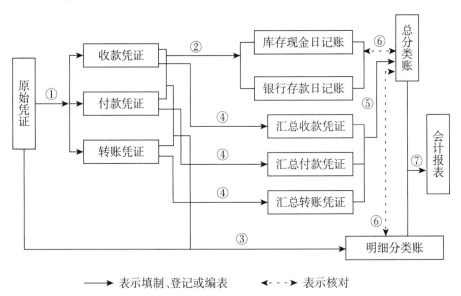

　——→ 表示填制、登记或编表　◄--→ 表示核对

图8-3　汇总记账凭证账务处理程序

（1）根据原始凭证填制记账凭证；

（2）根据收款凭证、付款凭证登记库存现金日记账、银行存款日记账；

（3）根据收款凭证、付款凭证、转账凭证及其所附的原始凭证登记明细账；

（4）根据收款凭证、付款凭证、转账凭证定期编制汇总收款凭证、汇总付款凭

证、汇总转账凭证;

（5）根据定期编制的汇总收款凭证、汇总付款凭证、汇总转账凭证登记总分类账;

（6）期末，日记账与总账、总账与明细账相互核对;

（7）期末，根据总账与明细账的资料编制财务报表。

这种账务处理程序的优点是：通过编制汇总记账凭证可以大大简化登记总账的工作量，同时在汇总记账凭证和总账中都能清晰地反映账户之间的对应关系，便于对经济活动的来龙去脉进行分析和检查，克服了科目汇总表账务处理程序中科目汇总表不能反映科目之间对应关系的缺点。其缺点是：汇总记账凭证的编制手续比较复杂，在经济业务不多、会计人员较少的单位，采用这种账务处理程序通常体现不出它的优越性来。

这种方法一般适用于规模较大、经济业务复杂，会计人员分工较细的大中型企业、事业单位。

第五节 日记总账账务处理程序

日记总账把日记账和总账融为一体。设置并登记日记总账的账务处理程序叫日记总账账务处理程序，其账务处理程序的特点是：以记账凭证为依据，在日记总账中同时进行序时和分类的登记。

这种账务处理程序的会计凭证组织、会计账簿组织、账务处理程序与记账凭证账务处理程序相比较，其主要区别在于：①改进了账簿组织，设置了日记总账，对总账的种类和格式进行了改革；②在日记总账中采用了一种既进行序时核算，又进行明细分类核算的联合账簿。在经济业务发生后，根据填制的记账凭证，同时在日记总账中进行序时账和总账的登记。

日记总账账务处理程序流程如图 8-4 所示：

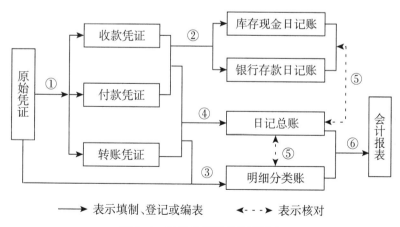

图 8-4　日记总账账务处理程序

（1）根据原始凭证填制记账凭证；

（2）根据收款凭证、付款凭证登记库存现金日记账、银行存款日记账；

（3）根据收款凭证、付款凭证、转账凭证及其所附的原始凭证登记明细账；

（4）根据收款凭证、付款凭证、转账凭证逐笔登记日记总账；

（5）期末，库存现金日记账、银行存款日记账与日记总账相互核对，日记总账与明细账相互核对；

（6）期末，根据日记总账与明细账的资料编制财务报表。

这种账务处理程序的优点体现在：①把序时账和分类账结合起来，可以简化记账手续，便于检查记账工作的正确性；②在日记总账中列示全部账户，可以清楚地反映账户之间的对应关系和经济业务的全貌，有利于进行会计分析。

其缺点表现在：①在会计科目较多的单位，必然会出现日记总账账页过长、记账时容易错栏串行等情况，造成核算错误，且登记总账的工作量比较繁重；②同时把所有的账户都集中在一张账页上，不便于会计人员的分工。

这种方法一般适用于规模不大、经济业务简单、使用科目不多的单位。

第六节　多栏式日记账账务处理程序

多栏式日记账账务处理程序的特点是：在设置多栏式货币资金日记账后，有关货币资金收、付的业务应以多栏式日记账的汇总数作为登记总账的依据；对于不涉及货币资金的转账业务可根据转账凭证逐笔登记总账，还可以根据转账凭证编制汇总转账凭证登记总账。

这种账务处理程序的会计凭证组织、会计账簿组织、账务处理程序与记账凭证账务处理程序相比较，其主要区别在于：①改进了账簿组织，设置了多栏式货币资金日记账；②改变了登记总账的依据和方法。

多栏式日记账账务处理程序流程如图8-5所示：

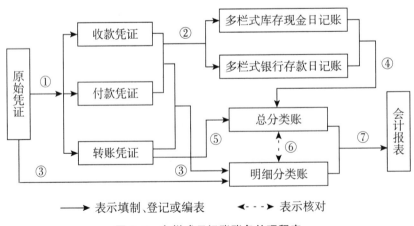

图8-5　多栏式日记账账务处理程序

（1）根据原始凭证填制记账凭证；

（2）根据收款凭证、付款凭证登记多栏式库存现金日记账和银行存款日记账；

（3）根据收款凭证、付款凭证、转账凭证及其所附的原始凭证登记明细账；

（4）期末，根据多栏式库存现金日记账和银行存款日记账登记总账；

（5）根据转账凭证逐笔登记总账或根据转账凭证定期编制汇总转账凭证（或科目汇总表），再根据汇总转账凭证（或科目汇总表）登记总账；

（6）期末，总账与明细账相互核对；

（7）根据总账和明细账资料编制财务报表。

这种账务处理程序的优点体现在：①对货币资金收、付业务进行了序时记录；②按对应账户归类，起到了汇总收、付款凭证的作用，可以简化登记总账的工作。其缺点表现在：在业务比较复杂的企业，会造成日记账的专栏过多，账页过长，因而不便于登账。

这种方法一般适用于收付业务比较多，但业务比较简单，使用科目较少的单位。

本章小结

223

本章主要针对教材前面各章关于账务处理分割介绍的缺陷，结合实际工作中的具体方法，专门把凭证、账簿体系和会计事务处理方法体系有机结合介绍；特别突出了由于会计凭证组织、会计账簿组织与记账程序的不同结合方式，从而形成的不同账务处理程序的特点，使学生在学习中更便于理解和掌握各种不同的账务处理程序和方法。

思考题

1. 什么是会计账务处理程序？设置会计账务处理程序的意义是什么？

2. 会计账务处理程序的基本模式是什么？

3. 会计账务处理程序中哪种方法是最基本的，为什么？

4. 试分析比较各种账务处理程序的相同与不同之处。

5. 如何根据企业、事业单位的实际情况建立会计账务处理程序？

6. 作为企业的会计人员，应当培养哪些品质，它们在实际工作中将如何帮助你完成任务？

7. 会计既是一个信息系统又是一种经济管理活动，结合所学谈一谈自己的感受。

第九章
会计规范体系与会计工作组织

课程思政：

1. 树立遵纪守法的意识。会计法规构成了会计规范体系。作为新时代的大学生，应树立遵纪守法的意识，坚守会计人员的底线。

2. 养成重要资料归档保管的习惯。会计档案是企业财务管理的重要依据，是企业管理层进行决策的重要参考，同时也是会计监督的重要资料，做好资料归档保管工作，可以确保企业的财务信息真实、准确、完整。

3. 培养责任意识，了解职业发展规划。通过对《会计法》的讲解，明确会计人员的职业责任与权限，在培养责任意识的同时，进一步了解会计人员专业职务，明晰职业发展路径。

4. 深刻认识自律才是最高要求。职业道德是对个人信念的约束，培养学生对国家、企业的责任感，树立正确的价值观，自觉抵制做假账行为，引导学生以优秀的中国传统道德文化对自身的职业道德进行体悟、修炼和实践。

学习目标与要求：

1. 了解会计规范体系的内容；
2. 了解会计档案的含义及其保管措施；
3. 掌握会计工作组织的内容；
4. 掌握会计人员的责任和权限；
5. 掌握会计职业道德的含义及其特征。

会计不仅是管理经济的一个重要手段，而且是经济管理的重要组成部分。要使会计能提供真实、可靠的管理资料，除了采用一定的技术方法以外，还应做好会计的组织管理工作，即要有专门的机构，要有较高素质的会计人员以及一系列的会计法规法律等。

第一节 会计规范体系

一、会计工作规范及内容

会计规范是一个综合的概念，其包括的范围几乎可以包括一切对会计运行具有影响的要素，而这些要素不仅可以直接约束会计的运行，而且可以约束会计人员的行为、会计内部的控制机制等。会计规范体系是由各种相互联系、相互制约的会计法规所构成的有机整体。会计规范体系的组成内容因分类的不同而不同：

（1）按会计规范内容的表现形式，会计规范体系包括会计法律、会计行政法规、会计地方性法规和会计行政规章制度。

（2）按会计规范内容的适用范围，会计规范体系包括基本会计法规、专项会计法规、部门会计法规、综合会计法规和其他法中的会计法规。

（3）按会计规范内容的性质，会计规范体系包括会计核算法规、会计管理法规和会计组织法规。

我国的会计法规按照各法规之间的相互关系，可以分为三个层次。第一层次是基本法，即《中华人民共和国会计法》（以下简称《会计法》），它是会计工作最高层次的规范。第二层次是会计准则，它是根据《会计法》的要求制定的，分为基本准则和具体准则。第三层次是由各基层单位自行制定或委托社会会计服务机构制定的内部会计制度，它仅对具体使用单位有约束力。

二、《中华人民共和国会计法》

我国第一部《会计法》是在 1985 年 1 月 21 日第六届全国人民代表大会常务委员会第五次会议通过，并于同年 5 月 1 日起实施的。为了适应改革开放和经济发展的要求，第八届全国人民代表大会第五次会议于 1993 年 12 月 29 日，通过并公布了第一次修改后的《会计法》。1999 年 10 月 31 日，第九届全国人民代表大会常务委员会第十二次会议再次对《会计法》进行了修改。2017 年 11 月 4 日，第十二届全国人大常委会会议表决通过了《关于修改会计法的决定》，并从 2017 年 11 月 5 日起实施。2024 年 6 月 28 日第十四届全国人民代表大会常务委员会第十次会议通过了《关于修改〈会计法〉的决定》（第三次修正）。再次修正的《会计法》，对于规范会计行为、保证会计资料的真实完整，充分发挥会计在加强财务管理和经济管理、提高经济效益、维护社会主义市场经济秩序中的作用，具有非常重要的意义。

《中华人民共和国会计法》共六章五十三条，其主要内容包括以下几个方面：

1. 总则部分

该部分内容主要包括：①明确《会计法》的立法宗旨；②《会计法》的适用范

225

围；③要求会计核算单位必须依法建账；④单位负责人对本单位会计工作和会计资料的真实性、完整性负责；⑤会计人员依法进行会计核算，实行会计监督；⑥对会计人员进行奖励；⑦明确会计工作管理体制；⑧国家实行统一的会计制度及有关统一会计制度的规定。

2. 会计核算部分

该部分规定了以下几个方面的内容：①各单位必须根据实际发生的经济业务事项进行会计核算及应当办理会计手续的经济业务事项；②会计年度和记账本位币；③对会计核算的总的要求；④对会计凭证的要求；⑤对设置、登记会计账簿的要求；⑥对会计处理方法的要求；⑦对编报财务会计报告的要求；⑧对会计记录文字的要求；⑨对会计资料保管的要求。

3. 会计的监督职能

财会监督是依法依规对国家机关、企事业单位、其他组织和个人的财政、财务、会计活动实施的监督。① 党的十八大以来，财会监督作为党和国家监督体系的重要组成部分，在推进全面从严治党、维护党中央政令畅通、规范财经秩序、促进经济社会健康发展等方面发挥重要作用。

"天下未乱计先乱，天下欲治计乃治"。作为占据基础性地位的监督形式，会计监督能为其他监督提供必需的数据支撑和执行依据，在维持良性经济秩序、杜绝严重廉政风险、构建社会发展和国家治理的基石等方面发挥重要作用。

会计的监督职能主要是指利用会计反映所提供的经济信息对企业和其他单位的经济活动进行控制和指导。会计监督的核心就是通过干预经济活动，使之符合国家有关法律、法规和制度的规定，同时对每项经济活动的合理性、有效性进行审查、控制、分析和检查。

（1）会计监督的主体

会计监督主体是指会计监督行为的具体实施者，任何有权对会计活动施加影响的机构和人员都属于会计监督主体的范畴。《中华人民共和国会计法》第五条规定："会计机构、会计人员依照本法规定进行会计核算，实行会计监督。这一规定明确了会计人员是会计监督的主体。

（2）会计监督的客体

会计监督的客体是指会计监督行为的具体承受对象。在实践中，可将会计监督客体分为组织机构、工作人员和会计行为三个方面。

（3）会计监督的目标

宏观层面的会计监督应以公共风险治理为导向，微观层面的会计监督应以内控风险治理为导向，宏微观相结合的常态化会计监督体系更有助于为我国经济高质量发展贡献力量。

---

① 中共中央办公厅、国务院办公厅印发了《关于进一步加强财会监督工作的意见》。

（4）会计监督的依据

会计监督的依据是会计监督的标准，主要是以各类财经法律、法规、规章，各类会计规范等，作为约束、评价和指导会计工作的标准和依据。

（5）会计监督的内容

根据《中华人民共和国会计法》和其他有关会计法规的规定，会计人员进行会计监督的对象和内容是本单位的经济活动。具体内容包括：

①对会计凭证、会计账簿和会计报表等会计资料的进行监督，以保证会计资料的真实、准确、完整、合法；

②对各种财产和资金进行监督，以保证财产、资金的安全完整与合理使用；

③对财务收支进行监督，以保证财务收支符合财务制度的规定；

④对经济合同、经济计划及其他重要经营管理活动进行监督，以保证经济管理活动的科学、合理；

⑤对成本费用进行监督，以保证用尽可能少的投入，获得尽可能多的产出；

⑥对利润的实现与分配进行监督，以保证按时上缴税金和进行利润分配等等。

（6）会计监督的分类

①按监督实行的时间，可以分为事前监督、事中监督和事后监督。事前监督是对将要发生的经济活动进行会计监督；事中监督是对正在发生的经济活动进行会计监督；事后监督是对已经发生的经济活动进行会计监督。

②按执行监督的主体，可以分为内部监督和外部监督。外部监督是由企业外部的机构、部门和组织，运用宏观管理手段，对企业的财务会计工作所实施的监督和检查。内部监督是指会计机构和会计人员依照法律的规定，通过会计手续对经济活动的合法性、合理性和有效性进行的一种监督。

4. 会计机构和会计人员部分

该部分是对会计机构的设置和会计人员的资格条件等事项的规定，主要内容有：①会计机构的设置和会计人员的配备；②会计机构内部的稽核制度；③会计人员的任职资格；④会计人员的教育和培训；⑤会计人员调动工作和离职的交接手续。

5. 法律责任部分

本部分主要规定了会计机构、单位负责人、会计人员和其他有关人员违反我国《会计法》应当承担的责任。法律责任主要包括行政责任和刑事责任两种。

三、企业会计准则

会计准则是会计确认、计量、记录和报告所依据的标准和规则，是处理会计工作的规范，是评价会计信息质量的标准。世界各国由于社会经济背景的不同，会计准则制定机构的不同，从而会计准则的内容也不同。1992 年 11 月，我国财政部颁布了《企业会计准则》，并从 1993 年 7 月 1 日起开始实施，这标志着我国会计准则体系的初步建立，使我国会计规范的建设进入了一个新的历史时期——与国际惯例逐步趋同的时期。

我国会计准则体系包括基本会计准则和具体会计准则两个层次。

1. 基本会计准则

我国 1992 年 11 月颁布的《企业会计准则》，实际上为基本会计准则。2006 年 2 月财政部正式颁布了《企业会计准则——基本准则》，主要内容是对会计核算的基础、会计信息质量要求和对会计要素的确认、计量和报告所做出的规定，主要包括：

（1）总则。该部分说明了企业会计准则的性质、制定的依据、适用范围、财务会计报告的目标、会计工作的前提条件（也称会计假设）和会计基础等。我国《企业会计准则——基本准则》规定的会计核算的基本前提是：会计主体、持续经营、会计分期、货币计量。会计基础是权责发生制。

（2）会计信息质量的基本要求。其包括客观性、相关性、可比性、及时性、明晰性、谨慎性、重要性、实质重于形式，这八条从不同方面对会计核算提出了要求。

（3）会计要素确认、计量的基本要求。我国的企业会计要素有 6 个，分别为资产、负债、所有者权益、收入、费用和利润；规定了企业在会计核算中对各项会计要素进行确认、计量、记录和报告时应遵循的基本要求。

（4）财务报表基本要求。《企业会计准则——基本准则》等对全国范围内的企业财务报表的编报做了统一规定，规定企业必须编制和对外报送财务报表，即资产负债表、损益表和现金流量表等。小企业编制的会计报表可以不包括现金流量表。

2. 具体会计准则

具体会计准则以基本会计准则为依据，对经济业务的会计处理及其程序提出了具体要求。从 1997 年开始至 2001 年期间，我国陆续颁布了 16 项具体会计准则。2005 年，财政部先后发布了 22 项会计准则的征求意见稿，此外，对以前的 16 项具体会计准则，也进行了全面的梳理、调整和修订，最终于 2006 年 2 月构建起一套企业会计准则的完善体系，包括 38 项具体会计准则和准则应用指南，2007 年 1 月 1 日起在上市公司中执行，其他企业鼓励执行。2014 年 1 月，财政部对部分准则进行了修订，并颁布了 3 项新准则。如今我国具体准则共计 42 项。

2017 年财政部又对金融工具、收入等部分具体准则进行了修改。具体准则是根据基本准则制定的用来指导企业各类经济业务的确认、计量、记录和报告的规范。具体会计准则可以分为一般业务准则、特殊行业的特定业务准则和报告准则三类。

（1）一般业务准则

一般业务准则主要规范各类企业普遍适用的一般经济业务的确认和计量要求，包括存货、会计政策、会计估计变更和差错更正、资产负债表日后事项、建造合同、所得税、固定资产、租赁、收入、职工薪酬、股份支付、政府补助、外币折算、借款费用、长期股权投资、企业年检基金、每股收益、无形资产、资产减值、或有事项、投资性房地产、企业合并等准则项目。

（2）特殊行业的特定业务准则

特殊行业的特定业务准则主要规范特殊行业的特定业务的确认和计量要求，如石油天然气开采、生物资产、金融工具确认和计量、金融资产转移、套期保值、金融工具列报、原保险合同、再保险合同等准则项目。

（3）报告准则

报告准则主要规范普遍适用于各类企业的报告类准则，如财务报表列报、现金流量表、合并财务报表、中期财务报告、分部报告、关联方披露等准则项目。

3. 企业会计准则应用指南

应用指南是根据基本准则和具体准则制定的指导会计实务的操作性指南，并根据具体准则中涉及和确认的要求，规定了会计科目及其主要账务处理，基本涵盖了一般企业、商业银行、保险公司、证券公司四个企业类型的各类交易或事项。企业会计准则应用指南主要是对各项具体准则进行解释，解决在运用准则处理经济业务时所涉及的会计科目、账务处理、会计报表及其格式。

4. 企业会计准则解释

为了进一步促进实施企业会计准则，针对上市公司新会计准则的执行情况和有关问题，财务部发布了《企业会计准则解释第 1 号》等 6 个企业会计准则解释，用以指导、规范会计实务在执行会计准则中出现的新问题和疑难问题。

四、小企业会计准则

2011 年 10 月 18 日，财政部发布了《小企业会计准则》，要求符合适用条件的小企业自 2013 年 1 月 1 日起施行，并鼓励提前施行。《小企业会计准则》一般适用于在我国境内依法设立、经济规模较小的企业。

小企业会计准则体系由《小企业会计准则》和《应用指南》两部分组成。《小企业会计准则》主要规范小企业通常发生的交易或事项的会计处理原则，为小企业处理会计实务问题提供具体而统一的标准。《应用指南》主要规定会计科目的设置，主要账务处理，财务报表的种类、格式及编制说明，为小企业执行《小企业会计准则》提供操作性规范。

小企业一般是指规模较小或处于创业和成长阶段的企业，包括规模在规定标准以下的法人企业和自然人企业。小企业具有以下特点：一是规模较小，投资少，投资与见效的周期相对较短，同样投资使用劳动力更多；二是对市场反应灵敏，具有以新取胜的内在动力和保持市场活力的能力；三是小企业环境适应能力强，对资源获取的要求不高，能广泛地分布于各种环境条件中；四是在获取资本、信息、技术等服务方面处于劣势，管理水平较低。

五、事业单位会计准则

2012 年 12 月 6 日，财政部修订发布了《事业单位会计准则》，自 2013 年 1 月 1 日起在各级各类事业单位施行。该准则规范了我国事业单位的会计工作，包括总则、会计信息质量要求、资产、负债、净资产、收入、支出或者费用、财务会计报告、附则等。

事业单位会计准则具有以下特点：一是统驭事业单位会计制度体系。事业单位会计准则为事业单位会计制度体系建立统一的核算原则和框架，明确根据事业单位会计准则制定事业单位会计制度和行业事业单位会计制度。二是服务财政科学化精细化管理。发挥会计基础性作用，在兼顾财务管理需求的同时体现财政预算管理的信息需求。三是与《事业单位财务规则》相协调，便于事业单位执行。四是强化对事业单位会计信息质量的要求。

与企业会计准则相比，事业单位会计准则主要有以下不同：

（1）事业单位会计核算目标反映受托责任，同时兼顾决策有用；

（2）会计核算基础：事业单位会计核算一般采用收付实现制，部分经济业务（事项）、行业事业单位可以采用权责发生制，具体范围另行规定；

（3）会计要素：考虑到采用权责发生制核算的行业事业单位，其会计要素应当以"费用"代替"支出"，事业单位的会计要素包括资产、负债、净资产、收入、支出或者费用。

六、会计制度

会计制度是根据会计法和会计准则的要求所制定的具体的规章、方法和程序等。它是进行会计工作时所应遵循的规则、方法和程序的总称。我国的会计制度分为企业会计制度和预算会计制度。企业会计制度是以盈利为目的的企业法人在从事生产经营业务、进行会计核算时的规范。我国预算会计制度包括财政总预算会计制度、行政单位会计制度和事业单位会计制度。

会计制度按其制定的单位的不同，分为由财政部制定的国家统一会计制度和由基层单位自行制定的基层单位内部会计制度。

现行统一会计制度主要包括以下几个部分：

（1）总则。该部分规定了会计制度的总要求、对会计要素的核算要求、对特殊会计事项的核算要求等；

（2）会计科目。该部分规定了会计科目的分类、编号、名称，对各个会计科目的使用进行了说明；

（3）财务报表。该部分统一规定了企业应对外报送财务报表的种类和格式；

（4）附录，主要会计事项分录举例。

会计制度的制定应遵循以下原则：

（1）制定会计制度要以会计准则为依据，即会计制度的内容要符合会计准则所规定的一般原则的要求，符合有关会计要素确认、计量的规定，符合对财务报表种类、格式、内容的规定。

（2）制定会计制度要与有关法规相协调，即会计制度中规定的会计政策、会计方法要符合财政税收等国家法规的要求，要与财务制度、税收制度的内容协调一致。

（3）制定会计制度要借鉴国际会计惯例。

目前，我国的企业会计制度包括《企业会计制度》《金融企业会计制度》和《小企业会计制度》三个部分，分别适用于不同的企业。

七、会计档案

会计档案是指单位在进行会计核算等过程中接收或形成的，记录和反映单位经济事项的，具有保存价值的文字、图表等各种形式的会计资料，包括通过计算机等电子设备形成、传输和存储的电子档案。会计档案包括会计凭证、会计账簿、财务报告和其他会计资料等，它是记录、反映经济业务的重要史料和证据。会计档案是会计事项的历史记录，是总结经验、进行预测决策所需的重要资料，也是进行会计监督的重要资料。因此，各单位会计部门必须建立、健全会计档案的立卷、归档、保管、调阅和销毁等管理制度，认真做好会计档案的管理工作，把会计档案管好。

1. 造册归档和保管

会计凭证、账簿、报表应由财会部门按照归档的要求，负责整理立卷或装订成册。当年的会计档案，在会计年度终了后，可由本单位财务会计部门暂为保管一年，以便查阅。期满后，原则上应由财会部门编造清册移交给本单位的档案部门保管。档案部门接收的会计档案，纸质会计档案原则上要保持原卷册的封装，个别需要重新整理的，应由财会部门和经办人员共同拆封整理，以明确责任。电子会计档案移交时应当将电子会计档案及其元数据一并移交，且文件格式应当符合国家档案管理的有关规定。特殊格式的电子档案应当与其读取平台一并移交。对于会计档案的管理，要做到妥善保管，存放有序，查找方便，严格执行安全和保密制度，不得随意堆放，严防毁损、丢失和泄密。

2. 保管期限和销毁手续

各种会计档案的保管期限，根据其特点，可分为永久、定期两类。定期保管的期限一般分为 10 年和 30 年。见表 9-1。

表 9-1　企业和其他组织会计档案保管期限表

序号	档案名称	保管期限	备注
一	会计凭证类		
1	原始凭证	30 年	
2	记账凭证	30 年	
二	会计账簿类		
3	总账	30 年	
4	明细账	30 年	
5	日记账	30 年	
6	固定资产卡片		固定资产报废清理后保管 5 年
7	其他辅助性账簿	30 年	

231

表9-1(续)

序号	档案名称	保管期限	备注
三	财务报告类		
8	月、季度、半年度财务报告	10年	
9	年度财务报告	永久	
四	其他会计资料		
10	银行存款余额调节表	10年	
11	银行对账单	10年	
12	纳税申报表	10年	
13	会计移交清册	30年	
14	会计档案保管清册	永久	
15	会计档案销毁清册	永久	
16	会计档案鉴定意见书	永久	

单位应当定期对已到保管期限的会计档案进行鉴定,并形成会计档案鉴定意见书。经鉴定,仍需继续保存的会计档案,应当重新划定保管期限;对保管期满,确无保存价值的会计档案,可以销毁。

会计档案鉴定工作应当由单位档案管理机构牵头,组织单位会计、审计、纪检监察等机构或人员共同进行。

经鉴定可以销毁的会计档案,应当按照以下程序销毁:

(1) 单位档案管理机构编制会计档案销毁清册,列明拟销毁会计档案的名称、卷号、册数、起止年度、档案编号、应保管期限、已保管期限和销毁时间等内容。

(2) 单位负责人、档案管理机构负责人、会计管理机构负责人、档案管理机构经办人、会计管理机构经办人在会计档案销毁清册上签署意见。

(3) 单位档案管理机构负责组织会计档案销毁工作,并与会计管理机构共同派员监销。监销人在会计档案销毁前,应当按照会计档案销毁清册所列内容进行清点核对;在会计档案销毁后,应当在会计档案销毁清册上签名或盖章。

电子会计档案的销毁还应当符合国家有关电子档案的规定,并由单位档案管理机构、会计管理机构和信息系统管理机构共同派员监销。

3. 不得销毁的会计档案

保管期满但未结清的债权债务会计凭证和涉及其他未了事项的会计凭证不得销毁,纸质会计档案应当单独抽出立卷,电子会计档案单独转存,保管到未了事项完结时为止。

单独抽出立卷或转存的会计档案,应当在会计档案鉴定意见书,会计档案销毁清册和会计档案保管清册中列明。

第二节　会计机构

一、会计机构的设置

会计机构是各单位办理会计事务的职能部门。建立和健全会计机构，是加强会计工作，保证会计工作顺利进行的基本条件。

1. 业务主管部门的会计机构

国务院和地方各级业务部门一般都应设置财务会计管理司、处、科。这些会计机构的主要任务是：

（1）负责组织、领导和监督所属单位的会计工作；

（2）根据国家的统一规定和要求，制定适用于本行业的会计制度；

（3）检查和指导所属单位的会计工作，并帮助解决工作上存在的问题；

（4）审核、批复所属单位上报的财务报表，并汇总编制本系统的财务报表；

（5）核算本单位与财政部门以及上下级之间的缴拨款项；

（6）总结并交流所属单位会计工作的先进经验。

2. 企业单位的会计机构

各单位办理会计事务的组织方式有以下三种。

（1）单独设置会计机构。

企业单位的会计机构一般应设置财务会计处、科、股等。各单位的会计机构，在行政领导人的领导下开展工作。在设置了总会计师的单位，其会计机构由总会计师直接领导，同时接受上级财务会计部门的指导和监督。

会计机构是一个综合性经济管理部门，它和单位内部其他各职能部门和各生产经营业务单位的工作有着十分紧密的关系，会计机构要主动为各职能部门和各业务单位服务，与之密切配合，共同做好会计工作，完成会计任务。

（2）有关机构中配置专职会计人员。

不具备单独设置会计机构条件的，应当在有关机构中配置专职会计人员，并指定会计主管人员。会计主管人员是指不单独设置会计机构的单位里，负责组织管理会计事务、行使会计机构负责人职权的负责人。

（3）实行代理记账。

没有设置会计机构且未配置会计人员的单位，应当根据《代理记账管理办法》委托会计师事务所或者持有代理记账许可证书的其他代理记账机构进行代理记账。代理记账机构是指依法取得代理记账资格，从事代理记账业务的机构。代理记账是指代理记账机构接受委托办理会计业务。

233

二、企业会计工作的组织形式

企业会计工作的组织形式，按照部门之间会计工作分工方式的不同，可以分为集中核算和非集中核算两种；按照企业与所属内部单位之间管理体制的不同，又可以分为独立核算与非独立核算两种。

1. 集中核算与非集中核算

（1）集中核算。集中核算是指企业的主要会计工作均集中于企业财会部门，即其总分类核算、明细核算以及财务报表的编制都由会计部门办理的一种会计核算组织方式。

在这种核算方式下，企业内部各业务部门（如工厂内部的车间、班组、商店内部的营业柜等）一般不进行单独核算，只对其发生的经济业务办理原始凭证和某些原始凭证的汇总工作，并定期将原始凭证和汇总凭证送交会计部门。实行集中核算，企业一级的会计部门可以掌握比较完整详细的核算资料，有利于全面了解企业的经济活动情况，同时，减少了核算层次，可以节约核算费用。但不利于企业内部各部门、单位及时利用核算资料来检查本部门、本单位的经济业务情况。中、小型企业适合采用此种形式。

（2）非集中核算。非集中核算又称分散核算，是指企业内部各业务经营部门对本部门所发生的经济业务直接进行较全面的会计核算，企业财会部门对所属的各级会计工作实行领导、监督和业务指导，企业一级的各种费用记入期间费用，汇总各级的财务报表，并进行全企业的财务决算的一种会计核算组织方式。

实行非集中核算，有利于厂内经济核算的推行，便于内部各单位及时利用核算资料对经济活动进行考核与分析，但核算工作量大，对企业会计部门集中掌握和监督内部各单位的经济活动情况有一定影响。这种核算方式主要适用于大中型企业单位以及内部单位比较分散的企业单位。

集中核算和非集中核算仅仅是一种相对的划分。一个企业可以对某些业务采用集中核算，而对另一些业务采取非集中核算。究竟采用哪种形式为宜，应根据单位特点和管理的要求，从有利于强化经营管理、加强经济核算的角度来决定。但无论企业采取哪种形式，企业同银行的往来、债权债务的结算等业务，都应集中在企业财务部门进行统一办理。

2. 独立核算与非独立核算

（1）独立核算。独立核算是指对本单位的业务经营活动及其结果进行全面的、系统的会计核算。作为独立核算的单位，可以采用集中核算的形式，也可以采用非集中核算的形式。

（2）非独立核算。非独立核算单位没有完整的账簿组织，一般只办理原始凭证的填制、整理和汇总，以及对商品、原材料等实物账、卡的登记，不独立计算盈亏，不单独编制财务报表。非独立核算形式不利于发挥所属单位的经营积极性。

第三节　会计人员

会计人员是专门从事会计工作的人员。为了充分发挥会计的职能作用，完成会计任务，各企业、事业和机关单位的会计机构都必须根据实际需要，配备一定数量符合会计工作岗位条件要求的会计人员，这是做好会计工作的决定性因素。在我国《会计法》和有关会计人员的管理法规中，对会计人员的职责和权限、专业职务、任免和奖惩都做了明确规定。

一、会计人员的责任和权限

1. 会计人员的职责

根据我国《会计法》的规定，会计人员的主要职责有以下几个方面：

（1）进行会计核算。进行会计核算，及时提供真实、可靠的、满足用户需要的会计信息，是会计人员最基本的职责，也是对会计工作最起码的要求。具体地说，就是要认真合理地完成如下工作：填制和审核会计凭证、登记会计账簿、计算收入费用成本、核对账目、进行财产清查、计算经营成果、编制财务报表等。

（2）实行会计监督。各单位的会计机构、会计人员对本单位实行会计监督。会计人员对不真实、不合法的原始凭证，可不予受理；对记载不准确、不完整的原始凭证，可予以退回或要求更正补充；在发现账簿记录与实物、款项不符时，应当按照有关规定进行处理；对违法收支可不予办理；无权自行处理的，应当立即向本单位行政领导报告，请求查明原因，做出处理等。

（3）拟订本单位办理会计业务的具体办法。会计人员要根据国家的会计法规、财经方针和政策及本单位的具体情况，制定出本单位的会计工作必需遵循的程序、方法等，以及对经济事项处理的具体规定。如：建立会计人员岗位责任制、内部牵制制度、内部稽核制度、成本计算办法、费用开支报销手续制度等。

（4）参与拟订本单位的经济计划、业务计划，考核、分析预算、财务计划的执行情况。会计人员应积极参与拟订经济计划、业务计划，虽然这些计划的最终制定权在企业的决策层，但是由于会计人员掌握了大量会计信息，以及本身所具有的专业知识等，因此会计人员可以在增收节支、杜绝浪费、提高经济效益等方面发挥重要作用。

2. 会计人员的工作权限

为了保障会计人员能切实履行自己的职责，国家对会计人员赋予了相应的工作权限，主要有以下几个方面：

（1）会计人员有权要求本单位有关部门、人员执行经国家批准的计划、预算，遵守国家财经法纪和财务会计制度，如有违反，会计人员有权拒绝付款、报销和执

235

行，并向本单位的领导人报告。对于弄虚作假、营私舞弊等违法行为，会计人员要拒绝执行并向上级机关、财政部门报告。

（2）会计人员有权参与本单位计划、预算的编制，参与制定定额，参与签订经济合同，参加有关生产、经营管理会议。

（3）会计人员有权监督、检查本单位有关部门的财务收支、资金使用和财产保管、收发、计量、检验等情况。有关部门要如实提供资料，如实反映情况。

事实上，不同单位、不同职位的会计人员都有其具体和不尽相同的职责和权限。

二、会计人员应具备的素质

会计人员要能正确履行职责和行使权限，就要不断提高自身素质，热爱本职工作；认真学习国家财经政策、法律，熟悉财经制度；积极钻研会计业务，精通专业知识，掌握会计技术方法，这是会计人员正确履行职责和行使权限的前提条件。

会计人员在履行职责、行使权限时，要严守法纪，坚持原则，严格执行有关的会计法规，维护国家利益，抵制违法乱纪、贪污盗窃行为，要勇于负责，不怕打击报复。

为了使会计人员能更好地完成所担负的任务，忠实履行其职责，会计人员应不断提高思想政治水平和工作业务水平。

三、会计人员的专业技术职务

会计人员专业技术职务是国家为了合理使用会计人员，促进人才的合理流动，充分发挥会计人员的创造性，企业、事业和机关等单位的会计人员依据学历、从事财务会计工作的年限、业务水平和工作成绩，并通过专业技术职务资格考试后，给会计人员专业技术的等级称号。会计人员的专业技术职务通常分为助理会计师、会计师、高级会计师和正高级会计师四个档次。其中，高级会计师和正高级会计师为高级职务，会计师为中级职务，助理会计师为初级职务。

目前的会计专业技术资格考试制度的主要内容是：

（1）设置初级资格考试、中级资格考试和高级资格考试三个级别，初级资格考试设初级会计实务和经济法基础两个考试科目，中级资格考试设中级会计实务、财务管理、经济法三个考试科目，高级资格考试设高级会计实务一个考试科目。中级资格考试在两个连续年度中考试科目全部合格者，初级资格考试在一个年度内考试科目全部合格者，方可取得相应的会计专业技术资格。

（2）通过考试合格取得初级资格的会计人员，可根据具体情况按照人力资源和社会保障部的有关规定聘任为会计员或助理会计师，通过考试合格取得中级资格的会计人员，可聘任为会计师，通过考试高级会计实务合格者，在计算机和外语考试合格的情况下可以申请参加高级会计师的评审。

（3）报名参加会计专业技术初级、中级资格考试和高级会计实务的会计人员，必须具备相应的基本条件和关于学历和会计工作年限等方面的一些具体条件。

四、总会计师

国务院在 1978 年颁发施行的《会计人员职权条例》中规定：企业要建立总会计师的经济责任制。大、中型企业要设置总会计师，主管本单位的经济核算和财务会计工作；小型企业要指定一名副厂长行使总会计师的职权。1990 年 12 月，为了确定总会计师的职权和地位，发挥总会计师在加强经济管理、提高经济效益中的作用，国务院发布实施了《总会计师条例》。条例明确规定：全民所有制大、中型企业设置总会计师，总会计师是单位行政领导成员，协助单位主要行政领导人工作，直接对单位主要行政领导人负责；总会计师负责组织本单位的财务管理、成本管理、预算管理、会计核算和会计监督等方面的工作，参与本单位重要经济问题的分析和决策，具体组织本单位执行国家有关财经法律、法规、方针、政策和制度，保护国家财产。

第四节　会计职业道德

一、会计职业道德的含义及特征

会计职业道德，有广义和狭义之分。广义职业道德是指从业人员在职业活动中应遵循的行为准则，涵盖了从业人员与服务对象、职业与职工、职业与职业之间的关系。狭义的职业道德是指在一定的会计职业活动中应遵循的、体现一定职业特征、调整一切职业关系的职业行为准则和规范。会计人员在会计工作中应当遵守职业道德，树立良好的职业品质，严谨的工作作风，严守工作纪律，努力提高工作效率和工作质量。

会计职业道德的含义包括以下几个方面：

（1）会计职业道德是调整会计职业活动利益关系的手段。会计职业道德可以配合国家法律制度，调整职业关系中的经济利益关系，维护正常的经济秩序。

（2）会计职业道德具有相对稳定性。在市场经济活动中，作为对单位经济业务事项进行确认、计量、记录和报告的会计，会计标准的设计，会计政策的制定，会计方法的选择，都必须遵循其内在的客观经济规律和要求。因此，会计职业道德主要依附于历史继承性和经济规律，在社会经济关系不断变迁中，保持自己的相对稳定性。

（3）会计职业道德具有广泛的社会性。会计职业道德是人们对会计职业行为的客观要求，从受托责任观念出发，会计目标决定了会计所承担的社会责任。

会计职业道德的特征包括：

（1）具有一定的强制性。一般的职业道德侧重于人们的行为动机和内心信念的调整，通常只对那些最低限度的要求赋予强制性。我国的《会计法》《会计基础工作规范》等都规定了会计职业道德的内容和要求。

（2）较多关注公众利益。会计职业的社会公众利益性，要求会计人员客观公正，在会计职业工作中，发生道德冲突时要坚持准则，把社会公众放在第一位。

二、会计主管的职业道德

各单位会计信息的可靠与公允的第一道防线是其会计主管，而且，作为企业高层管理人员，属于控制环境的组成部分，直接负责财务报表的编制，对指导、实施、监督企业财务报告制度和内部控制制度起着基础作用，对企业的财务状况和经营状况较为熟悉。企业会计主管对会计人员的行为影响较大，通过制定高标准的会计披露制度，会计主管可以监督和引导企业的会计行为向符合法律规范的方向发展。所有这一切都要求企业会计主管至少应在以下几个方面保持良好的职业道德：

（1）在任何时候都以诚实和正直的态度处理企业和个人的事务。

（2）以客观的态度向企业管理人员、股东、职工、政府及其他机构和公众报告完整、恰当和相关的会计信息。

（3）遵守国家的各种法规、制度。

（4）未经授权或根据法律和法规的规定，不得透露在工作中取得的秘密信息。

（5）通过各种方式，掌握新的知识和技能，保持良好的专业能力。

三、一般企业会计人员职业道德

习近平总书记在中央政治局第 37 次集体学习时，对法治与德治的关系做出了精辟论述："法律是成文的道德，道德是内心的法律。法律和道德都具有规范社会行为、调节社会关系、维护社会秩序的作用，在国家治理中都有其地位和功能"；"法安天下，德润人心"；"法治和德治不可分离、不可偏废，国家治理需要法律和道德协同发力"。

会计人员在会计工作中应当遵守职业道德（professional ethics），树立良好的职业品质、严谨的工作作风，严守工作纪律，努力提高工作效率和工作质量。如果说会计目标是一种外在约束力，促使和引导会计工作者努力向既定目标靠拢，那么会计职业道德就是作为一种内在的、自生的行动鞭策力而存在。

为贯彻落实党中央、国务院关于加强社会信用体系建设的决策部署，推进会计诚信体系建设，提高会计人员职业道德水平，根据《会计法》《会计基础工作规范》，财政部于 2023 年 1 月 12 日制定印发了《会计人员职业道德规范》（以下简称《规范》），这是我国首次制定全国性的会计人员职业道德规范。

（1）坚持诚信，守法奉公。牢固树立诚信理念，以诚立身、以信立业，严于律己、心存敬畏。学法知法守法，公私分明、克己奉公，树立良好职业形象，维护会计行业声誉。这是对广大会计人员在思想道德品质及职业道德素质方面提出的有关要求。作为一名称职的会计人员，工作中要坚持讲诚信并严格遵守《会计法》和《规范》等会计相关法律、规定，做到廉洁奉公。

（2）坚持准则，守责敬业。严格执行准则制度，保证会计信息真实完整。勤勉尽责、爱岗敬业，忠于职守、敢于斗争，自觉抵制会计造假行为，维护国家财经纪律和经济秩序。这是对广大会计人员日常工作行为准则方面提出的履职要求。要求会计人员心中牢记责任意识、时刻以会计相关规定严于律己、恪尽职守、爱岗敬业。

（3）坚持学习，守正创新。始终秉持专业精神，勤于学习、锐意进取，持续提升会计专业能力。不断适应新形势新要求，与时俱进、开拓创新，努力推动会计事业高质量发展。这是对广大会计人员在个人学习能力、专业知识技术水平方面提出的发展要求。会计人员要牢固树立终身学习理念，不断加强专业知识学习，结合实际情况做到守正创新。

"三坚三守"既是对会计职业的基本要求和核心要求，又是对会计人员职业发展的解答。广大会计人员要不断提升自我的理论素养和实践能力，努力成长为高素质专业化复合型人才。

朱镕基总理在2001年4月视察上海国家会计学院时书写"不做假账"的题词。同年10月，朱总理视察北京国家会计学院，题词"诚信为本，操守为重，坚持准则，不做假账"。"不做假账"是会计人员的基本职业操守。

四、注册会计师的职业道德

注册会计师的一项重要工作是对企业的财务报表的恰当性、合法性和会计处理方法的一致性发表客观、公正的意见。注册会计师是专门从事财务报表鉴证等业务的专业人员。注册会计师通常是以第三者的身份，接受委托人的委托，对企业所提供的财务会计报告进行审计，并且出具审计意见，以保证企业对外披露的会计信息客观、真实、可信。根据《中国注册会计师职业道德基本准则》，注册会计师职业道德的有关内容如下：

（1）独立原则，是指注册会计师在执行会计查账验证业务时，应当在形式上和实质上独立于外部组织和他所服务的对象。独立原则是注册会计师的灵魂，它要求注册会计师对业务的承接、执行和报告的形成与提交，均应依法办事，独立自主，不依附于其他机构和组织，也不受其干扰和影响，如果与客户存在利害关系时应回避。

（2）客观原则，是指注册会计师对有关事项的调整、判断和意见的表述应当实事求是，不以主观好恶或成见行事，不允许因成见或偏见影响其分析、处理问题的客观性。

（3）公正原则，是指注册会计师应公平正直、不偏不倚地对待有关各方，不以牺牲一方利益为条件而使另一方受益。

（4）廉洁原则，是指注册会计师的行为应当清正廉明，不得利用自己的身份、地位和执业中所掌握的客观资料和情况为自己或所在单位牟取私利，不得向客户索

239

贿受贿，不得以任何方式接受客户馈赠的礼品和其他好处，也不得向客户提出超越工作正常需要之外的个人要求。

会计职业道德的检查考核部门是财政部门、业务主管部门和各个会计主体单位。会计人员违反职业道德，由所在单位进行处罚；情节严重的，由发证机关吊销其会计证。

本章小结

本章主要阐述会计规范体系和有关会计工作组织的问题。会计规范体系包括会计法规、会计准则和会计制度等，会计工作组织包括会计人员、会计机构和会计工作档案等内容。

本章首先介绍了会计规范体系的构成。会计规范体系是由各种相互联系、相互制约的会计法规所构成的有机整体。紧接着本章介绍了会计工作组织的内容。建立和健全会计机构，是保证会计工作顺利进行的基本条件；配备符合岗位条件的会计人员是做好会计工作的决定性因素；加强会计人员职业道德有利于提高会计工作效率与质量。

思考题

1. 会计工作组织包括哪些内容？科学组织会计工作有什么意义？
2. 会计人员的职责和权限是什么？
3. 会计职业道德的内容有哪些？
4. 企事业单位应该如何设置会计机构？
5. 会计规范体系与会计职业道德的区别与联系是什么？
6. 结合实际，谈一谈自己在会计职业道德方面还要做出哪些努力？
7. 作为会计从业人员，你会如何规划自己的职业发展路径？

参考文献

［1］徐泓. 基础会计学［M］. 北京：中国人民大学出版社，2014.

［2］财政部会计资格评价中心. 初级会计实务［M］. 北京：经济科学出版社，2022.

［3］莱斯利·K. 布莱特纳，罗伯特·N. 安东尼. 会计学基础：原文 11 版［M］. 杨冰，等译. 北京：清华大学出版社，2013.

［4］中华人民共和国财政部. 企业会计准则：基本准则［M］. 北京：经济科学出版社，2017.

［5］中华人民共和国财政部. 财政部关于修订印发一般企业财务报表格式的通知［A］. 财会〔2017〕30 号，2017-12-25.

［6］中华人民共和国财政部. 企业会计准则应用指南［M］. 北京：中国时代经济出版社，2006.